Lições de direito empresarial

saraivajur.com.br
Visite nosso portal

Maria Helena Diniz

Mestre e Doutora em Teoria Geral do Direito e Filosofia do Direito pela PUCSP. Livre-docente e Titular de Direito Civil da PUCSP por concurso de títulos e provas. Professora de Filosofia do Direito, de Teoria Geral do Direito e de Direito Civil Comparado nos cursos de pós-graduação (mestrado e doutorado) em Direito da PUCSP. Coordenadora do Núcleo de Pesquisa em Direito Civil Comparado nos cursos de pós-graduação em Direito da PUCSP.

Lições de direito empresarial

3ª edição
2013

Editora Saraiva

Editora Saraiva

Rua Henrique Schaumann, 270, Cerqueira César — São Paulo — SP
CEP 05413-909
PABX: (11) 3613 3000
SACJUR: 0800 055 7688
De 2ª a 6ª, das 8:30 às 19:30
saraivajur@editorasaraiva.com.br
Acesse: www.saraivajur.com.br

FILIAIS

AMAZONAS/RONDÔNIA/RORAIMA/ACRE
Rua Costa Azevedo, 56 — Centro
Fone: (92) 3633-4227 — Fax: (92) 3633-4782 — Manaus

BAHIA/SERGIPE
Rua Agripino Dórea, 23 — Brotas
Fone: (71) 3381-5854 / 3381-5895
Fax: (71) 3381-0959 — Salvador

BAURU (SÃO PAULO)
Rua Monsenhor Claro, 2-55/2-57 — Centro
Fone: (14) 3234-5643 — Fax: (14) 3234-7401 — Bauru

CEARÁ/PIAUÍ/MARANHÃO
Av. Filomeno Gomes, 670 — Jacarecanga
Fone: (85) 3238-2323 / 3238-1384
Fax: (85) 3238-1331 — Fortaleza

DISTRITO FEDERAL
SIA/SUL Trecho 2 Lote 850 — Setor de Indústria e Abastecimento
Fone: (61) 3344-2920 / 3344-2951
Fax: (61) 3344-1709 — Brasília

GOIÁS/TOCANTINS
Av. Independência, 5330 — Setor Aeroporto
Fone: (62) 3225-2882 / 3212-2806
Fax: (62) 3224-3016 — Goiânia

MATO GROSSO DO SUL/MATO GROSSO
Rua 14 de Julho, 3148 — Centro
Fone: (67) 3382-3682 — Fax: (67) 3382-0112 — Campo Grande

MINAS GERAIS
Rua Além Paraíba, 449 — Lagoinha
Fone: (31) 3429-8300 — Fax: (31) 3429-8310 — Belo Horizonte

PARÁ/AMAPÁ
Travessa Apinagés, 186 — Batista Campos
Fone: (91) 3222-9034 / 3224-9038
Fax: (91) 3241-0499 — Belém

PARANÁ/SANTA CATARINA
Rua Conselheiro Laurindo, 2895 — Prado Velho
Fone/Fax: (41) 3332-4894 — Curitiba

PERNAMBUCO/PARAÍBA/R. G. DO NORTE/ALAGOAS
Rua Corredor do Bispo, 185 — Boa Vista
Fone: (81) 3421-4246 — Fax: (81) 3421-4510 — Recife

RIBEIRÃO PRETO (SÃO PAULO)
Av. Francisco Junqueira, 1255 — Centro
Fone: (16) 3610-5843 — Fax: (16) 3610-8284 — Ribeirão Preto

RIO DE JANEIRO/ESPÍRITO SANTO
Rua Visconde de Santa Isabel, 113 a 119 — Vila Isabel
Fone: (21) 2577-9494 — Fax: (21) 2577-8867 / 2577-9465
Rio de Janeiro

RIO GRANDE DO SUL
Av. A. J. Renner, 231 — Farrapos
Fone/Fax: (51) 3371-4001 / 3371-1467 / 3371-1567
Porto Alegre

SÃO PAULO
Av. Antártica, 92 — Barra Funda
Fone: PABX (11) 3616-3666 — São Paulo

124.379.003.001   961852

ISBN 978-85-02-20312-9

Diniz, Maria Helena
    Lições de direito empresarial / Maria Helena Diniz. — 3. ed. — São Paulo : Saraiva, 2013.
    1. Direito empresarial 2. Direito empresarial - Brasil I. Título.

CDU-34:338.93(81)

Índices para catálogo sistemático:

1. Brasil : Direito empresarial : Direito
   34:338.93(81)
2. Direito empresarial : Brasil : Direito
   34:338.93(81)

Diretor editorial Luiz Roberto Curia
Gerente de produção editorial Lígia Alves
Editora Thaís de Camargo Rodrigues
Assistente editorial Sarah Raquel Silva Santos
Produtora editorial Clarissa Boraschi Maria
Preparação de originais Ana Cristina Garcia
    Maria Izabel Barreiros Bitencourt Bressan
    Eunice A. de Jesus
Arte e diagramação Cristina Aparecida Agudo de Freitas
    Jessica Siqueira
Revisão de provas Rita de Cássia Queiroz Gorgati
    Renato de Melo Medeiros
Serviços editoriais Maria Cecília Coutinho Martins
    Vinicius Asevedo Vieira
Capa Guilherme P. Pinto
Produção gráfica Marli Rampim
Impressão Bartira Gráfica
Acabamento Bartira Gráfica

Data de fechamento da edição: 22-4-2013

Dúvidas?
Acesse www.saraivajur.com.br

Nenhuma parte desta publicação poderá ser reproduzida por qualquer meio ou forma sem a prévia autorização da Editora Saraiva.
A violação dos direitos autorais é crime estabelecido na Lei n. 9.610/98 e punido pelo art. 184 do Código Penal.

*Aos queridos tios Mário, José, Paulo, João Baptista,
Priscilo, Aparecida, Olga Hivaita, Zuleika e Angelina,
e aos meus primos, tão diletos, Antonio Carlos, José Priscilo,
Caetano, Zezito, João, Lilian e Climene, com imensa saudade, pela
alegre convivência e pelas palavras certas nas horas incertas.*

Índice

Nota da autora 11

Capítulo I - Teoria jurídica da empresa 13

Capítulo II - Empresário individual 27

Capítulo III - Regime jurídico da sociedade 41
1. Personalidade jurídica da sociedade 41
2. Sociedade não personificada 47
   A. Generalidades 47
   B. Sociedade em comum 47
   C. Sociedade em conta de participação 50
3. Sociedade personificada 54
   A. Noções gerais 54
   B. Sociedade simples 55
   C. Sociedade empresária 75
4. Tipos societários 80
   A. Sociedade em nome coletivo 80
   B. Sociedade em comandita simples 82
   C. Sociedade limitada 86
   D. Sociedade em comandita por ações 109
   E. Sociedade anônima 111

5. Sociedades dependentes de autorização 129
6. Desconsideração da pessoa jurídica 136
7. Questão da reorganização estrutural-societária 138
8. Participações societárias 142
9. Dissolução, liquidação e extinção das sociedades em geral 146

Capítulo IV - Estabelecimento empresarial 153
1. Conceito e natureza jurídica de estabelecimento 153
2. Elementos do estabelecimento empresarial 154
3. Atributos do estabelecimento 164
4. Estabelecimento como objeto de direitos e de negócios jurídicos 165
5. Estabelecimento principal e os secundários 168

Capítulo V - Nome empresarial 169

Capítulo VI - Prepostos 179

Capítulo VII - Escrituração 185
1. Deveres comuns a todos os empresários individuais e coletivos 185
2. Escrituração 185
A. Conceituação, necessidade, funções e princípios da escrituração ... 185
3. Inventário de bens e balanços 193

Capítulo VIII – Direito falimentar 197
1. Estado de crise empresarial e a insolvência do empresário devedor na nova Lei de Recuperação e Falência 197
2. Administrador judicial, comitê de credores e assembleia geral de credores 198
3. Recuperação empresarial 201

4. Falência 208
Capítulo IX – Contratos empresariais 215
1. Contrato social: aspectos comuns 215
2. Compra e venda mercantil 220
3. Comissão 224
4. Agência e distribuição 229
5. Corretagem 237
6. Transporte 242
7. Seguro 252
8. Contratos bancários 263
9. Cartão de crédito 269
10. Arrendamento mercantil ou *leasing* 271
11. *Know-how* ou contrato de importação de tecnologia 275
12. Franquia ou *franchising* 276
13. *Engineering* 279
14. Faturização ou *factoring* 280
15. *Hedging* 283
16. Prestação de serviços logístico-empresariais 283
17. Contratos eletrônicos 284
18. Licença de uso de *software* 288

Capítulo X – Direito cambiário 291
1. Teoria geral dos títulos de crédito 291
2. Títulos ao portador 300
3. Títulos à ordem 303
4. Títulos nominativos 306

Bibliografia 309

Nota da autora

Nesta obra procuramos de forma didática, sintética, simples e objetiva interpretar as normas de direito empresarial, desvendando, numa visão panorâmica, seu conteúdo.

Conciliando concisão e clareza, apontamos as características essenciais dos institutos do direito de empresa, tendo por base as pesquisas e reflexões que fizemos nos volumes 3 e 8 do nosso *Curso de direito civil brasileiro* e nos volumes 1, 3 e 4 do nosso *Tratado teórico e prático dos contratos*, sem olvidar dos Enunciados da Jornada de Direito Comercial.

Nesta tarefa nossa pretensão foi uma só: auxiliar, na exposição desta temática tão árida quanto complexa, o estudo dos que pretendem prestar exame da OAB, e servir de guia na preparação para concursos públicos.

Maria Helena Diniz

Capítulo I

Teoria jurídica da empresa

O Código Civil vigente, no art. 966, *caput*, ao prescrever que o empresário é "quem exerce profissionalmente atividade econômica organizada para a produção ou a circulação de bens ou de serviços", adota a *teoria da empresa*. Tal se deu, ensina-nos Miguel Reale, porque, hodiernamente, tem prevalecido a tese de que não é o ato de comércio como tal que constitui o objeto do direito comercial, mas sim a atividade econômica habitualmente destinada à circulação das riquezas, mediante bens ou serviços, o ato de comércio inclusive, implicando uma estrutura empresarial. A teoria da empresa é um sistema novo de disciplina privada da atividade econômica organizada, ou seja, da que se destina à exploração econômica, com fins lucrativos e de forma mercantil na organização de pessoas, mediante o empresário individual ou sociedade empresária.

A *empresa* é uma instituição jurídica despersonalizada, caracterizada pela atividade econômica organizada, ou unitariamente estruturada, destinada à produção ou circulação de bens ou de serviços para o mercado ou à intermediação deles no circuito econômico, pondo em funcionamento o estabelecimento a que se vincula, por meio do empresário individual ou societário, ente personalizado, que a representa no mundo negocial[1].

---

1. É a lição de Ruy de Souza, *O direito das empresas* – atualização do direito comercial, Belo Horizonte, 1959, p. 299.

Mas o que seria "atividade econômica organizada"[2]?

A *atividade* é a de produção (fabricação) de produtos, circulação (comercialização ou intermediação) de bens ou prestação de serviços (bancários, hospitalares, securitários etc.) e, em si mesma, é a própria empresa, que não se confunde com o empresário individual ou coletivo, nem com o local em que se desenvolve ou com os bens materiais ou imateriais (estabelecimento) utilizados para o seu exercício. Poder-se-á ter, então, atividade primária (extração direta da natureza de produtos, como agricultura, pecuária, pesca, mineração), secundária (indústria ou manipulação de produtos, transformando-os em novo produto, p. ex., colheita de algodão é atividade primária e sua transformação em tecido é secundária) e terciária (prestação de serviços e comércio *stricto sensu*, p. ex., compra de produto para revenda). A atividade empresarial é a que se manifesta economicamente na empresa e se exprime juridicamente na titularidade do empresário (pessoa natural ou jurídica), no modo e nas condições de seu exercício.

É atividade *econômica* porque visa criar riqueza ou gerar lucro. É atividade empresarial criadora, a título oneroso, de riquezas, ou seja, de bens (mercadorias) e serviços patrimonialmente avaliáveis, por terem valor econômico. Tais mercadorias e serviços, por serem valoráveis patrimonialmente, representam um acréscimo ao patrimônio social. Há produção e circulação de mercadorias e prestação de serviço em troca de dinheiro *(res por pecunia)*. Porém é preciso esclarecer, como o faz Adalberto Simão Filho, que o lucro imediato não é o objetivo específico da empresa, mas sim a busca do resultado econômico-financeiro da atividade empresarial. Hipótese em que, como diz Fábio Ulhoa Coelho, "o lucro é meio e não fim da atividade econômica".

É a *atividade organizada* por haver nela articulação de quatro fatores de produção ou circulação de bens e serviços: capital (recurso

---

2. Fábio Ulhoa Coelho, *Manual de direito comercial*, São Paulo, Saraiva, 2003, p. 3, 4, 12-5, 38 e 39; Sebastião José Roque, *Curso de direito empresarial*, São Paulo, Ícone, 2006, p. 68 e 69, 72-4 e 283; Adalberto Simão Filho, *Nova empresarialidade*, tese de doutorado apresentada na PUCSP, em 2002, p. 32-5; Fábio K. Comparato, *Direito empresarial* – ensaios e pareceres, São Paulo, Saraiva, 1990, p. 11; Ricardo Negrão, *Manual de direito comercial e de empresa*, São Paulo, Saraiva, 2006, v. 1, p. 38. *Vide* Instruções Normativas n. 116, 117 e 118/2011, relativas a novas orientações para o exercício das atividades empresariais.

financeiro), mão de obra (trabalhadores), insumos (materiais) e tecnologia. A empresa pressupõe, portanto, uma estrutura, um conjunto organizado, uma organização composta de um complexo de bens materiais ou imateriais (estabelecimento), o capital, o trabalho de terceiros (empregados), a coordenação desses fatores pelo empresário individual ou sociedade empresária e a atividade produtiva, ou seja, esse complexo de valores em movimento[3].

Requer, ainda, o Código Civil, art. 966, que a atividade econômica organizada seja exercida com *profissionalismo* ou de forma habitual. Profissionalidade requer: *a) habitualidade* ou prática continuada de uma série de atos empresariais; *b) pessoalidade*, ou melhor, contratação de empregados para a produção e circulação de bens e serviços em nome do empregador; e *c) monopólio de informações* pelo empresário sobre condições de uso, qualidade do material ou serviço, defeitos de fabricação, riscos etc.[4]

Daí os três fatores formadores da empresa: *a) profissionalidade* ou habitualidade no exercício de negócios que visem a produção, a circulação de bens ou a prestação de serviços; *b) economicidade*, ou seja, escopo de lucro ou de um resultado econômico-financeiro ou social; e *c) organização* ou estrutura estável dessa atividade.

Qual o alcance de "produção ou a circulação de bens ou de serviços"?

Produção de bens consiste na "criação" ou no ato de uma indústria de confeccionar ou fabricar mercadorias ou produtos. A *produção de serviços* é a prestação de serviços, constituindo-se numa obrigação de fazer, ou seja, a prestação de uma atividade lícita, que pode ser material ou imaterial. A *circulação de bens* é a distribuição e comercialização nos pontos de comércio de atacado ou do varejo; já a intermediação de prestação de serviço é a *circulação de serviço*.

Não pode haver atividade empresarial sem um regime econômico de livre-iniciativa e de liberdade de concorrência por serem imprescin-

---

3. Amador Paes de Almeida, *Direito de empresa no Código Civil*, São Paulo, Saraiva, 2004, p. 21; Mônica Gusmão, *Curso de direito empresarial*, Rio de Janeiro, Lumen Juris, 2007, p. 5.

4. Sebastião José Roque, *Curso*, cit., p. 73 e 74, 77 e 78; Fábio Ulhoa Coelho, *Manual*, cit., p. 11 e 12.

díveis para a conquista da clientela e obtenção do lucro. São garantias da liberdade empresarial, calcadas na propriedade privada, conducentes à organização do mercado se desenvolvidas conforme os interesses da coletividade, por terem como balizas a justiça social e o bem-estar coletivo. A atividade econômica organizada deve ser livremente exercida sem lesar interesses individuais ou coletivos.

Livre-iniciativa é a liberdade social e limitada pelo Estado, apenas para estabelecer parâmetros da atuação empresarial para tutelar direitos sociais. Toda pessoa física ou jurídica que atuar como fator de produção tem liberdade para escolher a atividade empresarial (CF, art. 5º, XIII) que irá desempenhar, sem qualquer autorização estatal. Deveras, prescreve a Carta Magna, no art. 170, parágrafo único, que "é assegurado a todos o livre exercício de qualquer atividade econômica, independentemente de autorização de órgãos públicos, salvo nos casos previstos em lei".

A livre concorrência é a liberdade dada aos empresários para exercerem suas atividades segundo seus interesses, limitadas somente pelas leis econômicas, porém norteadas pelo princípio da boa-fé objetiva. Trata-se da opção de uma forma de competição (leal e lícita) com os demais fatores econômicos dos que exercem a mesma atividade no mercado. A norma para incentivar a livre concorrência proíbe e sanciona a concorrência desleal, que causa dano material e/ou moral, podendo atingir os direitos da personalidade (CC, arts. 11, 12, 16, 17, 18, 20, 21 e 52; CF, art. 5º, X, XII, XIV, XVII, XVIII, XXIX; Lei n. 12.529/2011) do empresário individual ou coletivo, como seu nome, a honra objetiva, a imagem, o segredo, o direito às criações intelectuais etc.

Vedadas estão a concorrência desleal (LPI, arts. 195 e 209) e a infração à ordem econômica (Lei n. 12.529/2011, arts. 31 a 47; Lei n. 7.347/85, art. 1º, V — com a redação da Lei n. 12.529/2011; Lei n. 8.137/90, art. 4º, I, II, a, b, c — com a alteração da Lei n. 12.529/2011), pois "a lei reprimirá o abuso do poder econômico que vise à dominação dos mercados, à eliminação da concorrência e ao aumento arbitrário dos lucros" (CF, art. 173, § 4º)[5]. Ao infrator aplicam-se sanções administrativas como: multa; publicação pela imprensa, por dois dias seguidos, de

---

5. Roberto Senise Lisboa, A livre iniciativa e os direitos do consumidor, in *Direito empresarial contemporâneo*, coord. Newton de Lucca e Adalberto Simão Filho, São Paulo,

uma a três semanas consecutivas, do extrato da decisão condenatória do CADE, que constitui título executivo extrajudicial; proibição de contratar com instituições financeiras oficiais e participar de licitação tendo por objeto aquisições, alienações, realizações de obras e serviços, concessão de serviços públicos na administração pública federal, estadual, municipal e do Distrito Federal, bem como em entidades de administração indireta, por prazo não inferior a 5 anos; inscrição no Cadastro Nacional de Defesa do Consumidor; recomendação aos órgãos públicos competentes para que: a) seja concedida licença compulsória de direito de propriedade intelectual de titularidade do infrator, quando a infração estiver relacionada ao uso desse direito; b) não seja concedido ao infrator parcelamento de tributos federais por ele devidos ou para que sejam cancelados, no todo ou em parte, incentivos fiscais ou subsídios públicos; a cisão de sociedade, transferência de controle societário, venda de ativos ou cessação parcial de atividade; proibição de exercer o comércio em nome próprio ou como representante de pessoa jurídica, pelo prazo de até 5 anos, e qualquer outro ato ou providência necessários para a eliminação dos efeitos nocivos à ordem econômica.

Dentre outros, são fundamentos da República Federativa brasileira: a livre-iniciativa e de exercício de qualquer atividade econômica organizada; a livre concorrência; o respeito à propriedade privada e à sua exploração, observada a sua função social (CF, arts. 5º, XIII, XXII, XXIII, 170, II a IX e parágrafo único, 182, 2º, e 186; Lei n. 6.404/76, arts. 116, parágrafo único, e 154) e os valores sociais do trabalho[6]. Por isso, o contrato ou estatuto social deverá perseguir a função econômica e a social, exigidas pelo art. 421 do Código Civil, mero corolário do princípio constitucional da função da propriedade e da justiça, norteador da ordem econômica. O art. 421 institui, expressamente, a função social do contrato, revitalizando-o para atender a interesses sociais. E o empresário (individual ou coletivo) deverá acatar o princípio da boa-fé objetiva (CC, art. 422), para assegurar con-

---

Juarez de Oliveira, 2000, p. 145 e s.; Fábio Ulhoa Coelho, *Manual*, cit., p. 27-9; *Curso de direito comercial*, São Paulo, Saraiva, 2006, v. 1, p. 30-2, 188-245; M. Helena Diniz, *Dicionário jurídico*, São Paulo, Saraiva, 2005, v. 3, p. 171-3; Carlos Alberto Bittar, *Teoria e prática da concorrência desleal*, São Paulo, Saraiva, 1989, p. 32 e 33, 46 e 47.

6. Roberto Senise Lisboa, A livre iniciativa, cit., p. 145.

dições mais justas na execução da atividade econômica organizada. Pela teoria da função social da empresa, o empresário e a sociedade empresária deverão ter o poder-dever de, no desenvolvimento de sua atividade, agir a serviço da coletividade.

Eis a razão pela qual Adalberto Simão Filho[7] afirma, acertadamente, que o empresário deve buscar um ponto de equilíbrio, obtendo o máximo de eficiência social, fazendo com que os custos sociais derivados das atividades mercadológicas sejam iguais aos benefícios sociais alcançados.

Bastante pertinente é a observação de Adalberto Simão Filho[8] relativamente ao modelo de conduta a ser seguido pelo empresário quanto:

a) ao *âmbito da atividade*, visto que a empresarialidade tem uma função social e, para tanto, há liberdade para o exercício da atividade econômica organizada, sem necessidade de autorização governamental, salvo as exceções legais, dentro do princípio da livre concorrência (CF, art. 170, IV e parágrafo único);

b) à *forma de gestão* que deverá ser exercida com o cuidado e a diligência que um homem probo deve ter na administração negocial, procurando cumprir seu objeto social, dentro das exigências do bem comum (LINDB, art. 5º) e da função social da "empresa", servindo com lealdade, trabalhando com lisura, informando o mercado e os interessados de fatos que possam influenciar os investidores na negociação com valores mobiliários (Lei n. 6.404/76, arts. 153 a 157). Dever-se-á, ainda, promover a participação dos trabalhadores na gestão da empresa (CF, art. 7º, XI);

c) ao *relacionamento com o mercado de capitais*, não podendo (Lei n. 10.303/2001, que altera a Lei n. 6.385/76): obter vantagem ou lucro ilícito para si ou para outrem ou com a finalidade de gerar dano a terceiro; realizar operações simuladas ou fraudulentas, alterando, artifi-

---

7. Adalberto Simão Filho, *Nova empresarialidade*, tese de doutorado apresentada na PUCSP, em 2002, p. 51, 81-4.
8. Adalberto Simão Filho, *Nova empresarialidade*, cit., p. 94-100, 101, 103, 111, 112; Maria Helena Diniz, *Curso*, cit. v. 8, p. 31; *O estado atual do biodireito*, São Paulo, Saraiva, 2006, p. 712; Marcos Alberto Sant'Anna Bitelli, Da função social para a responsabilidade da empresa, in *Temas atuais de direito civil na Constituição Federal*, coord. R. G. Camargo Viana e Rosa M. de Andrade Nery, São Paulo, Revista dos Tribunais, 2000, p. 229-73; Regina A. Duarte, A responsabilidade social da empresa – breves considerações, *Revista do IASP*, 13:146-52.

cialmente, o funcionamento do mercado de valores mobiliários (art. 27-C); utilizar informações não divulgadas no mercado para obter vantagens indevidas com valores mobiliários (art. 27-D). Deverá atuar no mercado de capitais apenas se estiver autorizado pela CVM e devidamente regularizado (art. 27-E); manter transparência e completude na informação e cumprir sua obrigação de informar;

d) às *relações com o consumidor*, pois deverá atender às suas necessidades e direitos básicos, respeitando sua dignidade, saúde, segurança, melhoria de qualidade de vida (Lei n. 8.078/90, art. 4º), procurando sempre informá-lo de modo claro, correto e objetivo sobre seus produtos e serviços, evitando publicidade enganosa, cláusulas abusivas, danos morais e/ou patrimoniais e adotando práticas protetivas nas relações de consumo;

e) ao *meio ambiente*, observando a Política Nacional do Meio Ambiente, avaliando o impacto ambiental de sua atividade (CF, art. 225, § 1º, IV; Lei n. 6.938/81, art. 9º, III; Lei n. 12.651/2012, com as alterações da Lei n. 12.727/2012), evitando poluição e dano ao ambiente, procurando melhor ambiente de trabalho com reflexos na produtividade. Urge adoção de medidas que diminuam lesões ao meio ambiente decorrentes da exploração de atividade empresarial, para que se tutelem bens jurídicos imprescindíveis ao desenvolvimento sustentável da sociedade, garantindo um meio ambiente sadio e ecologicamente equilibrado. São imprescindíveis: o reforço da função socioambiental da propriedade empresarial, garantindo a perpetuação das riquezas ambientais, mediante aproveitamento adequado dos recursos naturais disponíveis; a correção das condições de ambiente de trabalho, minorando os riscos de acidentes (*RT, 752:255*); a observância das relações de trabalho, favorecendo o bem-estar dos trabalhadores, zelando pela sua incolumidade físico-psíquica, colaborando na proteção do meio ambiente do trabalho, evitando sua degradação, controlando a insalubridade e o perigo, fornecendo material necessário de proteção, pleiteando a redução dos riscos inerentes ao trabalho mediante respeito às normas de saúde, higiene e segurança, sem olvidar do adicional de remuneração para atividades perigosas e insalubres.

A empresa (atividade econômica organizada) é o centro da economia democratizada, tendo por base a governança corporativa, a produção e a circulação de bens e serviços, beneficiando empresário, empregados, sociedade de consumo, e por diretriz os princípios constitucionais (CF, art. 170, I a IX): soberania nacional, propriedade privada, função social da propriedade, livre concorrência, defesa do consumidor e do meio ambiente, redução de desigualdades regionais e sociais, busca do pleno emprego, tratamento favorecido para as empresas de pequeno porte, constituídas e sediadas no Brasil.

A empresa tem responsabilidade social e desempenha uma importante função econômica e social, sendo elemento de paz social e solidariedade, constituindo um instrumento de política social e de promoção da justiça social. Sua responsabilidade social a impulsiona a propiciar, com sua atividade econômica, comunicação mais aberta com seus colaboradores e com a coletividade, melhores condições sociais, garantindo sua sobrevivência no mercado globalizado, por ser fator decisivo para seu crescimento, visto que ganhará o respeito de seus colaboradores e consumidores e provocará sua inserção na sociedade.

A empresa envolve certa complexidade por pressupor: *a) empresário* (sujeito de direitos e obrigações), cuja estrutura jurídica poderá ser individual ou coletiva. O empresário tem personalidade jurídica, ou seja, aptidão para o exercício de direitos, devendo, para tanto, ser registrado; e *b) patrimônio*, um todo complexo de bens, organizado para o exercício da empresa (CC, art. 1.142), por empresário ou por sociedade empresária, que constitui o estabelecimento ou fundo de empresa. Assim, empresa seriam os fatores de produção e circulação de bens ou serviços organizados e colocados em atividade pelo empresário ou pela sociedade empresária, por meio do estabelecimento.

Temos, portanto, um trinômio: empresa, empresário e estabelecimento.

Empresário (CC, art. 966) é a pessoa natural ou jurídica que exerce profissionalmente atividade econômica organizada para a produção e circulação de bens ou de serviços, por meio de um estabelecimento.

Para a configuração jurídica do empresário individual ou da sociedade empresária é mister a concorrência de três condições: *a)* exercício de atividade econômica destinada à criação da riqueza, pela produção e circulação de bens ou serviços; *b)* atividade organizada por meio da coordenação dos fatores de produção (trabalho ou mão de obra, capital, insumos e tecnologia) em medida e proporção variáveis, conforme a natureza e o objeto da "empresa"; *c*) exercício da atividade empresarial praticado profissionalmente em nome próprio e com *animus lucrandi*.

Em regra, pelo parágrafo único do art. 966 do Código Civil de 2002, quem exerce profissão intelectual, de natureza científica, literária ou artística, mesmo com o concurso de auxiliares, ou colaboradores, não é considerado empresário, apesar de produzir bens, como o artista, o escritor etc., ou prestar serviços, como o profissional liberal (médico, dentista, advogado, enfermeiro, nutricionista, engenheiro, p. ex.), visto que lhe falta a organização empresarial para obtenção de lucro. Se o exercício profissional for elemento preponderante da atividade econômica organizada (empresa), o profissional intelectual assume, por si próprio, a veste de empresário, devendo ser, juridicamente, considerado como tal. Se, p. ex., o profissional intelectual, para o exercício de sua profissão, investir capital, formando uma empresa, ofertando serviços mediante atividade econômica organizada, técnica e estável, deverá ser, então, considerado como empresário. Quem vier a formar sociedade empresária para o exercício de sua atividade profissional é empresário. Assim, se, p. ex., três médicos abrirem um consultório, estarão formando uma sociedade simples, e se, posteriormente, o transformarem numa clínica contratando enfermeiras e auxiliares, ainda ter-se-á uma sociedade simples, dado que, ensina-nos Mauro Caramico, sem as atividades dos sócios, a clínica não seria possível. Se, continua o autor, contudo, aqueles médicos se unirem, formando um hospital com estrutura para atendimento de pacientes, com contratação de enfermeiros, fisioterapeutas, fonoaudiólogos, administrador, seguranças, contador, anestesistas, instrumentadores cirúrgicos etc., então formarão uma sociedade empresária, passando a contribuir com a prestação de serviço, sendo organizadores de fatores de produção e circulação de serviços médico-hospitalares[9].

---

9. Newton de Lucca, A atividade empresarial no âmbito do Projeto de Código Civil, in *Direito empresarial contemporâneo* (coord. De Lucca e Simão Filho), São Paulo, Juarez de Oliveira, 2000, p. 70; Fábio Ulhoa Coelho, *Manual*, cit., p. 15, 16, 81; Ricardo Fiuza, *Novo Código Civil comentado*, São Paulo, Saraiva, 2002, p. 869-86; Mauro Caramico, As sociedades simples, *Boletim CDT, 38*:156-7.
Enunciado 5. Quanto às obrigações decorrentes de sua atividade, o empresário individual tipificado no art. 966 do Código Civil responderá primeiramente com os bens vinculados à exploração de sua atividade econômica, nos termos do art. 1.024 do Código Civil (aprovado na 1ª Jornada de Direito Comercial).

É empresário quem: *a*) exerce, habitual e profissionalmente, atividade econômica, organizada e técnica para a produção ou a circulação de bens ou serviços, com intuito de comercializá-los. Se um fabricante de automóveis vendê-los a uma concessionária de veículos, que os adquire, não na qualidade de destinatária final, mas para revendê-los, temos uma atividade econômico-empresarial, regida pelo Código Civil, visto que se trata de contrato celebrado entre empresários; *b*) investe capital visando lucro, exercendo profissão intelectual de natureza científica, literária ou artística, com concurso de colaboradores ou auxiliares para organizar e realizar projetos de engenharia, espetáculos artísticos, congressos científicos, certames desportivos etc., por estar envolvido com a atividade econômica organizada para a produção ou circulação de bens ou serviços.

O Código Civil de 2002, no art. 970, em consonância com o preceito constitucional (CF, arts. 170, IX, 179 e 146, III, *d*), assegurou o tratamento favorecido diferenciado e simplificado ao pequeno empresário, mas limitou seus objetivos ao circunscrevê-los à inscrição e aos efeitos dela decorrentes, olvidando as consequências tributárias, administrativas e previdenciárias.

A Lei Complementar n. 123/2006, com as alterações das Leis Complementares n. 127/2007, 128/2008 e 139/2011, instituiu o novo Estatuto Nacional da Microempresa e da Empresa de Pequeno Porte e considera como microempresa ou empresa de pequeno porte a sociedade empresária, a sociedade simples e o empresário individual devidamente registrados no Registro de Empresas Mercantis ou no Registro Civil de Pessoas Jurídicas, desde que, em caso de ME, aufira, em cada ano-calendário, receita bruta igual ou inferior a R$ 240.000,00, e na hipótese de EPP, o que obtiver, em cada ano-calendário, receita bruta superior a R$ 360.000,00 e igual ou inferior a R$ 3.600.000,00, e, sendo pequeno empresário (empresário individual caracterizado como microempresa), para fins de aplicação do CC, arts. 970 e 1.179, tenha receita bruta anual de até R$ 60.000,00 (arts. 68, com a redação da LC n. 139/2011; 3º, com a redação da LC n. 139/2011; Res. n. 94/2011 do CGSN, art. 2º, I, *a* e *b*). A Lei Complementar n. 123/2006, para fins de Simples Nacional, reza no art. 79-E (acrescentado pela LC n. 139/2011) que: "A empresa de pequeno porte optante pelo Simples Nacional em

31 de dezembro de 2011 que durante o ano-calendário de 2011 auferir receita bruta total anual entre R$ 2.400.000,01 (dois milhões, quatrocentos mil reais e um centavo) e R$ 3.600.000,00 (três milhões e seiscentos mil reais) continuará automaticamente incluída no Simples Nacional com efeitos a partir de 1º de janeiro de 2012, ressalvado o direito de exclusão por comunicação da optante".

A microempresa (ME) e a empresa de pequeno porte (EPP) gozam não só de privilégios registrários, trabalhistas (LC n. 123/2006, arts. 50 a 54), fiscais e previdenciários (LC n. 123/2006, arts. 80 a 82), mas também de condições mais favoráveis relativamente ao seu acesso aos certames licitatórios e aos mercados de crédito e de capitais (LC n. 123/2006, arts. 42 a 49, 57 a 63) e a realização de negócios de compra e venda de bens, para os mercados nacional e internacional, por meio de sociedade de propósito específico de que sejam sócias (LC n. 123/2006, art. 56 com a redação da LC n. 128/2008) etc. Há concessão de facilidades por serem mais compatíveis com o tratamento favorecido e simplificado exigido constitucionalmente por serem fontes de desenvolvimento econômico e promotoras da empregabilidade.

O *pequeno empresário* tem tratamento favorecido, diferenciado e simplificado relativamente à sua inscrição no Registro Público de Empresas Mercantis e dos efeitos oriundos desta (*RT*, 799:219). Deverá ser-lhe exigida por lei a adoção do livro Diário (Enunciado n. 56 da Jornada de Direito Civil, promovida em 2002 pelo Centro de Estudos do Conselho da Justiça Federal).

Para sua inscrição, exigir-se-á uma simples comunicação da situação especial em que se encontra o empresário e não um requerimento pedindo seu reconhecimento[10].

---

10. Paulo Checoli, *Direito de empresa no novo Código Civil*, São Paulo, Pillares, 2004, p. 26 e 27. *Vide* Resolução n. 16/2009 do CGSIM, com a alteração da Resolução n. 26/2011 do CGSIM sobre procedimento especial para o registro e legalização do microempreendedor individual; Lei n. 10.735/2003, com a alteração da Lei n. 12.613/2012, relativa ao direcionamento de depósitos à vista captados pelas instituições financeiras para operações de crédito destinadas a microempreendedores; Lei n. 12.792/2013, que altera a Lei n. 10.683/2003 e cria a Secretaria de Micro e Pequena Empresa.

O *empresário rural* é o que exerce atividade agrária, seja ela agrícola, pecuária, agroindustrial ou extrativa (vegetal ou mineral), procurando conjugar, de forma racional, organizada e econômica, segundo os padrões estabelecidos pelo governo e fixados legalmente, os fatores terra, trabalho e capital. Tem permissão legal (CC, arts. 970 e 984) para sujeitar-se, ou não, às normas de direito empresarial, pois, em razão de suas atividades simples, dificilmente consegue adaptar-se ao regime que requer formalidades, com emissão de notas fiscais, duplicatas etc. Realmente, o produtor rural (CC, art. 970) e a sociedade que exercer atividade própria de empresário rural, constituída ou transformada, de acordo com um dos tipos de sociedade empresária regulados nos arts. 1.039 a 1.092 do Código Civil (CC, art. 984), poderão, se quiserem, requerer sua inscrição no Registro Público de Empresas Mercantis, submetendo-se, então, para todos os efeitos de direito, ao regime empresarial, recebendo alguns privilégios, como exclusividade do nome empresarial, publicidade de suas atividades, e assumindo, por outro lado, obrigações, devendo, então, providenciar o registro de todas as suas atividades, a escrituração regular, a realização de balanços periódicos, ficar sujeitos às sanções por irregularidade no cumprimento das obrigações empresariais e à falência; requerer recuperação judicial ou propor aos credores plano de recuperação extrajudicial (meio de viabilização da preservação da atividade empresarial). Com o registro, o empresário rural ficará *equiparado* ao empresário, recebendo o mesmo tratamento. Logo, o registro não o constitui empresário, mas a ele o equipara, para fins de tratamento legal igualitário etc. Se não fizer aquele registro não será considerado, juridicamente, como empresário e, em regra, suas atividades negociais rurais seguirão o regime de direito civil, pois desfrutará das condições próprias dos não empresários, não tendo nem mesmo que seguir os rigorosos procedimentos de escrituração contábil[11].

Como o *direito de empresa* é um conjunto de normas voltadas à atividade econômica; ao empresário; ao registro empresarial; à personifi-

---

11. Fábio Ulhoa Coelho, *Curso*, cit., v. 1, p. 75 e 76; Jorge S. Fujita, *Comentários ao Código Civil* (coord. Camilo, Talavera, Fujita e Scavone Jr.), São Paulo, Revista dos Tribunais, 2005, p. 763; Mônica Gusmão, *Curso*, cit., p. 19; Sérgio Campinho, *O direito de empresa*, cit., p. 15.

cação da sociedade; à sociedade simples; à sociedade empresária; às formas societárias, personificadas ou não; à participação do poder público na autorização para a constituição de sociedades em alguns setores da economia; ao estabelecimento empresarial; ao nome empresarial; ao preposto; ao gerente; ao contabilista; à escrituração; à dissolução e liquidação da sociedade; à reestruturação societária, como fusão, cisão, incorporação; às sociedades controlada, controladora e coligada; ao título de crédito; às atividades de exportação e importação; ao comércio eletrônico; à falência; à recuperação judicial ou extrajudicial etc., passaremos a analisar brevemente todos esses elementos.

Capítulo II
Empresário individual

O *empresário individual* é a pessoa natural que, registrando-se na Junta em nome próprio e empregando capital, natureza e insumos, tecnologia e mão de obra, toma com *animus lucrandi* a iniciativa de organizar, com profissionalidade, uma atividade econômica para produção ou circulação de bens ou serviços no mercado. P. ex., aquele que vende malhas a varejo[1].

São elementos configuradores do empresário individual[2]:

a) Capacidade jurídica, ou seja, ser maior ou emancipado e plenamente capaz (CC, arts. 972 e 976), pois deve tomar a iniciativa do empreendimento e assumir os riscos, uma vez que se estabelece sem participação de sócios, obrigando-se em seu próprio nome, respondendo, ilimitadamente, com seus bens pessoais e com o patrimônio afetado ao exercício daquela atividade, sujeitando-se pessoalmente à falência e podendo pleitear sua recuperação judicial ou extrajudicial (Lei n. 11.101/2005, art. 1º).

---

1. Fábio Ulhoa Coelho, *Curso*, cit., v. 1, p. 20, 22 e 63; Sebastião José Roque, *Curso de direito empresarial*, São Paulo, Ícone, 2006, p. 91; Rubens Requião, *Curso de direito comercial*, São Paulo, Saraiva, 2005, v. 1, p. 59-76; Sérgio Campinho, *O direito de empresa*, Rio de Janeiro, Renovar, 2006, p. 12 e 13; Mônica Gusmão, *Curso de direito empresarial*, Rio de Janeiro, Lumen Juris, 2007, p. 24 e 25.
2. Sobre os elementos caracterizadores: Rubens Requião, *Curso*, cit., v.1, p. 59-76; Sérgio Campinho, *O direito de empresa*, cit., p. 11-3; Mônica Gusmão, *Curso*, cit., p. 9, 10 e 21; Luiz Cesar P. Quintans, *Direito da empresa*, São Paulo, Freitas Bastos, 2003, p. 7; Arnaldo Rizzardo, *Direito de empresa*, Rio de Janeiro, Forense, 2007, p. 47-9.

b) Efetividade no exercício da atividade econômica organizada para criação de riqueza, mediante produção e circulação de bens e serviços no mercado.

c) Profissionalidade da atividade empresarial, visto que o empresário individual deve, profissionalmente, exercer atividade econômica organizada (empresa), coordenando-a, dirigindo-a e supervisionando-a. O empresário individual, por meio do estabelecimento, deverá empregar capital, insumos, tecnologia e mão de obra (fatores de produção), fazendo uso de auxiliares ou da colaboração de terceiros que, ao integrarem a atividade-fim, a descentralizam, retirando o seu caráter pessoal, dando configuração jurídica à figura do empresário.

d) Lucratividade mediata, isto é, a finalidade lucrativa, não é obrigatória, pois a atividade econômica organizada para a produção e circulação de bens e serviços no mercado é exercida por meio do estabelecimento, para obtenção de possível lucro ou de algum resultado econômico-financeiro como retorno do capital investido. O lucro imediato não é, portanto, o fim específico da "empresa", mas uma mera possibilidade que também poderá advir da atividade econômica, visto que ela pode "auferir outros valores diferenciados do lucro", como afirma Adalberto Simão Filho.

Pessoa, absoluta ou relativamente, incapaz ou não emancipada não pode dar início a atividade empresarial ainda não exercida, nem por meio de representante legal, mas, como logo veremos, poderá continuar empresa já exercida. Ser-lhe-á, portanto, vedada apenas a formação da "empresa".

Pelas teorias da preservação e da utilidade social da empresa, visto que, pela sua função social, gera empregos, promove a produção e circulação de bens e serviços no mercado, possibilitando recolhimento de tributos, deve ser admitida, excepcionalmente, sua continuidade por um incapaz (CC, art. 974), desde que fosse antes exercida por ele, quando capaz, ou recebesse a titularidade empresarial em virtude de sucessão hereditária ou de sucessão *inter vivos* (doação), desde que haja prévia autorização judicial concedida por alvará, após acurada análise das circunstâncias fáticas e dos riscos da empresa e da conveniência em continuá-la. Tal autorização judicial deverá ser arquivada na Junta, cadastrando-se o representante ou assistente do empresário incapaz.

Assim, se um menor de 10 anos obtiver autorização judicial para continuar "empresa", por ele herdada de seus falecidos pais, por meio de representação de seu tutor, ao atingir 16 anos poderá requerer sua recuperação, se for o caso, se empresário individual regular, por estar no exercício de atividade econômica organizada para a produção e circulação de bens e serviços no mercado há mais de dois anos (Lei n. 11.101/2005, art. 48)[3]. Já pelo Enunciado n. 197 do CJF, a pessoa natural, maior de 16 e menor de 18 anos é reputada empresário regular se satisfizer os requisitos dos arts. 966 e 967 do Código Civil; todavia, não tem direito à recuperação, por não exercer regularmente a atividade empresarial por mais de dois anos.

Se empresário menor emancipado, autorizado judicialmente a dar continuidade à "empresa" em virtude de sucessão *inter vivos* ou *causa mortis*, vier a praticar crime falimentar, deverá responder perante o Juízo da Infância e Juventude, sendo-lhe aplicada como medida socioeducativa (ECA, art. 112, II, c/c o art. 116) o dever de restituir o bem ou reparar o dano causado.

Concedida a autorização judicial, por meio de alvará, com a inscrição e averbação de sua prova (CC, art. 976) no Registro Público de Empresas Mercantis, ter-se-á a continuação da "empresa" pelo incapaz, mediante representação ou assistência. Todavia, essa autorização reveste-se de precariedade, pois poderá ser revogada a qualquer tempo pelo juiz, após ouvir o seu representante legal (pais, tutor ou curador), para atender aos interesses do incapaz e às peculiaridades apresentadas pela "empresa" (ausência de lucro, falta de condições técnicas para o exercício da atividade etc.), desde que não se prejudiquem direitos adquiridos por terceiros, ou seja, do fisco, de fornecedores, de consumidores, de empregados etc. Esta posterior revogação

---

3. Sérgio Campinho, *O direito de empresa*, cit., p. 20 e 22; Rubens Requião, *Curso*, cit., p. 94-95; Arnaldo Rizzardo, *Direito de empresa*, cit., p. 63, 65 e 66; Fábio Ulhoa Coelho, *Manual*, cit., p. 21; Paulo Checoli, *Direito de empresa no novo Código Civil*, São Paulo, Pillares, 2004, p. 30.

da autorização judicial não terá, ainda, o condão de afetar a emancipação obtida pelo empresário menor, que é irrevogável (CC, art. 974, § 1º). Revogada a autorização, ter-se-á, portanto, a liquidação do estabelecimento empresarial com apuração do ativo e do passivo.

A prova dessa revogação deverá ser averbada no Registro Público de Empresas Mercantis, à margem da inscrição do referido empresário, com o escopo de cientificar tal fato a todos (CC, art. 976, 2ª parte)[4].

Os bens pertencentes ao incapaz, ao tempo da declaração de interdição ou de abertura da sucessão, alheios ao capital da "empresa", ou melhor, não afetados ao exercício da atividade econômica, não ficarão sujeitos ao resultado social da atividade empresarial, devendo do alvará judicial, que conceder a autorização para sua participação na empresa, constar essa circunstância (art. 974, § 2º, do CC) para salvaguardar os interesses do empresário incapaz. O magistrado, portanto, deverá, no alvará concessivo da autorização para prosseguimento da "empresa", arrolar os bens que não responderão pelas dívidas empresariais. Uma vez autorizada a continuação da "empresa" pelo empresário incapaz (interdito ou menor), o patrimônio do acervo empresarial responderá pelas obrigações pendentes, mas os bens adquiridos antes daquela interdição ou sucessão *inter vivos* ou *causa mortis* não entrarão na liquidação, nem responderão pelas dívidas em pendência, ou pelas por ele assumidas na atividade econômica por ele exercida, não se submeterão aos eventuais resultados negativos da atividade empresarial, exceto se forem empregados na "empresa" antes ou depois da autorização judicial. Pelo § 3º do art. 974 (acrescentado pela Lei n. 12.399/2011) deverão ser assentados no Registro Público de Empresas Mercantis a cargo das Juntas Comerciais todos os contratos ou alterações contratuais de sociedade que envolvam sócio incapaz desde que: a) o sócio incapaz não exerça a administração da sociedade; b) o capital social esteja totalmente integralizado, salvo se a sociedade for anônima ou com sócios de res-

---

4. Jorge S. Fujita, *Comentários ao Código Civil* (coord. Camillo, Tavalera, Fujita e Scavone Jr.), São Paulo, Revista dos Tribunais, 2006, p. 765; Sérgio Campinho, *O direito de empresa*, cit., p. 22; Arnaldo Rizzardo, *Direito de empresa*, cit., p. 66; Fábio Ulhoa Coelho, *Manual*, cit., p. 15-7, 22; Sebastião José Roque, *Curso*, cit., p. 100; Rubens Requião, *Curso*, cit., v. 1, p. 94 e 95.

ponsabilidade ilimitada (Enunciado n. 466 da V Jornada de Direito Civil); c) o sócio relativamente incapaz seja assistido e o absolutamente incapaz representado por seus representantes legais. Protegem-se, assim, os interesses e direitos do incapaz (menor ou interdito), que serão exercidos por meio de representação legal.

Os bens do incapaz: *a*) adquiridos antes da sucessão ou interdição e alheios ao acervo empresarial, ficarão à margem do capital da "empresa"; logo, não responderão pelas dívidas da "empresa"; *b*) obtidos após a sucessão ou interdição, mesmo se estranhos a atividade econômica organizada exercida por meio de representação ou assistência, terão responsabilidade pelos débitos; *c*) afetados à atividade empresarial, adquiridos antes ou depois da sucessão ou interdição, sujeitar-se-ão aos encargos debitórios[5].

Se, sendo incapaz (menor ou interdito) o empresário, autorizado judicialmente a continuar a "empresa", seu representante ou assistente não puder, em razão de impedimento legal, exercer a atividade empresarial, não será destituído do encargo, mas deverá, então, mediante aprovação judicial, nomear um ou mais gerentes (CC, art. 975, *caput*), conforme a natureza daquela atividade, sem contudo eximir-se da responsabilidade dos atos praticados por esses gerentes nomeados (CC, art. 975, § 2º). O mesmo se diga se o magistrado reputar, ante o fato de o representante do incapaz não apresentar, p. ex., competência para gerir aquela atividade, mais conveniente será a nomeação de gerente para, com sua experiência, dar um bom andamento à atividade econômica e controlar a "empresa" (CC, art. 975, § 1º).

O uso de nova firma, indispensável à gestão administrativa, ou o exercício dos poderes de gerência, nessa circunstância excepcional, competirão, então, ao gerente nomeado (art. 976, parágrafo único, do CC). Essa nova firma e a pessoa que dela fizer uso deverão ser averbadas à margem da inscrição feita pelo empresário no Registro Público de Empresas Mercantis[6].

---

5. Arnaldo Rizzardo, *Direito de empresa*, cit., p. 67; Fábio Ulhoa Coelho, *Manual*, cit., p. 22; Mônica Gusmão, *Curso*, cit., p. 30.
6. Sebastião José Roque, *Curso*, cit., p. 100; Paulo Checoli, *Direito de empresa*, cit., p. 30; Sérgio Campinho, *O direito de empresa*, cit., p. 22; Jorge S. Fujita, *Comentários*, cit., p. 766.

Para que haja *regularidade do empresário*, ele deverá preencher os seguintes requisitos:

a) inscrever-se no Registro Público de Empresas Mercantis da respectiva sede, antes de iniciar sua atividade empresarial (CC, art. 967);

b) não estar legalmente impedido de exercer atividade econômica organizada para a produção ou circulação de bens ou/e serviços (CC, art. 972, 2ª parte).

Para a inscrição empresarial, o empresário deverá apresentar[7]:

1) *Requerimento* contendo (CC, art. 968, I a IV):

a) sua qualificação jurídica completa;

b) a firma, com a aposição da respectiva assinatura autógrafa (de próprio punho). O uso da firma é privativo do empresário, salvo se incapaz, autorizado judicialmente, a continuar a empresa, hipótese em que a firma será utilizada pelo seu representante legal ou gerente (CC, art. 976, parágrafo único). O empresário exerce sua atividade econômica sob uma firma, constituída a partir de seu nome (prenome simples ou composto e sobrenome) completo ou abreviado, inserindo, se quiser, apelido ou gênero do negócio, p. ex., Albino Montiel, ou inserir, se desejar, o ramo de atividades, Albino Montiel Malhas ou abreviar A. Montiel Malhas;

c) o capital, aplicado na "empresa", declarando seu valor, em moeda corrente, destacando-o do seu patrimônio pessoal;

d) o objetivo social pretendido, que é a atividade-fim da "empresa" (p. ex., comércio varejista de calçados), ou seja, a atividade principal por corresponder à que proporcionará maior valor de receita esperada;

e) a sede da empresa;

f) a informação da data do início da atividade empresarial, que não pode ser anterior à data da assinatura do requerimento;

g) a aposição de dia, mês e ano da assinatura do requerimento.

---

7. Cf. Instrução Normativa n. 97/2003 do DNRC; Sérgio Campinho, *O direito de empresa*, cit., p. 11; Arnaldo Rizzardo, *Direito de empresa*, cit., p. 54 e 55, 47-9.

2) Original ou *cópia autenticada* da procuração com poderes específicos, com firma reconhecida se o seu requerimento for assinado pelo seu procurador.

3) Cópia autenticada dos documentos: RG, CPF etc.

4) Comprovantes de pagamento da guia de recolhimento/Junta Comercial e DARF/Cadastro Nacional de Empresas.

A inscrição será tomada por termo em livro próprio do Registro Público de Empresas Mercantis, seguindo-se o número de ordem contínuo para todos os empresários inscritos (CC, art. 968, § 1º).

Imprescindível será a averbação, à margem da inscrição do empresário, de qualquer alteração, quanto às informações dadas, que possa aquela inscrição influenciar, acarretando mutações substanciais, tornando conhecida de todos a atual situação jurídica do empresário (CC, art. 968, § 2º).

Se o empresário individual vier a admitir sócios, poderá requerer ao Registro Público de Empresas Mercantis, observando, no que couber, os arts. 1.113 a 1.115 do CC, a transformação de seu registro de empresário para registro de sociedade empresária, sem que haja necessidade de praticar qualquer ato de dissolução ou liquidação (CC, art. 968, § 3º).

Pelo art. 968, § 4º, introduzido pela Lei n. 12.470/2011, o processo de abertura, registro, alteração e baixa do microempreendedor individual e a exigência para o início de seu funcionamento passarão a ter trâmite especial e simplificado, preferentemente eletrônico, na forma disciplinada pelo Comitê para Gestão da Rede Nacional para a Simplificação do Registro e da Legalização de Empresas e Negócios (CGSIM), que poderá, pelo § 5º do art. 968 (acrescentado pela Lei n. 12.470/2011), dispensar não só o uso da firma, com a respectiva assinatura autógrafa, substituindo-a pela assinatura eletrônica e certificação digital, como também requerimentos, capital, informações sobre nacionalidade, estado civil e regime de bens bem como remessa de documentos.

Quem estiver habilitado para ser empresário e devidamente inscrito no Registro Público de Empresas Mercantis e não estiver legalmente impedido para o exercício da atividade empresarial será tido como empresário individual regular.

A Instrução Normativa n. 97/2003 do DNRC apresenta rol dos impedidos de exercer regularmente a profissão de empresário:

a) chefes do Executivo federal e estadual ou municipal, bem como seus ministros e secretários;

b) membros do Poder Legislativo federal, estadual ou municipal, desde que a "empresa" goze de favor oriundo de contrato com pessoa jurídica de direito público, ou nela exerçam função remunerada;

c) magistrados, embora possam ser sócios cotistas ou acionistas, desde que não exerçam função de administradores;

d) membros do Ministério Público, salvo se acionistas ou cotistas;

e) empresários falidos e sócios da sociedade falida, a partir da decretação da falência até o trânsito em julgado da sentença extintiva de suas obrigações;

f) pessoas condenadas à pena de interdição ao exercício de profissão (CP, art. 47, I), que vede acesso a cargo público ou à atividade empresarial (LRE, art. 35, II; CC, art. 1.011, § 1º), por: crime falimentar; prevaricação, peita ou suborno, concussão ou peculato; crime contra a economia popular; crime contra o sistema financeiro nacional; crime contra normas de defesa da concorrência; crime contra as relações de consumo; crime contra a fé pública ou a propriedade, enquanto perdurarem os efeitos da condenação;

g) leiloeiros, corretores e despachantes aduaneiros;

h) cônsules, nos seus distritos, exceto os não remunerados (Decs. n. 24.113/34, arts. 48 e 49, 4.868/82, art. 11, e 3.529/89, art. 42); aos diplomatas e servidores de carreira diplomática (Lei n. 7.501/86 — ora revogada pela Lei n. 11.440/2006 —, art. 31) estendem-se as proibições do Estatuto dos Funcionários Públicos da União, inclusive a de exercer atividade empresarial;

i) médicos, para o exercício simultâneo da farmácia, drogaria, laboratório, e os farmacêuticos, para o exercício simultâneo da medicina (Dec. n. 19.606/31 c/c 20.877/31; Res. do CFM 1.246/88; Lei n. 5.991/73 e Dec.-Lei n. 3.988/41);

j) servidores públicos civis da ativa (Lei n. 1.711/52) federais, estaduais e municipais, que poderão ser sócios não gerentes, não diretores ou não administradores. Poderão ser sócios cotistas, comanditários ou acionistas, visto que só lhes está vedada a administração da empresa. Se, na empresa, a União tiver, direta ou indiretamente, participação no capital, poderão ser membros do seu Conselho de Administração ou Fiscal (MP n. 2.226/2001 e MP 1.794-8, que alterou o art. 117, X, da Lei n. 8.112/90);

k) servidores militares da ativa das Forças Armadas e Polícias Militares (CF, art. 42, § 1º; CPM, arts. 180 e 204; Dec.-Lei n. 1.029/69, art. 35; Lei n. 6.880/80, arts. 29 e 35), embora possam ser sócios de sociedade limitada ou anônima, sem integrar a sua administração;

l) estrangeiros sem visto permanente (Lei n. 6.815/80, arts. 13, 98 e 99), ou seja, com visto temporário ou com visto de turista, porque não lhes é permitido o exercício de nenhuma atividade remunerada;

m) estrangeiros naturais de países limítrofes, domiciliados em cidade contígua ao território nacional;

n) estrangeiros com visto permanente para: o exercício de pesquisa ou lavra de recursos minerais ou aproveitamento de potenciais de energia hidráulica (CF, art. 176, § 1º); atividade jornalística de radiodifusão sonora de sons e imagens, se não forem naturalizados ou o forem há menos de dez anos (CF, art. 222), com recursos oriundos do exterior; atividade ligada, direta ou indiretamente, à saúde no País; serem proprietários ou armadores de embarcação nacional; serem proprietários ou exploradores de aeronave brasileira;

o) devedores do INSS (Lei n. 8.212/91, art. 95, § 2º).

Tais pessoas não são incapazes, tão somente estão impedidas de exercer atividade econômica organizada.

O cônjuge de pessoa impedida legalmente poderá exercer atividade empresarial; mas se, p. ex., um funcionário público vier a fazer uso de seu consorte como testa de ferro ou interposta pessoa, para obter vantagens, em função de seu cargo, com a "empresa", sofrerá sanção administrativa.

A pessoa que, estando legalmente impedida de exercer atividade própria de empresário, vier a praticar atos empresariais, por eles responderá, com seu patrimônio pessoal (CC, art. 973); além disso, sujeitar-se-á às penalidades administrativas e criminais (Lei das Contravenções Penais, art. 47) e poderá, se insolvente, incidir em falência (Lei n. 11.101/2005, art. 1º), embora não tenha direito de requerer sua recuperação judicial (Lei n. 11.101/2005, art. 48) ou extrajudicial (Lei n. 11.101/2005, art. 161).

Empresário individual que vier a abrir estabelecimento secundário ligado à matriz da qual depende, com poder de representá-la, sob a direção de um preposto, deverá, se tal sucursal, filial ou agência foi instituída em lugar sujeito à jurisdição de outro Registro Público de Empresas Mercantis, nele inscrevê-la, apresentando prova de inscrição originária. Há também necessidade de averbá-lo no Registro Público das Empresas Mercantis, à margem da inscrição da matriz (CC, art. 969 e parágrafo único).

Se *casado* for o *empresário* urge lembrar que:

a) Dispensa-se a intervenção do cônjuge se se tratar de venda de bens pertencentes à empresa de que faça parte o outro. Deveras, o art. 978 do novel Código Civil assim reza: "o empresário casado pode, sem necessidade de outorga conjugal, qualquer que seja o regime de bens, alienar os imóveis que integrem o patrimônio da empresa ou gravá-los de ônus real".

Enunciado 6. O empresário individual regularmente inscrito é o destinatário da norma do art. 978 do Código Civil, que permite alienar ou gravar de ônus real o imóvel incorporado à empresa, desde que exista, se for o caso, prévio registro de autorização conjugal no Cartório de Imovéis, devendo tais requisitos constar do instrumento de alienação ou de instituição de ônus real, com a consequente averbação do ato à margem de sua inscrição no Registro Público de Empresas Mercantis (aprovado na 1ª Jornada de Direito Comercial).

Logo, empresário casado, qualquer que seja o regime matrimonial de bens, poderá livremente alienar ou gravar de ônus real (anticrese, hipoteca, p. ex.), imóvel pertencente ao patrimônio da empresa, porquanto para tanto não precisará de outorga conjugal, uma vez que há separação entre bens da sociedade e os dos sócios. Com isso facilita-se a circulação dos bens da "empresa", que não pode ficar adstrita à vontade do cônjuge do empresário[8].

Nada obsta que um dos cônjuges, sendo empresário, contraia obrigações atinentes à indústria ou atividade empresarial que exercer, sem outorga conjugal; logo, p. ex., se a mulher casada for empresária indi-

---

8. Ricardo Fiuza, *Novo Código Civil comentado*, São Paulo, Saraiva, 2005, com. ao art. 978; Jorge S. Fujita, *Comentários*, cit., p. 767 e 768; Mônica Gusmão, *Curso*, cit., p. 22.

vidual, poderá vender imóvel afetado à "empresa"; alugar prédio para instalar seu estabelecimento; contratar ou despedir mão de obra; comprar mercadorias para revenda; emitir títulos cambiais; requerer falência ou recuperação (judicial ou extrajudicial); demandar e ser demandada por fatos alusivos ao exercício da atividade empresarial.

b) Empresário que vier a firmar títulos, sendo casado sob o regime de comunhão universal de bens, responderá com seus bens particulares (CC, art. 1.668) e com os comuns até o limite de sua meação. Há uma responsabilidade do empresário casado (marido ou mulher) em relação à meação do outro ou a todo o patrimônio do casal, daí ser conveniente a exigência da autorização do outro para que os bens comuns sejam afetados à atividade empresarial de um deles. Poder-se-á, até mesmo, aplicar a desconsideração da pessoa jurídica (CC, art. 50) se um dos cônjuges, p. ex., vier a transferir bens comuns em nome da sociedade empresária de que é sócio para, sob o manto da personalidade jurídica, fraudar meação de seu consorte por ocasião da dissolução do casamento[9].

c) Se o regime for o da comunhão parcial ou universal, as quotas sociais adquiridas, onerosamente, durante o casamento por um dos cônjuges poderão se comunicar ao outro. Se um dos cônjuges for sócio de sociedade de pessoas, seu ex-consorte, havendo dissolução do casamento, só poderá receber parte das ações se os sócios anuírem. Se a sociedade for de capital e um dos cônjuges nela tiver, p. ex., 100 ações e o valor destas cresceu pela atividade da pessoa jurídica, o outro delas não participará, mas se suas ações ou quotas passaram a ser 200, receberá metade delas, se adquiridas onerosamente durante o casamento, desde que não haja disposição contrária no estatuto ou contrato social. Se falecer o cônjuge de um sócio ou se este vier a separar-se extrajudicial (CPC, art. 1.124-A, §§ 1º a 3º) ou judicialmente[10], ou a divorciar-se

---

9. Rubens Requião, *Curso*, cit., p. 90; Mônica Gusmão, *Curso*, cit., p. 22 e 23; Rolf Madaleno, *A disregard e sua efetivação no juízo de família*, *Revista Jurídica*, n. 7, p. 14.

10. As normas sobre separação judicial ou extrajudicial poderão perder sua eficácia social, pois pela nova redação dada ao § 6º do art. 226 da CF, pela EC n. 66/2010, o instituto deixou de ser requisito necessário para pleitear o divórcio. Todavia, há quem ache, como Pablo Stolze Gagliano e Rodolfo Pamplona Filho (*Novo divórcio*, São Paulo, Saraiva, 2010, p. 55-9), que tais normas foram tacitamente revogadas.

(CF, art. 226, § 6º, com a redação da EC n. 66/2010), os herdeiros do consorte do sócio ou seu ex-cônjuge não poderão, de imediato, pleitear a parte que lhe for cabível na quota social, visto que apenas terão o direito de concorrer à divisão periódica dos lucros a que teria direito o falecido ou o sócio separado ou divorciado ou até a data em que se opere a liquidação da sociedade (CC, art. 1.027) e à participação nos bens sociais remanescentes e distribuídos.

d) Os frutos de bens particulares também se comunicam no regime de comunhão. Assim sendo, p. ex., em uma sociedade anônima, havendo participação de um dos cônjuges (acionista) nos lucros sociais, mediante atribuição dos dividendos. Os dividendos constituem, na lição de Modesto Carvalhosa, a parte dos lucros líquidos fracionada de maneira uniforme entre todas as ações, distribuída periodicamente aos acionistas, calculada sobre as parcelas que cada um possui no capital social, mediante pagamento em dinheiro. Como tais dividendos são frutos civis entrarão para o patrimônio comum do casal (CC, arts. 1.660, V, e 1.669), comunicando-se, portanto, ao outro cônjuge (não acionista). Porém, poder-se-á deliberar em assembleia que haja retenção do lucro. Hipótese em que o lucro retido, quando capitalizado, transformar-se-á em ações bonificadas, que pertencerão ao proprietário das ações originais e comunicar-se-ão ao outro cônjuge, por força de disposição legal (CC, art. 1.660, V). A ação bonificada nada mais é do que, em espécie, o que o dividendo é em moeda. É o lucro distribuído em espécie e como tal é fruto civil, partilhável e comunicável; logo, não há como negar, juridicamente, sua comunicabilidade ao cônjuge do acionista, se o regime for o da comunhão. Os frutos civis deverão, portanto, ser distribuídos ao acionista e partilhados com seu cônjuge, sob a forma de dividendos (em dinheiro) ou de ações bonificadas, resultantes de aumento de capital com capitalização de reservas (parcelas de lucro), de retenção de lucros e de lucros acumulados[11].

---

11. Ângela M. da Motta Pacheco, Regime de comunhão parcial, comunicabilidade de frutos de bens particulares dos cônjuges, especificamente dos frutos civis: dividendos e ações bonificadas, *Revista da Associação dos Pós-Graduandos da PUCSP*, v. 3, p. 5-18; Maria Helena Diniz, *Curso de direito civil brasileiro*, São Paulo, Saraiva, 2008, v. 8, p. 100 a 106.

e) O art. 977 do Código Civil prescreve que "faculta-se aos cônjuges contratar sociedade, entre si ou com terceiros, desde que não tenham casado no regime da comunhão universal de bens, ou no da separação obrigatória". Pode haver, portanto, sociedade simples ou empresária entre cônjuges se o regime for o de separação convencional de bens, comunhão parcial ou de participação final nos aquestos.

Como o art. 977 do Código Civil é norma substantiva, seu efeito só pode ser exigido a partir de 11 de janeiro de 2003. Assim sendo, pessoas solteiras, divorciadas ou viúvas, sócias entre si, que quiserem convolar núpcias, somente poderão fazê-lo por meio do regime matrimonial permitido; se o regime de bens for o proibido pelo art. 977 do Código Civil, deverão alterá-lo (CC, art. 1.639, § 2º, e LINDB, art. 5º). As sociedades já constituídas por cônjuges-sócios, antes da vigência do novel diploma, não serão atingidas pelo art. 977, pois o contrato social de sociedade integrada por sócios casados, no regime de comunhão universal, ou no de separação obrigatória de bens, é ato jurídico perfeito no que atina à sua constituição.

f) O pacto antenupcial do empresário individual casado, o título constitutivo de doação, herança ou legado e o que gravar seus bens de inalienabilidade ou de incomunicabilidade, além de arquivados e averbados no Registro Civil competente, deverão sê-lo também no Registro Público de Empresas Mercantis (CC, art. 979), para que tenham eficácia *erga omnes*.

Deverão ser, pelo art. 980 do Código Civil, arquivados e averbados no Registro Público de Empresas Mercantis não só a sentença que decretar ou homologar a separação judicial ou a escritura pública de separação extrajudicial (CPC, art. 1.124-A, §§ 1º a 3º e CF, art. 226, § 6º, com a redação da EC n. 66/2010) do empresário singular, por haver partilha de imóveis ou direitos reais sujeitos a registro, indicando-se quais os que passarão a pertencer, com exclusividade, a cada um dos ex-cônjuges, mas também o restabelecimento da sociedade conjugal mediante reconciliação, delineando qual é o patrimônio conjugal[12].

---

12. Urge lembrar que diante da reforma constitucional provocada pela EC n. 66/2010, as normas relativas à separação poderão perder seu suporte eficacial.

É preciso, ainda, interpretar o art. 980 conjugadamente com o art. 10, I, do Código Civil e com o art. 226, § 6º, da CF, com a redação da EC n. 66/2010 e com o CPC, art. 1.124-A e § 1º, entendendo-se que a sentença de divórcio e a escritura pública de divórcio do empresário só produzirão efeitos *erga omnes* depois de averbadas no Registro Público competente, ou seja, onde foi lavrado o assento do casamento (art. 32 da Lei n. 6.515), e de registradas na circunscrição imobiliária se houver partilha de bens comuns, individuando os imóveis pertencentes a cada ex-cônjuge e, ainda, arquivadas e averbadas no Registro Público de Empresas Mercantis por ter havido alteração do patrimônio conjugal, dando publicidade à disponibilidade dos bens do empresário. E, em caso de restabelecimento daquele casamento dissolvido pelo novo casamento do empresário, deverá ele ser assentado no livro de casamento e averbado no Registro Público de Empresas Mercantis e, na existência de imóveis no patrimônio conjugal, a averbação do fato deverá ser feita em relação a cada um dos imóveis pertencentes ao casal, existindo ou não pacto antenupcial no Registro Imobiliário da situação dos imóveis.

Capítulo III

Regime jurídico da sociedade

1. Personalidade jurídica da sociedade

Com o registro do estatuto ou contrato social (CC, art. 985) surge a personalidade jurídica e a sociedade passa a ser pessoa jurídica, suscetível de direitos e obrigações, tendo capacidade, inclusive, contratual, legitimidade processual ativa e passiva e responsabilidade civil (contratual ou extracontratual) e penal (Lei n. 9.605/98, art. 3º).

Em caso de necessidade de prévia autorização do governo (CC, arts. 45, 1.123 a 1.125), o registro só terá lugar depois de esta ter sido expressamente obtida.

No momento em que se opera o assento do contrato social ou do estatuto no registro competente, a pessoa jurídica começa a existir, passando a ter aptidão para ser sujeito de direitos e obrigações, a ter capacidade patrimonial, constituindo seu patrimônio, que não tem nenhuma relação com os dos sócios, adquirindo vida própria e autônoma, não se confundindo com os seus membros, por ser uma nova unidade orgânica. Com a inscrição, portanto, ter-se-á: *a*) pessoa jurídica distinta da pessoa natural de seus sócios, pois passará, em seu nome, a contrair obrigações e a exercer direitos, tendo nacionalidade, capacidade e domicílio próprios; *b*) patrimônio social separado do dos sócios. O registro tem força constitutiva, pois além de servir de prova possibilita a aquisição da capacidade jurídica. O assento de atos constitutivos das *sociedades simples* dar-se-á no *Registro Civil das Pessoas Jurídicas*, sendo que o das *sociedades empresárias* deverá ser registrado no *Registro Público de Empresas Mercantis* (Lei n. 8.934/94, regulamentada pelo Dec. n. 1.800/96; CC, art. 1.150), sendo competentes para a prática de tais atos as Juntas Comerciais. O registro deverá declarar: a denominação, os fins, a sede, o tempo de duração e o fundo ou capital social, quando houver; o nome e a individualização dos fundadores ou instituidores, e dos diretores; o modo por que se administra e representa, ativa e passivamente, judicial e extrajudicialmente; a possibilidade e a maneira de reforma do estatuto social (p. ex., por unanimidade, por maioria simples ou absoluta) no tocante à administração; a responsabilidade subsidiária, ou não, dos sócios pelas obrigações sociais; as condições de extinção da pessoa jurídica e o destino de seu patrimônio (CC, art. 46, I a VI).

O direito de anular a constituição das pessoas jurídicas de direito privado, por defeito do ato respectivo, pode ser exercido dentro do prazo decadencial de três anos, contado da publicação e sua inscrição no registro ou a partir do registro, nas hipóteses em que a publicação não for exigida (CC, art. 45, parágrafo único). Se o triênio escoar *in albis*, os defeitos relativos à sua constituição convalescer-se-ão.

A *capacidade da pessoa jurídica* decorre logicamente da personalidade que a ordem jurídica lhe reconhece por ocasião de seu registro. Pode exercer todos os direitos subjetivos, não se limitando à esfera patrimonial. Tem direito à identificação, sendo dotada de uma denominação, de um domicílio e de uma nacionalidade. Logo, tem: *a*) direito à personalidade, como o direito ao nome, à marca, à liberdade, à imagem, à privacidade, à própria existência, ao segredo, à honra objetiva (*RT, 176*:195) ou à boa reputação[1], podendo pleitear, se houver violação a esses direitos, reparação por dano moral e patrimonial (CC, art. 52); *b*) direitos patrimoniais ou reais (ser proprietária, usufrutuária etc.); *c*) direitos industriais (CF, art. 5º, XXIX); *d*) direitos obrigacionais (de contratar, comprar, vender, alugar etc.); e *e*) direitos à sucessão, pois pode adquirir bens *causa mortis*.

---

1. Alexandre Ferreira de Assumpção Alves, *A pessoa jurídica e os direitos da personalidade*, 1998; Maria Helena Diniz, *Curso*, cit., v. 1, p. 272.

Com o arquivamento do ato constitutivo no registro competente, a sociedade adquirirá personalidade jurídica, passando[2]:

1) A ser *sujeito de direito* e, consequentemente, terá: *a) titularidade obrigacional ou negocial*, assumindo capacidade legal para adquirir direitos e contrair obrigações por meio de representante, podendo efetuar contratos, tendo em relação a terceiros a responsabilidade por aqueles atos negociais, como credora ou devedora, sem que haja o envolvimento de seus sócios ou da pessoa natural que atuou como seu agente (representante); *b) titularidade processual*, pois será parte legitimada processualmente para ingressar em juízo, para responder a ação judicial, movida contra ela, e para impetrar recurso.

2) A ter *individualidade própria*, não se confundindo com seus sócios ou representante. Receberá um *nome*. Terá uma *nacionalidade* e adquirirá um *domicílio* (sede social).

3) A possuir *autonomia* e *responsabilidade patrimonial*, pois seu patrimônio será distinto do dos sócios.

4) A haver *possibilidade de alteração estrutural*, por meio de escritura pública ou particular, modificando sua sede, seu quadro societário, seu objeto social, desde que haja unanimidade de sócios (CC, arts. 999 e 997). Feita a alteração, proceder-se-á ao *arquivamento do contrato modificativo*, que não gerará nova sociedade, mas conferirá oponibilidade *erga omnes* das alterações feitas.

Poder-se-ão classificar as sociedades[3]:

---

2. Adalberto Simão Filho, Os direitos da empresa no novo Código Civil, *Simpósio sobre o novo Código Civil brasileiro* (coord. Pasini, Lamera e Tavalera), São Paulo, 2003, p. 56; Rubens Requião, *Curso*, cit., v. 1, p. 395; Fábio Ulhoa Coelho, *Manual*, cit., p. 112-7; Ricardo Negrão, *Manual*, cit., v. 1, p. 231; Sérgio Campinho, *O direito de empresa*, cit., p. 64; Amador Paes de Almeida, *Manual das sociedades comerciais*, São Paulo, Saraiva, 2004, p. 9-11. Sobre cancelamento de registro especial e vedação de novo registro especial à pessoa jurídica que teve registro especial cancelado: arts. 2º-A a 2º-D do Decreto-Lei n. 1.593/77, acrescentados pela Lei n. 12.715/2012.
3. Floriano Lima de Toledo, *Manual de direito comercial*, São Paulo, 1982, p. 58-123; Maria Helena Diniz, *Curso*, cit., v. 3, p. 308 e 309; Sérgio Campinho, *O direito*, cit., p. 57; Rubens Requião, *Curso*, cit., v. 1, p. 402, 405 e 389; Fábio Ulhoa Coelho, *Manual*, cit., p. 110-2 e 120-4; Amador Paes de Almeida, *Manual*, cit., p. 49.

1º) Quanto ao *fim* a que se propõem, caso em que serão: *sociedades simples* e *sociedades empresárias* (CC, art. 44, II).

Simples serão as sociedades cuja atividade não for profissional e organizada, nem visar à produção e circulação de bens e serviços no mercado (CC, arts. 997 a 1.038). Deverão ser registradas, no Registro Civil das Pessoas Jurídicas e no Cartório de Títulos e Documentos (CC, art. 998). Nas *sociedades simples*, o capital e o fim lucrativo não constituem elementos essenciais (*RT, 488*:85), por não se entregarem à atividade empresarial (*RT, 391:216, 395:205, 462*:81; STJ, Súmula 276). Essas sociedades poderão revestir as formas estabelecidas nos arts. 1.039 a 1.092 (*RT, 434:122, 128*:485; CC, art. 983), com exceção da comandita por ações e da anônima, pois, qualquer que seja o seu objeto, a sociedade anônima, p. ex., será sempre empresária e reger-se-á pelas leis e usos do comércio (Lei n. 6.404/76, art. 2º, § 1º; CC, arts. 982, parágrafo único, 1.088 e 1.089). Pelo Enunciado n. 57 do CJF, "a opção pelo tipo empresarial não afasta a natureza simples da sociedade". Portanto, as sociedades simples (CC, arts. 997 a 1.038) não têm formas predeterminadas, podendo ser sociedades de fins econômicos, se houver um capital formado com as colaborações dos sócios e o objetivo de obter lucro, que deve ser repartido entre eles, alcançado pelo exercício de certas profissões ou pela prestação de serviços técnicos, hipótese em que assumem uma das formas das sociedades empresárias, como, p. ex., sociedade formada para explorar uma fazenda; sociedade criada por um grupo de médicos, apoiado por enfermeiros, atendentes, nutricionistas etc.; sociedade imobiliária; sociedade cooperativa etc. (CC, arts. 982, parágrafo único, 1.093 a 1.096; Decreto n. 4.562/2002, com alteração do Decreto n. 4.855/2003).

Nas *sociedades empresárias* há capital e fim lucrativo, que são essenciais à sua constituição, por exercerem atividade própria de empresário sujeito a registro (CC, art. 982), devendo ser assentadas no Registro Público de Empresas Mercantis (CC, art. 967). Se não efetuaram tal assento, incidirão em falência, mas não poderão requerer recuperação judicial ou extrajudicial (arts. 48 e 51, V, da Lei n. 11.101/2005); como estão sujeitas à falência (*RT, 165:97, 391*:188), terão direito à recuperação judicial ou extrajudicial, e, além disso, poderão utilizar-se da Lei n. 8.245/91, podendo ter seu contrato de locação renovado compulsoriamente (*RT, 489:210, 468:224, 450:252, 391:188, 465:97, 497:49, 472:206, 440:117, 495:230, 492:163*). Constituem-se segundo os tipos regulados nos arts. 1.039 e 1.092 do Código Civil.

2º) Quanto à *extensão dos bens com os quais concorrem os sócios*, as sociedades simples poderão ser:

a) Universais, se abrangerem todos os bens presentes, ou todos os futuros, quer uns e outros na sua totalidade, quer somente os seus frutos e rendimentos. P. ex., como ocorre na comunhão universal entre cônjuges, durante a vigência da sociedade conjugal.

b) Particulares, se compreenderem apenas os bens ou serviços especialmente declarados no contrato (CC, art. 981), ou se forem constituídas especialmente para executar em comum certa empresa, explorar certa indústria ou exercer certa profissão.

3º) Quanto à *nacionalidade*, poderão ser:

a) nacionais, se organizadas de conformidade com a lei brasileira, tendo no Brasil a sede de sua administração (CC, arts. 1.126 a 1.133);

b) estrangeiras, aquelas que, qualquer que seja seu objeto, não poderão, sem autorização do Poder Executivo, funcionar no Brasil, ainda que por estabelecimentos subordinados, podendo, todavia, ressalvados os casos expressos em lei, ser acionistas de sociedade anônima brasileira (CC, arts. 1.134 a 1.141).

4º) Quanto ao *regime* ou à *natureza* de sua *constituição e dissolução*: ter-se-ão:

a) sociedades contratuais, cujo ato constitutivo é o contrato social, exigindo unanimidade para sua dissolução. É o que ocorre com a sociedade simples, a sociedade limitada, a em comandita simples e a em nome coletivo;

b) sociedades institucionais, se oriundas de estatuto social, podendo dissolver-se pela decisão da maioria dos sócios, apresentando causas de dissolução como intervenção e liquidação extrajudicial. É o que se dá com a sociedade em comandita por ações e a sociedade anônima.

5º) Quanto ao *tipo* de capital temos:

a) sociedades de capital fixo, como as empresárias e as simples, cujo capital social está definido em cláusula do seu ato constitutivo;

b) sociedades *de capital variável,* como as cooperativas, pois suas decisões não se baseiam no capital investido por cada um dos cooperadores, mas no valor ou nas qualidades das pessoas que as compõem.

6º) Quanto à *responsabilidade dos sócios pelas obrigações sociais,* podem ser, como ensina Fábio Ulhoa Coelho:

a) sociedades ilimitadas, se todos os sócios, como ocorre na sociedade em nome coletivo, responderem ilimitadamente pelas obrigações sociais;

b) sociedades mistas, se uma parcela dos sócios tiver responsabilidade ilimitada e a outra limitada, como se dá, p. ex., na sociedade em comandita simples;

c) sociedades limitadas, como a sociedade limitada e a sociedade anônima, já que todos os seus sócios respondem de forma limitada pelas obrigações sociais.

7º) Quanto às *condições de alienação da participação societária,* segundo Fábio Ulhoa Coelho, temos:

a) sociedades de pessoas, se os sócios puderem vedar o ingresso de pessoa estranha no quadro societário, adquirindo suas quotas, por estarem fundadas no relacionamento pessoal e na *affectio societatis,* visto terem sido constituídas *intuitu personae;*

b) sociedades de capital, por permitirem livre circulação das ações, uma vez que, por serem constituídas *intuitu pecuniae,* dão preferência ao capital acionário e não à pessoa dos acionistas.

8º) Quanto à *personalidade jurídica* ter-se-ão:

a) sociedades não personificadas — as que não arquivaram seus atos constitutivos no registro competente ou as que os registraram em órgão indevido. Essas sociedades não personificadas podem ser: *sociedades em comum* e *sociedades em conta de participação;*

b) sociedades personificadas — são aquelas em que seu contrato ou estatuto social foi devidamente registrado em órgão competente, podendo ser: sociedade simples, sociedade em nome coletivo, sociedade em comandita simples, sociedade limitada, sociedade anônima ou sociedade por ações e sociedade em comandita por ações e cooperativas.

2. Sociedade não personificada

A. Generalidades

A sociedade não personificada é a que não possui personalidade jurídica, ante o fato de não ter providenciado o arquivamento de seu ato constitutivo no registro competente. Terá, contudo, capacidade processual.

Poderá ser sociedade em comum (CC, arts. 986 a 990) ou sociedade em conta de participação (CC, arts. 991 a 996)[4].

B. Sociedade em comum

Enquanto o ato constitutivo da sociedade não for levado a registro (CC, art. 985), não se terá uma pessoa jurídica, mas um simples contrato de sociedade, que se regerá pelos arts. 986 a 990 do Código Civil e, subsidiariamente, no que for compatível, pelas normas da sociedade simples, ou seja, pelas disposições contidas nos arts. 997 a 1.038 do referido diploma legal.

A sociedade em comum é uma sociedade contratual que explora uma atividade econômica, ou não.

A sociedade em comum é a que não tem personalidade jurídica, por falta de inscrição de seu ato constitutivo no órgão competente, apesar de apresentar sócios e exercer atividade produtiva para a consecução de resultado econômico a ser partilhado entre seus membros. Ela, portanto, tem existência, e está em funcionamento, vivendo de fato e produzindo efeitos como negócio jurídico.

A sociedade em comum não é, portanto, uma novel modalidade societária, mas uma situação de irregularidade em que se encontra uma sociedade por falta de prévio registro de seu ato constitutivo no Registro Civil de Pessoas Jurídicas (se simples) ou no Registro Público de Empresas Mercantis (se empresária) ou de requerimento do arquivamento de qualquer modificação de seu contrato social no órgão competente.

---

4. Amador Paes de Almeida, *Direito de empresa*, cit., p. 101-9; Ricardo Negrão, *Manual*, cit., v. 1, p. 298, 303 e 304; Mônica Gusmão, *Curso*, cit., p. 74.

As sociedades em comum são não personificadas por constituir-se de fato por "sócios" para o exercício de atividade produtiva e repartir os resultados obtidos. Logo, por não serem pessoas jurídicas, não poderão acionar os seus membros, nem terceiros (*RT*, *537*:107), mas estes poderão responsabilizá-las por todos os seus atos (*RT*, *135*:663 e *395*:392), reconhecendo a existência de fato para esse efeito (*RT*, *134*:111). Vigora o princípio da responsabilidade incidente sobre a massa patrimonial com repercussão no patrimônio dos sócios, pois a falta de registro acarreta a comunhão patrimonial e jurídica da sociedade e de seus membros, confundindo-se seus direitos e obrigações com os dos sócios (CC, arts. 988, 989 e 990). Nessa sociedade sem personalidade jurídica prevalece o princípio de que só o que for sujeito de direito é que pode possuir bens; logo, "a sociedade de fato não pode, em seu nome, figurar como parte em contrato de compra e venda de imóvel, em compromisso ou promessa de cessão de direitos; movimentar contas bancárias, emitir ou aceitar títulos de crédito; praticar outros atos extrajudiciais que impliquem alienações de imóveis, porque o Registro Imobiliário não procederá ao registro" (*RT*, *428*:250). Esse tratamento que a lei substantiva dispensa à sociedade não personificada (em comum, de fato ou irregular) decorre do princípio de que a aquisição de direitos advém da observância da norma, enquanto a imposição de deveres (responsabilidade) existe sempre.

A sociedade em comum sofre restrições por não ter arquivado seu ato constitutivo antes de iniciar sua atividade, principalmente se for empresária, tais como[5]:

a) impossibilidade de requerer recuperação judicial (Lei n. 11.101/2005, art. 48) e extrajudicial (Lei n. 11.101/2005, art. 161), apesar de estar sujeita à falência (Lei n. 11.101/2005, art. 105, IV). Sua falência acarretará a dos sócios com responsabilidade ilimitada (Lei n. 11.101/2005, art. 81);

b) ilegitimidade para pleitear falência de seus devedores-empresários (Lei n. 11.101/2005, art. 97, § 1º);

---

5. Mônica Gusmão, *Curso*, cit., p. 71 e 77; Sérgio Campinho, *O direito de empresa*, cit., p. 77.

c) não participação de licitações públicas (Lei n. 8.666/93, art. 28, III);

d) inexistência de proteção legal ao nome;

e) impossibilidade de pleitear tutela jurídica à sua marca;

f) vedação de seu registro no CNPJ (IN da SRFB n. 1.183/2011 e 1.210/2011) e no INSS, visto que não tem personalidade jurídica;

g) não utilização, em juízo, para fazer prova em seu favor, de livros empresariais em razão do disposto no art. 1.181 do Código Civil.

Embora essa sociedade seja um contrato consensual, que pode ser feito oralmente ou por escrito, a forma escrita é de grande importância, pois a personalidade jurídica surgirá com o registro desse contrato. Além disso, nas questões entre os sócios, e entre eles e terceiros, tal sociedade só se provará por escrito (público ou particular), de modo que um sócio não poderá demandar contra outro sem exibir documento de constituição da sociedade, apesar de não arquivado, ou por qualquer outro documento conducente à conclusão da existência da sociedade (*RF, 141*:299 e *112*:450; *RT, 673*:72). Assim sendo, a inexistência de contrato social escrito impede os sócios de moverem ação uns contra os outros e, ainda, contra terceiros. Mas os estranhos, ou terceiros, que tiverem alguma relação com a sociedade, poderão provar sua existência por qualquer meio ou modo admitido juridicamente, inclusive por meio de testemunhas, indícios, indicativos fiscais, início de prova escrita, presunções, perícias etc. (CC, arts. 212 e s., 987) para garantir seus direitos contra ela, e agir contra os sócios ante o princípio da boa-fé objetiva (CC, art. 422) e a teoria da aparência[6].

Os bens declarados no contrato e débitos sociais constituem um *patrimônio especial* da sociedade em comum, cujos titulares, em condomínio, são os sócios (CC, art. 988).

---

6. Amador Paes de Almeida, *Direito de empresa*, cit., p. 101; Luiz Cezar P. Quintans, *Direito da empresa*, Rio de Janeiro, Freitas Bastos, 2003, p. 22; Arnaldo Rizzardo, *Direito de empresa*, cit., p. 81.

O sócio que contratar em nome da sociedade, por determinação do art. 990, ficará excluído do benefício de ordem, previsto no art. 1.024 do Código Civil de 2002, e os credores poderão executar diretamente seus bens particulares, independentemente de já se terem ou não executados os bens sociais.

O patrimônio especial é um capital indispensável às operações societárias e responderá pelos atos de gestão (CC, art. 989), praticados por qualquer sócio, arcando com os débitos e obrigações sociais. Os sócios assumem responsabilidade ilimitada em comum pelos resultados obtidos e pelas obrigações por não haver separação patrimonial.

Seus bens particulares não poderão ser executados por dívidas da sociedade, senão depois de executados os bens sociais (CC, art. 1.024, CPC, art. 596), visto que há a proteção legal conferida pelo benefício de ordem ou de execução (*beneficium excussionis personalis*).

Dissolvida a sociedade em comum, o remanescente do patrimônio especial em condomínio será partilhado entre os sócios; hipótese em que, por haver comunhão de interesses, cada um receberá a parte que lhe for cabível, conforme o pactuado, acrescida de lucro, se houver, ou diminuída do prejuízo apurado[7].

C. Sociedade em conta de participação

Como a sociedade em conta de participação é, na verdade, um *contrato de participação*, para constituir-se não dependerá de qualquer formalidade (CC, art. 992, 1ª parte), por ser *contrato consensual*, bastando a *affectio societatis*. Logo, poder-se-á comprovar sua existência por qualquer meio jurídico admitido, p. ex., depoimento testemunhal, confissão, perícia, presunção, documento fisco-contábil, cartas, *e-mails*, livro empresarial, notas de corretores e certidões extraídas de seus protocolos etc. (CC, arts. 992, 2ª parte, e 212 e s.), se não houver contrato social escrito firmado entre sócio ostensivo e sócios participantes.

---

7. Arnaldo Rizzardo, *Direito de empresa*, cit., p. 80; Ricardo Negrão, *Manual*, cit., p. 299; Paulo Checoli, *Direito de empresa no novo Código Civil*, cit., p. 51; Amador Paes de Almeida, *Manual*, cit., p. 52; *Direito de empresa*, cit., p. 101 e 102; Sérgio Campinho, *O direito de empresa*, cit., p. 77.

A *sociedade em conta de participação* é a que, não tendo personalidade jurídica, nem existência perante terceiros, se constitui pelo sócio ostensivo, que, por entrar com o capital e o trabalho, pratica, em seu nome individual, atos de gestão, adquire direitos e assume obrigação com terceiros, respondendo pessoal e ilimitadamente pelos débitos sociais e pelos sócios participantes (prestadores de capital), que contribuem, formando patrimônio especial, apenas com o capital, participando dos lucros e das perdas, conforme o combinado no contrato de participação, podendo, por isso, exigir prestação de contas. Entre os sócios há relação societária. Os sócios participantes poderão, individualmente e em nome próprio, propor ações judiciais para resolver controvérsia relativa às relações internas (STJ, REsp 85.240/RJ, 3ª T., j. 19-11-1999). Sua característica primordial consiste no fato de ser uma sociedade interna, que se apresenta, externamente, como se o sócio ostensivo (pessoa natural ou jurídica) exercesse a atividade como empresário individual, obrigando-se pessoalmente, com seu patrimônio, pelos resultados e pela inexecução das obrigações assumidas; logo, apenas ele será citado e demandado nas ações, não ingressando os sócios participantes na lide judicial (STJ, REsp 474.704, 3ª T., j. 17-12-2002). Somente o sócio ostensivo obriga-se perante terceiro. Os sócios participantes só se obrigam perante o ostensivo, e, se tomarem parte nas relações deste com terceiros, responderão solidariamente com este pelas obrigações em que intervier (CC, art. 993, parágrafo único)[8]. Essa sociedade pode ser constituída sem qualquer formalidade, podendo ser provada por todos os meios de direito. O contrato social só produz efeito entre os sócios e, se for registrado, tal assento não conferirá personalidade à sociedade. Havendo sua liquidação, disciplinar-se-á pelas normas do Código de Processo Civil alusivas à prestação de contas.

A atividade constitutiva do objeto social, portanto, é exercida apenas pelo sócio ostensivo, que se obriga pessoalmente perante ter-

---

8. Ricardo Negrão, *Manual*, cit., p. 302; Maria Helena Diniz, *Código*, cit., p. 782; Amador Paes de Almeida, *Manual*, cit., p. 123; Rubens Requião, *Curso*, cit., v. 1, p. 439; Fábio Ulhoa Coelho, *Manual*, cit., p. 150-2; Luiz César P. Quintans, *Direito de empresa*, cit., p. 26.

ceiros, arcando com todas as responsabilidades (CC, art. 991). Sua responsabilidade é pessoal e ilimitada pelas dívidas sociais. Os sócios participantes (os ocultos ou investidores) somente se obrigam perante o sócio ostensivo, participando dos resultados sociais obtidos, sejam eles positivos ou negativos, nos limites consignados contratualmente, uma vez que são prestadores de capital e não aparecem externamente nas relações da sociedade, nem têm responsabilidade perante terceiros. Os sócios participantes (contratantes financiadores) não assumem, portanto, obrigações perante terceiros, nem arcam com os riscos, mas poderão exigir do financiado (sócio ostensivo) o retorno do capital empregado para um ou mais negócios, acrescido dos lucros.

Se seu instrumento for, eventualmente, levado a registro, este nem por isso conferir-lhe-á personalidade jurídica, pois apenas formalizará sua constituição, dirimindo dúvidas quanto ao conteúdo do pacto social (CC, art. 993). Se, com a eventual inscrição no registro competente do contrato social, terceiros vierem a conhecer a identidade dos sócios participantes, tal fato não desvirtuará a natureza da sociedade em conta de participação, visto que sua característica primordial é a responsabilidade integral do sócio ostensivo, com seu nome individual perante terceiros. Os sócios participantes, mesmo que se tornem conhecidos, não terão qualquer responsabilidade. Se, porventura, sem embargo da proibição legal, algum sócio participante vier a tomar parte nas negociações do sócio ostensivo com terceiro, passará a responder com ele, solidariamente, pelas obrigações assumidas com sua intervenção (CC, art. 993, parágrafo único). Consequentemente, terceiro poderá acionar qualquer deles (participantes ou ostensivo) pelo adimplemento da obrigação assumida.

A sociedade em conta de participação é uma sociedade interna entre sócio ostensivo e sócio participante, sendo que este último não se revela, permanecendo, convém repetir, nas relações com terceiros, oculto. Os sócios participantes entregam, fiduciariamente, um capital ou fundos ao ostensivo, que os aplica, juntamente com os seus, formando um *patrimônio especial*, que será objeto da conta de participação relativa à consecução dos negócios sociais. A sociedade em conta de participação não possui capital social, mas pressupõe um fundo (patrimônio especial) (CC, art. 994), que deverá ser assentado, em conta especial de participação, nos livros do sócio ostensivo.

A especialização patrimonial, com descrição dos bens e indicação de suas peculiaridades, não tem eficácia *erga omnes*; somente produzirá efeitos entre os sócios (*inter partes* — CC, art. 944, § 1º).

A sociedade em conta de participação não poderá ser declarada falida, pois somente seus sócios poderão incorrer em falência. Dessa forma, falindo o sócio ostensivo, dissolver-se-á, automaticamente, a sociedade, mediante simples ação ordinária (*RT*, 472:139); ter-se-á apuração dos haveres devidos aos demais sócios, liquidando-se a conta, ou seja, a quota do capital social do sócio ostensivo, e o saldo, se houver, constituirá crédito quirografário, isto é, sem qualquer garantia (CC, art. 994, § 2º).

Com a falência do sócio participante, não se terá dissolução da sociedade, e o contrato social sujeitar-se-á às normas disciplinadoras dos efeitos da falência nos contratos bilaterais efetivados pelo falido (CC, art. 994, § 3º).

Se o contrato social, ou adendo superveniente, não o permitir, o sócio ostensivo não poderá, sem anuência expressa dos demais sócios, admitir novo sócio (CC, art. 995), mesmo sendo o administrador dos interesses e negócios sociais. Tal se dá por tratar-se de sociedade de pessoas, havendo necessidade de se tutelarem os interesses dos sócios participantes, que, por serem investidores, não podem ficar presos ao arbítrio do sócio ostensivo, relativamente ao aumento do quadro societário. O art. 995 visa a proteção dos interesses dos sócios participantes, por terem contribuído para o patrimônio especial (CC, art. 994), tendo por escopo a obtenção de um resultado econômico. Se o sócio ostensivo vier a incluir novas pessoas, os participantes poderão invalidar a alteração no número de sócios por ele feita.

E, no caso de omissão legislativa e estatutária, aplicar-se-ão, subsidiariamente, no que couberem, à sociedade em conta de participação, os arts. 997 a 1.038 do Código Civil referentes à sociedade simples, que tem personalidade jurídica (CC, art. 996, 1ª parte).

Havendo dissolução societária, a liquidação da sociedade em conta de participação seguirá as normas sobre prestação de contas, na forma da lei processual (CC, art. 996, 2ª parte; CPC, arts. 914 a 919), apurando-se o ativo e o passivo e dividindo-se entre os sócios o saldo líquido (credor ou devedor), se houver.

Os sócios participantes têm direito de exercer fiscalização (CC, art. 993, parágrafo único) e pedir prestação de contas ao sócio ostensivo (*RT*, *768*:221, *684*:147). E se vários forem os sócios ostensivos, estes serão litisconsortes, e as respectivas contas, apresentadas em separado, deverão ser prestadas e julgadas no mesmo processo judicial (CC, art. 996, parágrafo único)[9].

3. SOCIEDADE PERSONIFICADA

A. Noções gerais

Para ter personalidade jurídica, a sociedade empresária deverá ser inscrita no Registro Público de Empresas Mercantis, a cargo da Junta Comercial (Lei. n. 8.934/94, art. 1º) e a sociedade simples, no Registro Civil das Pessoas Jurídicas, no local onde estiver sua sede. Com tal inscrição, ter-se-á a *sociedade personificada*, ou seja: *a*) pessoa jurídica distinta da pessoa natural de seus sócios (CC, art. 45), pois passará, em seu nome, a contrair obrigações e a exercer direitos, tendo nacionalidade, capacidade e domicílio próprios; *b*) patrimônio social separado do dos sócios.

A *sociedade empresária* reger-se-á assumindo a *forma* de: sociedade em nome coletivo, pelos arts. 1.039 a 1.044 do Código Civil; sociedade em comandita simples, pelos arts. 1.045 a 1.051; sociedade limitada, pelas disposições contidas nos arts. 1.052 a 1.087; sociedade por ações ou anônima, pelos arts. 1.088 e 1.089 do Código Civil e por lei especial (Lei n. 6.404/76); e sociedade em comandita por ações, pelos arts. 1.090 a 1.092 do Código Civil (CC, art. 983, 1ª parte).

---

9. Fábio Ulhoa Coelho, *Código Comercial e legislação complementar anotada*, São Paulo, Saraiva, 1995, p. 110-2; Rubens Requião, *Curso*, cit., v. 1, p. 375; Jorge S. Fujita, *Comentários*, cit., p. 776; Maria Helena Diniz, *Tratado teórico e prático dos contratos*, São Paulo, Saraiva, 2006, v. 4, p. 114.

O mesmo se dirá da *sociedade simples não pura* que se constituir de conformidade com um desses tipos (com exceção da sociedade em comandita por ações e da sociedade anônima — *RT, 434*:122 e *128*:485; *RJTJSP, 135*:110), e, não o fazendo, disciplinar-se-á pelos arts. 997 a 1.038 do Código Civil, caso em que será uma *sociedade simples pura* (CC, art. 983, 2ª parte), regendo-se pelas normas que lhe são próprias (CC, arts. 997 a 1.038).

Distingue-se, no direito brasileiro, a sociedade empresária da simples pelos três elementos identificadores da empresarialidade, previstos no CC, art. 966: economicidade, organização e profissionalidade. Estando presentes esses três elementos, ter-se-á a configuração da sociedade empresária. A sociedade simples exerce, portanto, atividade sem os fatores de produção. Assim, se a sociedade conservar caracteres da sociedade empresária, mas for insuficientemente organizada para a produção ou circulação de bens ou serviços, continuará sendo considerada sociedade simples.

B. Sociedade simples

A sociedade simples (sociedade de pessoas) é a pessoa jurídica de direito privado (CC, art. 44, II) que visa ao fim econômico ou lucrativo, pois o lucro obtido deverá ser repartido entre os sócios, sendo alcançado com o exercício de certas profissões ou pela prestação de serviços técnicos (CC, arts. 997 a 1.038; *RT, 462*:81, *39*:216, *395*:205). P. ex., uma sociedade imobiliária, uma sociedade que presta serviços de pintura (*RT, 39*:216) ou uma sociedade cooperativa (CC, arts. 982, parágrafo único, 1.093 a 1.096; STJ, Súmula 262).

Será simples a sociedade que tiver por objeto atividades profissionais regulamentadas, científicas, literárias, artísticas, educacionais, rurais, a não ser que o exercício da profissão ou do ofício venha a constituir elemento da empresa.

A sociedade simples constitui-se pelo *contrato social*. Há, nesse contrato societário, congregação de vontades dirigidas para a obtenção de um objetivo comum e cláusulas estipuladas pelas partes para lograr o resultado por elas almejado. Essas cláusulas facultativas poderão dispor sobre: disciplina das reuniões assembleares; instituição de conselho fiscal; administração por estranho; forma de dissolução; exclusão de sócio; inclusão de estranho no quadro societário; cessão de quotas. Mas, além dessas cláusulas, o contrato deverá, obrigatoriamente, mencionar (CC, art. 997, I a VIII)[10] cláusulas com as seguintes informações essenciais, que só poderão ser modificadas pelo consenso unânime dos sócios (CC, art. 999):

a) Nome, nacionalidade, estado civil, profissão e residência dos sócios, se forem pessoas naturais. Se forem pessoas jurídicas, deverão especificar sua firma ou razão social, nacionalidade e sede.

b) Denominação, objeto, sede e prazo da sociedade.

Pelos arts. 997, II, e 1.155, parágrafo único, do novel Código Civil, a sociedade simples, em regra, deverá fazer uso da denominação, que poderá formar-se por um elemento de fantasia ou por alguma expressão retirada de seu objeto social. Mas nada obsta que venha a possuir firma social, se a sociedade simples tiver sócios de responsabilidade ilimitada pelas obrigações sociais (CC, art. 1.157).

A lei exige também a descrição minudente do objeto social, indicando-se o gênero e a espécie da atividade lícita a ser exercida pela sociedade.

A sede da sociedade simples também deverá estar indicada no contrato social, por ser o local onde funcionará sua diretoria e administração e onde responderá pela sua atividade (CC, art. 75, IV).

O prazo deverá ser mencionado no contrato social, indicando-se se será determinado ou indeterminado.

c) Capital da sociedade, expresso em moeda corrente, podendo compreender qualquer espécie de bens suscetíveis de avaliação pecuniária, como: dinheiro, imóveis, ativos intangíveis (marcas, patentes) ou recebíveis, como duplicatas[11].

---

10. Maria Helena Diniz, *Curso*, cit., v. 3, p. 304-6; *Tratado*, cit., v. 4, p. 112-4; Sérgio Campinho, *O direito de empresa*, cit., p. 87; Ricardo Negrão, *Manual*, cit.; Amador Paes de Almeida, *Direito de empresa*, cit., p. 79 e 80; Arnaldo Rizzardo, *Direito de empresa*, cit., p. 99-108; Arnoldo Wald, *Comentários ao novo Código Civil*, Livro II – Do direito de empresa, v. XIV, p. 339; Fran Martins, *Curso de direito comercial*, Rio de Janeiro, Forense, 2001, p. 141 e 155.
11. Adrianna de A. Setubal Santos, *Comentários*, cit., p. 779; Arnaldo Rizzardo, *Direito de empresa*, cit., p. 105.

d) Especificação da quota de cada sócio no capital social e o modo de realizá-la.

e) Prestações a que se obriga o sócio, cuja contribuição consiste em serviços.

O sócio que atuar como prestador de serviços deverá ter dedicação exclusiva à sociedade, não podendo participar como tal em outras sociedades. Se vier a praticar atos alheios ao objeto social, poderá perder o direito de participar nos lucros e ser excluído da sociedade (CC, art. 1.006). Esse ingresso de sócios, prestadores de serviços, na sociedade, não terá o condão de converter-se em quotas integralizadas no ato, tendo-se em vista que o capital social somente se compõe de dinheiro ou de bens suscetíveis de avaliação pecuniária (CC, art. 997, III).

f) Indicação das pessoas naturais incumbidas da administração da sociedade e de seus poderes e atribuições (CC, arts. 1.011, § 1º, e 1.016).

g) Participação de cada sócio nos lucros e nas perdas, proporcional à sua contribuição para a formação do capital social, mas nada impede que se estipule outro modo de participação nos resultados sociais. Inadmissível será, sob pena de nulidade, estipular cláusula leonina excluindo qualquer sócio de participar nos lucros e nas perdas (CC, art. 1.008). Em relação ao sócio que entrou na sociedade somente com a prestação de serviços, sua participação dar-se-á apenas quanto aos lucros na proporção da média do valor das quotas; não se lhe distribuirão as perdas (CC, art. 1.007).

h) Responsabilidade subsidiária, ou não, dos sócios pelas obrigações sociais em suas relações internas.

Enunciado 10. Nas sociedades simples, os sócios podem limitar suas responsabilidades entre si, à proporção da participação no capital social, ressalvadas as disposições específicas (aprovado na 1ª Jornada de Direito Comercial).

Esse contrato social, com o registro, terá eficácia *erga omnes*. Se, posteriormente, os sócios vierem, contrariando disposição do contrato social, a efetivar entre si algum pacto separado (contrato de gaveta), este não terá qualquer efeito perante terceiros, vinculando, tão somente, os contratantes, em suas relações recíprocas (CC, art. 997, parágrafo único). Para que possa produzir efeito contra terceiro, o pacto separado de sócios deverá ser averbado no Registro Civil das Pessoas Jurídicas, como se fosse uma alteração contratual ou contrato modificativo[12].

Para adquirir personalidade jurídica, dentro de trinta dias, contados de sua constituição, a sociedade simples deverá requerer a inscrição de seu contrato social (CC, art. 997) no Registro Civil das Pessoas Jurídicas do local onde estiver situada sua sede (CC, arts. 45, 75, IV, 998 e 1.150).

Com a apresentação do pedido de inscrição, acompanhado de instrumento autenticado do contrato social, da procuração (caso um dos sócios seja representado por procurador) e da prova de autorização da autoridade competente, quando necessária, será feita a verificação do conteúdo formal, conferindo se contém os requisitos comuns, exigidos por lei, e os especiais, conforme o caso.

A inscrição será, portanto, tomada por termo no livro de registro próprio e obedecerá a número de ordem contínua para todas as sociedades inscritas, independentemente do tipo societário (CC, art. 998, § 2º).

Para cada constituição de pessoa jurídica, lavrar-se-á uma Certidão de Personalidade Jurídica, onde constará o nome da entidade, sua sede ou seu endereço e o número de registro no Cartório.

Se uma sociedade simples vier a instituir sucursal, filial ou agência, em local diverso da sede da matriz, ou seja, da sede administrativa, onde se realizam os negócios e se dão as decisões societárias, deverá inscrevê-la, apresentando prova de inscrição originária (documento original, cópia autenticada, certidão etc.), no Registro Civil das Pessoas Jurídicas de sua circunscrição, averbando-a, para que haja eficácia ou oponibilidade *erga omnes*, ainda, no Registro Civil das Pessoas Jurídicas da respectiva sede, à margem da sua inscrição (CC, arts. 997 e 1.000, parágrafo único)[13].

---

12. Luiz Cezar P. Quintans, *Direito da empresa*, cit., p. 33.
13. Luiz Cezar P. Quintans, *Direito*, cit., p. 33; Arnaldo Rizzardo, *Direito de empresa*, cit., p. 122.

O contrato de sociedade simples dará origem a[14]:

1º) *Relações entre os sócios atinentes à cooperação para consecução do objetivo social*, pois cada um terá:

a) O dever de cooperação, exceto se outra coisa não vier estipulada (CC, arts. 981 a 1.001).

b) O dever de contribuir para a formação do patrimônio social, na forma e no prazo previsto, entregando a quota a que se obrigou, consistente em bens ou direitos, ou prestando serviço prometido por força do pacto social (CC, art. 997, IV e V). Aquele que não cumprir tal dever, dentro de trinta dias seguintes ao da notificação pela sociedade, deverá, uma vez constituído em mora (*ex persona*), responder pelo dano emergente da sua mora, apurado por via ordinária, abrangendo juros estipulados no contrato social, atualização monetária e prejuízos comprovados (CC, art. 1.004).

Verificada a mora do sócio faltoso, nada obsta a que os demais sócios, em deliberação tomada por maioria absoluta do capital representado pelas quotas, prefiram, em lugar da indenização correspondente ao dano e aos juros moratórios, a exclusão do sócio remisso ou a redução de sua quota ao montante já realizado, diminuindo o capital social, a não ser que os demais sócios venham a suprir o valor da referida quota (CC, arts. 1.004, parágrafo único, e 1.031, § 1º).

Deveras, são comuns, em sociedade simples, sócios que contribuam apenas com serviços pessoais (capital intelectual ou laboral), que tornem viáveis o objetivo societário. Se o sócio, pelo contrato social (CC, art. 997, V), assumir o dever de contribuir com certa prestação de serviços para a composição do "capital social", não poderá, a não ser que haja convenção em contrário, exercer atividade alheia à consecução do objetivo da sociedade (CC, art. 997, II). Se prestar serviços estranhos à atividade social perseguida, sem estar autorizado, para tanto, por norma do contrato social, poderá ser privado da sua

---

14. Silvio Rodrigues, Contrato de sociedade, in *Enciclopédia Saraiva do Direito*, vol. 19, p. 515-9; Ricardo Fiuza, *Novo Código Civil*, cit., p. 887-1021; Maria Helena Diniz, *Tratado*, cit., v. 4, p. 135-51; Paulo Checoli, *Direito de empresa*, cit., p. 65-109.

participação nos lucros (CC, art. 997, VII) ou, então, ser excluído da sociedade, mediante iniciativa dos demais sócios em razão da falta grave no cumprimento de seu dever.

c) O dever de responder pela evicção perante os consócios, se entrou para a sociedade com bem imóvel ou móvel infungível, suscetível de aferição econômica, que venha a ser evicto. Se assim é, o sócio, que não responder por evicção, será tido como remisso, aplicando-se o art. 1.004.

d) O dever de indenizar a sociedade de todos os prejuízos que esta sofrer por culpa deles, sem que lhe assista o direito de compensá-los, com os proveitos que lhe houver granjeado, pois estes não lhe pertencem, mas sim ao patrimônio social. Responde, inclusive, pela solvência do devedor se vier a transferir crédito e este não for cumprido (CC, art. 1.005, *in fine*).

e) O direito de contratar terceiros para melhor atingir o objetivo social, transferindo-lhes a tarefa de efetivar atividades acessórias ou de apoio, para que possa concentrar-se na atividade-fim, aumentando sua produção.

2º) *Relações recíprocas entre os sócios*, que são regidas pelo contrato social, mas, no seu silêncio, prevalecerão as normas contidas no Código Civil. Assim, quanto:

a) À composição da quota social, que constituirá patrimônio especial, pertencendo aos sócios, exceto declaração em sentido contrário (CC, art. 988).

b) Aos poderes de administração (CC, arts. 1.010 a 1.021), pois o sócio preposto à administração poderá exigir da sociedade, além do que por conta dela despender, a importância das obrigações em boa-fé contraídas na gerência dos negócios sociais e o valor dos prejuízos que ela lhe causar. Os contratos sociais costumam indicar qual o sócio encarregado de administrar a sociedade. Se faltar estipulação a esse respeito, ter-se-á administração por mandato tácito; cada sócio, separadamente, terá o direito de administrar (p. ex., ditar ordens, gerir finanças, contratar) em nome da sociedade, e válido será o que fizer, ainda em relação aos associados que não consentiram, podendo, porém, qualquer destes impugnar o ato pretendido por outro, cabendo a decisão aos sócios, por maioria de votos, contados segundo o valor das quotas. Caso em que se terá administração disjuntiva (CC, art. 1.013, § 1º). E o administrador responde perante a sociedade por perdas e danos se realizar atos que sabia ou devia saber que estavam em desacordo com a maioria (CC, art. 1.013, §§ 1º e 2º). O administrador, nomeado por instrumento separado do pacto social (mandato ou termo aditivo), deverá, para que tenha eficácia *erga omnes*, averbá-lo à margem da inscrição da sociedade (CC, art. 1.012).

O administrador é obrigado a prestar aos sócios contas justificadas de sua administração e apresentar-lhes o inventário, anualmente, bem como o balanço patrimonial e o do resultado econômico (CC, art. 1.020).

c) À utilização dos bens sociais, visto que não poderá um sócio tolher aos outros, aproveitá-los nos limites de seu direito; e, além disso, o administrador ou cada sócio poderá servir-se das coisas pertencentes à sociedade, desde que lhes dê o seu destino, não as utilizando contra o interesse social, em proveito próprio ou de terceiros (CC, art. 1.017), sob pena de restituí-las à sociedade ou de pagar o equivalente, com todos os lucros resultantes, e, se houver prejuízo, por ele responderá.

Pelo parágrafo único do art. 1.017 do Código Civil de 2002, sofrerá sanções o administrador que, tendo interesse direto ou indireto em realizar operação alheia ou contrária aos fins da sociedade, participar na deliberação que a autorizar.

d) Ao exame de livros e documentos (CC, art. 1.021), pois o sócio terá direito, independentemente de sua quota de participação no capital social, a qualquer tempo, a não ser que haja estipulação determinando a época para averiguar a regularidade na escrituração, de examinar os livros, os registros contábeis, os documentos, as correspondências (contratos, notas fiscais, ordens de compra), o estado do caixa e da carteira da sociedade.

e) À posição de sócio ante as obrigações sociais ativas e passivas, já que os sócios têm o dever de contribuir para as despesas necessárias à conservação dos bens sociais. "Os bens particulares dos sócios não podem ser executados por dívidas da sociedade, senão depois de executados os bens sociais" (CC, art. 1.024). Se assim é, o sócio não é um coobrigado, pois responderá, como garantidor, somente se a sociedade não puder pagar os débitos sociais por insuficiência de seu patrimônio, na proporção de sua participação nos prejuízos, estipulada no pacto social (CC, art. 1.023).

f) À distribuição de lucros ilícitos ou fictícios, pois acarretará responsabilidade solidária dos administradores que a realizarem e dos sócios que os receberem, conhecendo ou devendo ter conhecimento de sua ilegitimidade (CC, art. 1.009).

g) À substituição de sócio, pois este não poderá ser substituído no exercício de suas funções, sem a expressa anuência dos demais sócios, exarada em modificação do contrato social (CC, art. 1.002).

h) À cessão total ou parcial da quota, por requerer modificação do contrato social com o consenso dos outros sócios, para irradiar efeitos não só nas relações entre sócios como também na sociedade. E até dois anos depois da averbação daquela modificação contratual, o cedente terá responsabilidade solidária com o cessionário, perante a sociedade e terceiros, pelas obrigações que tinha como sócio (CC, art. 1.003 e parágrafo único).

i) À vedação ao administrador de fazer-se substituir no exercício de suas funções, sendo-lhe, porém, permitido, nos limites de seus poderes, constituir mandatários da sociedade, especificados no instrumento os atos e operações que poderão praticar (CC, art. 1.018).

3º) *Relações da sociedade e dos sócios em face de terceiros*, pois:

a) Se as obrigações forem contraídas conjuntamente por todos os sócios, ou por algum deles no exercício do mandato social, serão consideradas dívidas da sociedade. Pelo art. 1.022 do Código Civil: "A sociedade adquire direitos, assume obrigações e procede judicialmente, por meio de administradores com poderes especiais, ou, não os havendo, por intermédio de qualquer administrador".

b) Se o cabedal social não cobrir os débitos da sociedade, pelo saldo responderão os sócios, na proporção em que houverem de participar nas perdas sociais, salvo cláusula de responsabilidade solidária, porque os credores da sociedade são credores dos sócios (CC, art. 1.023).

c) Se um dos sócios, acionado por credor particular, for insolvente, aquele poderá fazer recair a execução sobre o que a este couber nos lucros da sociedade, ou na parte que lhe tocar em liquidação (CC, art. 1.026). Se a sociedade não estiver dissolvida, o credor poderá requerer a liquidação da quota do devedor, cujo valor será depositado em dinheiro, no juízo da execução, até noventa dias após aquela liquidação (CC, art. 1.026, parágrafo único).

d) Se um sócio for admitido em sociedade já constituída, ele não se eximirá dos débitos sociais anteriores à sua admissão (CC, art. 1.025). O novo sócio assume a situação da sociedade no momento que nela ingressar, respondendo, com seu patrimônio, pelo cumprimento dos débitos sociais constituídos antes de sua admissão, se os bens societários forem insuficientes para solvê-los. Deverá suportar, então, por força do princípio da responsabilidade ilimitada, os débitos já existentes por ocasião de seu ingresso naquela sociedade simples.

e) Os sócios não são solidariamente obrigados pelas dívidas sociais, nem os atos de um, não autorizado, obrigam os outros, salvo redundando em proveito da sociedade (*RT, 418:366*), ou havendo cláusula de responsabilidade solidária.

f) Os herdeiros do cônjuge do sócio, ou o cônjuge do que se separou extrajudicial (CPC, art. 1.124-A, §§ 1º a 3º) ou judicialmente[15], ou do que se divorciou (CF, art. 226, § 6º, com a redação da EC n. 66/2010) não poderão exigir desde logo a parte que lhes couber na quota social; mas, tão somente, concorrer à divisão periódica dos lucros ou dividendos, até que se liquide a sociedade (CC, art. 1.027).

g) Os administradores respondem solidariamente perante a sociedade e terceiros prejudicados pelos prejuízos que culposamente causarem ao desempenhar suas funções (CC, arts. 1.009, 1.012, 1.013, § 2º, 1.015, 1.016 e 1.017).

---

15. É preciso lembrar que, diante da EC n. 66/2010, que alterou o § 6º do art. 226 da CF, não mais exigindo prévia separação, nem prazos de carência para pleitear divórcio, as normas disciplinadoras desse instituto perderão sua eficácia social, apesar de vigentes.

h) Se, ante sua grande independência e autonomia devido ao fato da exclusão da responsabilidade dos sócios, a pessoa jurídica, às vezes, desviar-se de seus princípios e fins, cometendo fraudes e desonestidades, poder-se-á desconsiderar sua personalidade jurídica (CC, art. 50).

4º) *Direitos dos sócios*, como os de:

a) Participar nos lucros produzidos pela sociedade, sendo nula a cláusula que exclua qualquer deles (CC, arts. 1.007 e 1.008).

b) Colaborar, pois os sócios poderão exigir de qualquer dentre eles a sua colaboração (CC, arts. 1.004, *caput* e parágrafo único, e 1.006) e reclamar o direito de colaborar no *funcionamento da sociedade*.

c) Reembolsar-se das despesas necessárias à conservação dos bens sociais, que fez sozinho, pois o sócio administrador deverá agir com o cuidado e a diligência que todo homem ativo e probo costuma empregar na administração de seus próprios negócios (CC, art. 1.011).

d) Servir-se dos bens sociais, contanto que lhes deem o seu destino e possibilitem aos outros aproveitá-los nos limites do seu direito, não podendo usá-los em proveito próprio ou de terceiros, mesmo se for o administrador, não havendo, para tanto, consenso escrito dos sócios (CC, art. 1.017).

e) Administrar a sociedade; em regra, é o contrato social que indica os sócios que deverão investir-se desse poder, porém nada obsta a que preveja a atribuição da administração a estranhos, com a aprovação dos sócios (CC, arts. 1.010 a 1.019, parágrafo único e 1.061; Lei n. 6.404/76, arts. 285 a 288). O sócio investido na administração por texto expresso no contrato poderá praticar, no silêncio do contrato, todos os atos que não excederem os limites normais dele, até mesmo sem autorização dos demais sócios, desde que proceda sem dolo, não constituindo, porém, objeto social a oneração ou a venda de imóveis, que depende de decisão da maioria dos sócios (CC, art. 1.015).

A administração da sociedade poderá ser conferida a mais de um sócio, delimitando-se no contrato social a função de cada um dos sócios-gerentes, ou, então, consignar que todos deverão agir conjuntamente. Se o pacto social for omisso a respeito dos seus encargos, subtender-se-á que os administradores poderão praticar todos os atos pertinentes à gestão da sociedade, atendendo ao interesse social e dentro dos limites de seu direito à administração.

Qualquer excesso por parte dos administradores somente poderá ser oposto a terceiro se (CC, art. 1.015, parágrafo único, I a III): *a*) os limites aos poderes de administração estiverem inscritos ou averbados no registro próprio da sociedade; *b*) comprovado o conhecimento do terceiro daquela restrição de poderes; *c*) a operação levada a efeito era alheia ou contrária aos negócios ou interesses da sociedade.

Enunciado 11. A regra do art. 1.015, parágrafo único, do Código Civil deve ser aplicada à luz da teoria da aparência e do primado da boa-fé objetiva, de modo a prestigiar a segurança do tráfego negocial. As sociedades se obrigam perante terceiros de boa-fé (aprovado na 1ª Jornada de Direito Comercial).

Os poderes de administração do sócio neles investido por cláusula expressa do contrato social serão irrevogáveis enquanto não vencer o prazo avençado, exceto se advier causa legítima superveniente, reconhecida judicialmente, a pedido de qualquer dos sócios (CC, art. 1.019). Mas se o poder de administração foi outorgado a um dos sócios por ato separado, após o contrato social, será revogável, a qualquer momento, independentemente de justa causa como o de simples mandato. Se tal poder for conferido a quem não tiver a qualidade de sócio, poderá ser revogado, inclusive se não houver motivo plausível ou justo, a qualquer tempo, mesmo se investido na administração por cláusula contratual. Tal se dá porque a revogabilidade, nestes dois casos (CC, art. 1.019, parágrafo único), é admitida legalmente em razão do fato de os poderes serem conferidos a título precário, havendo interesse societário.

A administração da sociedade, por lei ou por contrato social, poderá competir aos sócios que, em sua totalidade, por deliberação tomada por maioria de votos (*RJTJSP, 45:400; RSTJ, 45:330*), contados conforme o valor das quotas de cada um, decidirão sobre os negócios da sociedade (CC, art. 1.010). Para que se tenha maioria absoluta serão necessários votos correspondentes a mais de metade do valor do capital social, ou seja, 50% mais um (CC, art. 1.010, § 1º). Havendo empate, prevalecerá a decisão sufragada pelo maior número de sócios votantes e se, mesmo assim, pelo voto *per caput*, não houver o desempate, competirá ao juiz, mediante requerimento de qualquer dos sócios, decidir qual a solução vencedora, tendo por base o interesse de sociedade (CC, art. 1.010, § 2º).

O sócio que, tendo algum interesse pessoal contrário ao da sociedade, vier a participar, com seu voto, de deliberação que o aprove, responderá perante os outros, que terão direito a uma indenização pelas perdas e danos advindos daquela atividade negocial, que se deu por culpa sua, influindo na decisão (CC, art. 1.010, § 3º).

Nos atos de competência conjunta de vários administradores, tornar-se-á necessário o concurso de todos, exceto em casos de urgência, em que a omissão e a demora da providência possam acarretar dano grave ou irreparável (CC, art. 1.014).

f) Associar um estranho ao seu quinhão social sem o concurso dos outros, porque formará com ele uma subsociedade, que nada terá que ver com os demais sócios; porém, não poderá, sem a aquiescência dos demais, associá-lo à sociedade (CC, arts. 999 e 997, parágrafo único) de pessoas, alienando sua parte, ante a relevância do *intuitu personae*, pois se a sociedade for de capital — sociedade anônima, p. ex. — não haverá qualquer restrição ao sócio, que poderá ceder ou alienar sua quota de capital a quem lhe aprouver, por não se considerar a pessoa do associado (*RT*, 547:160).

g) Votar nas assembleias gerais, onde, salvo estipulação em contrário, sempre se deliberará por maioria de votos.

h) Retirar-se da sociedade, mediante aviso com sessenta dias de antecedência, se não houver determinação de tempo de duração da sociedade (CC, art. 1.029) (direito de retirada comum, ordinário ou imotivado). Se a sociedade tiver prazo determinado para a sua duração, nenhum sócio poderá retirar-se dela antes do termo convencionado, exceto se provar judicialmente justa causa (CC, art. 1.029, *in fine*) que motive a medida por ele tomada (direito de retirada extraordinário). A retirada de sócio é causa de dissolução parcial da sociedade, e o retirante fará jus ao recebimento do valor de sua quota (CC, art. 1.031). Recebendo a notificação do exercício do direito de retirada de um dos sócios, os demais, se quiserem, poderão optar pela dissolução total da sociedade, desde que o façam dentro de trinta dias subsequentes àquela notificação (CC, art. 1.029, parágrafo único).

i) Firmar, por meio de escritura pública ou particular (Lei n. 8.934/94, art. 32), *alteração do contrato social*, aumentando ou reduzindo o capital, desde que haja unanimidade de sócios (CC, arts. 999 e 997), pouco importando que haja sócio majoritário, procedendo ao arquivamento do *contrato modificativo*, que não gera nova sociedade.

Dissolver-se-á a sociedade simples[16]:

1º) Pelo implemento da condição a que foi subordinada a sua durabilidade.

2º) Pelo vencimento do prazo estabelecido no contrato social (CC, art. 1.033, I), sem que tenha havido prorrogação por tempo indeterminado. A sociedade pode dissolver-se por deliberação dos sócios, por maioria absoluta, na sociedade de prazo indeterminado (CC, art. 1.033, III).

3º) Pela extinção do capital social, sem possibilidade de recuperação, ou sem desfalque em quantidade tamanha que a impossibilite de continuar (CC, art. 1.035).

4º) Pela consecução do fim social (CC, art. 1.034, II, 1ª parte).

5º) Pela verificação da inexequibilidade do objetivo comum (CC, art. 1.034, II, 2ª parte), desde que seja definitiva e não transitória, impossibilitando alcançar o fim colimado.

6º) Pela falência superveniente de um dos sócios (CC, art. 1.030, parágrafo único; Lei n. 11.101/2005, art. 123), como empresário individual, que o excluirá de pleno direito da sociedade.

7º) Pela ocorrência de: *a*) incapacidade superveniente de um dos sócios, devidamente comprovada, se a sociedade tiver apenas dois; *b*) mora na integralização da quota social por ele subscrita, preferindo os demais sócios a indenização à sua exclusão do quadro associativo (CC, art. 1.004, parágrafo único); *c*) falta grave no cumprimento de suas obrigações; *d*) liquidação da quota para pagamento de débitos pessoais do sócio devedor requerida pelo

---

16. Maria Helena Diniz, *Tratado*, cit., v. 4, p. 159-61; Silvio Rodrigues, Contrato de sociedade, cit., p. 519-22; Caio M. S. Pereira, *Instituições de direito civil*, Rio de Janeiro, Forense, 1990, v. 3, p. 402; Orlando Gomes, *Contratos*, Rio de Janeiro, Forense, 1979, p. 485 e 486; W. Barros Monteiro, *Curso de direito civil*, São Paulo, Saraiva, 1982, p. 314-7; Serpa Lopes, *Curso de direito civil*, Freitas Bastos, 1964, v. 4, p. 540-52; Álvaro Villaça Azevedo, Ação de apuração de haveres proposta por sócio excluído, *RT, 526*:46; Arnaldo Rizzardo, *Direito de empresa*, cit., p. 147-55; Sérgio Campinho, *O direito de empresa*, cit., p. 205; Patrícia V. Pires, Empresa individual de responsabilidade limitada, *Argumento* n. *42*: 2 (2011).

seu credor, mediante apuração de seu valor, baseada na atual situação patrimonial da sociedade e verificada em balanço especial levantado para essa finalidade (CC, art. 1.026, parágrafo único, c/c o art. 1.031). A exclusão de sócio é causa de dissolução parcial da sociedade (CC, art. 1.030, *caput* e parágrafo único).

8º) Pela morte de um dos sócios, liquidar-se-á sua quota, exceto: se se configurar casos legais excepcionais ou se o contrato dispuser de modo diverso; se os sócios remanescentes optarem pela dissolução parcial da sociedade; ou se, por acordo com os herdeiros, regular-se a substituição do sócio falecido (CC, art. 1.028, I a III).

Extinguir-se-á, obviamente, a sociedade com a morte de um dos sócios, se constituída de apenas dois (CC, art. 1.033, IV), uma vez que o agrupamento de pessoas é elemento essencial de sua formação (*RT,* *420*:194, *473*:131, *490*:79, *498*:184, *544*:282, *677*:123), pois não há permissão de sociedade unipessoal por mais de 180 dias. Porém, hodiernamente, o art. 1.033, parágrafo único (com a redação da Lei n. 12.441/2001), dispõe sobre a não aplicação do inciso IV sempre que o sócio remanescente vier a requerer no Registro Público de Empresas Mercantis a transformação do registro da sociedade para o de empresário individual (IN do DNRC n. 118/2011), que não se confunde com a transformação da pessoa jurídica (Enunciado n. 464 da V Jornada de Direito Civil), ou para empresa individual de responsabilidade limitada (IN do DNRC n. 117/2011), constituída por uma só pessoa titular da totalidade do capital social, devidamente integralizado, que não será inferior a 100 vezes o maior salário mínimo vigente no país ou por concentração de quotas de outra modalidade societária num único sócio. Enunciado 4. Uma vez subscrito e efetivamente integralizado, o capital da empresa individual de responsabilidade limitada não sofrerá nenhuma influência decorrente de ulteriores alterações no salário mínimo (aprovado na 1ª Jornada de Direito Comercial). Seu nome empresarial deverá ser formado pela inclusão do termo *EIRELI* após sua firma ou denominação social, sob pena de o seu titular ter responsabilidade ilimitada e sua disciplina jurídica, no que couber, competirá às normas previstas para a sociedade limitada (CC, arts. 44, VI, e

980-A, §§ 1º a 6º, acrescentados pela Lei n. 12.441/2011; IN do DNRC n. 116/2011, arts. 2º, 3º, 4º, 5º, I, III, *d, e* e *f*). Seus atos constitutivos deverão ser arquivados no registro competente (Enunciado n. 470 da V Jornada de Direito Civil). Esta figura jurídica separa o capital social da empresa do empresário, para resguardá-lo dos riscos da atividade empresarial, dando segurança aos credores, pois aquele capital responderá por tudo, uma vez que sendo empresário individual teria responsabilidade ilimitada pelos seus atos, o que não acontece com a empresa individual de responsabilidade limitada.

Enunciado 3. A Empresa Individual de Responsabilidade Limitada — EIRELI não é uma sociedade unipessoal, mas um novo ente, distinto da pessoa do empresário e da sociedade empresária (aprovado na 1ª Jornada de Direito Comercial).

A Lei n. 12.441/2011 possibilita que uma só pessoa natural (Enunciado n. 467 da V Jornada de Direito Civil) seja responsável pela empresa, não mais havendo, então, necessidade de um outro sócio para abrir uma empresa com personalidade jurídica e com patrimônio, que não se confunde com o do empresário (Enunciado n. 469 da V Jornada de Direito Civil). Apesar de a Lei n. 12.441/2011 possibilitar à pessoa jurídica a constituição de EIRELI, o DNRC pela IN n. 117/2011 proibiu as Juntas Comerciais de proceder ao arquivamento de atos constitutivos de EIRELI constituída por pessoa jurídica, porém lhe falta legitimidade para restringir o comando legal. Observa Patrícia Viviane Pires que "a inserção da figura da empresa individual de responsabilidade limitada no direito brasileiro pode proporcionar uma grande desburocratização na criação e no funcionamento das empresas. Sobretudo das micro, pequenas e médias empresas, que ficarão livres de diversos trâmites administrativos inerentes às sociedades e dos possíveis percalços provocados pela existência de um sócio com participação fictícia no capital da empresa". Pelo Enunciado n. 468 da V Jornada de Direito Civil, não se trata de sociedade, mas de ente jurídico personificado.

O herdeiro, apesar de ter ocorrido dissolução parcial da sociedade, responde, no limite das forças da herança, pelas obrigações sociais anteriores até dois anos da averbação da resolução da sociedade em relação ao sócio falecido (CC, art. 1.032) e não pelas posteriores, independentemente do fato de ter havido averbação, ou não, do óbito no registro competente.

9º) Pela renúncia ou retirada de qualquer sócio, se a sociedade possuir mais de dois sócios (*RT*, 437:152). Deveras, pelo art. 1.029, *caput* e parágrafo único, qualquer sócio pode espontaneamente retirar-se da sociedade; se de prazo indeterminado, mediante notificação aos demais, com antecedência mínima de sessenta dias; se de prazo determinado, provando judicialmente justa causa.

O sócio renunciante ou excluído continuará, apesar de ter ocorrido a dissolução parcial da sociedade, responsável pelos débitos e obrigações sociais anteriores, até dois anos após averbada a resolução da sociedade e pelos posteriores, e, em igual prazo, enquanto não requerer aquela averbação (CC, art. 1.032).

10º) Pelo distrato ou consenso unânime dos associados (CC, art. 1.033, II), deliberando sua cessação, se a sociedade vigorar por *prazo determinado*, entendendo ser inconveniente o prosseguimento das atividades sociais, desde que o façam obedecendo à mesma forma do contrato (CC, art. 472) ou pela deliberação dos sócios, tomada por maioria absoluta (50% + 1), sendo a sociedade de *prazo indeterminado*.

11º) Pela nulidade ou anulabilidade do contrato de sociedade, devido à inobservância dos requisitos necessários à sua formação (CC, art. 1.034, I).

12º) Pela cassação ou extinção da autorização governamental, se esta for necessária para seu funcionamento (CC, art. 1.033, V).

13º) Pela falta de pluralidade de sócios em razão de morte, renúncia etc., não reconstituída pelo único sócio remanescente no prazo de cento e oitenta dias (CC, art. 1.033, IV), contado da data da redução do quadro societário, gerando unipessoalidade, visto que o agrupamento de pessoas é essencial à sua formação. Todavia, mesmo em caso de inexistência de pluralidade de sócios, pelo art. 1.033, parágrafo único (com a redação da Lei n. 12.441/2011), como vimos, não se terá a dissolução societária, se o sócio remanescente, inclusive na hipótese de concentração de todas as cotas sociais sob sua titularidade, vier, mediante requerimento ao Registro Público de Empresas Mercantis, a solicitar a transformação do registro da sociedade para o de empresário individual ou para empresa individual de responsabilidade limitada, observando, no que couber, os arts. 1.113 a 1.115 do Código Civil.

Pode ocorrer *dissolução judicial* da sociedade, como vimos, a requerimento de qualquer dos sócios quando: anulada a sua constituição ou exaurido o fim social, ou verificada a sua inexequibilidade (CC, art. 1.034, I e II). Ou ainda: *a*) no caso de figurar qualquer causa de extinção prevista em norma jurídica ou no contrato social e, apesar disso, a sociedade continuar funcionando, o juiz por iniciativa de qualquer dos sócios decreta seu fim; *b*) quando a sentença concluir pela impossibilidade da sobrevivência da pessoa jurídica, estabelecendo seu término em razão de suas atividades nocivas, ilícitas ou imorais, mediante denúncia popular ou do órgão do Ministério Público.

Na dissolução há rompimento da *affectio societatis*, mas a pessoa jurídica sobrevive para atender às necessidades da liquidação do ativo e passivo social e à partilha do saldo positivo de ativos ou do remanescente entre os sócios, na devida proporção.

A *liquidação* visa à obtenção do resultado líquido do patrimônio social. Com a liquidação realizar-se-á o ativo e pagar-se-á o passivo, protraindo-se até que o saldo líquido seja dividido entre os sócios ou seus herdeiros. Para tanto, o sócio, em caso de dissolução de pleno direito da sociedade, deve, desde logo, requerer a liquidação judicial (CC, arts. 1.036, parágrafo único, 1.111 e 1.112), ou os encarregados da administração social deverão providenciar imediatamente a investidura de pessoa idônea como liquidante da sociedade (CC, art. 1.038, §§ 1º e 2º), restringindo sua gestão tão somente aos negócios inadiáveis cujo término evitaria prejuízo à sociedade ou por estarem em fase final, não mais podendo assumir obrigações sociais nem realizar novas operações, sob pena de responderem por elas solidária e ilimitadamente (CC, art. 1.036).

Se uma sociedade simples vier a dissolver-se por força da cassação da autorização para o seu funcionamento (CC, art. 1.033, V), o

Ministério Público, assim que for comunicado do fato pela autoridade competente, responsável pela concessão da autorização, mediante denúncia, deverá promover a sua liquidação judicial (*RTJ, 124*:740), se os seus administradores, dentro do prazo de trinta dias, contado da perda daquela autorização, ou seu sócio, desde logo, não requereram aquela liquidação (CC, art. 1.037).

Se, porventura, o órgão do Ministério Público não vier a promovê-la, nos quinze dias seguintes ao recebimento daquela comunicação, a autoridade competente para conceder a autorização e para fiscalizar a sociedade, que dela depende, deverá nomear interventor, pessoa idônea com poderes para requerer a liquidação judicial e administrar a sociedade dissolvida até a nomeação de um liquidante pelo juízo competente (CC, art. 1.037, parágrafo único).

O liquidante da sociedade dissolvida é a pessoa designada no contrato social, ou aquela que, não havendo indicação no contrato social, é escolhida por deliberação dos sócios. Essa escolha poderá recair em pessoa alheia (*RT, 474*:215), ou não, à sociedade (CC, art. 1.038).

Com a liquidação da sociedade e efetivação da partilha, dever-se-á promover o arquivamento do seu registro.

Sociedade cooperativa pelo Código Civil é uma sociedade simples, que deve ser assentada no Registro Civil das Pessoas Jurídicas.

Na cooperativa há união de pessoas naturais e, excepcionalmente, jurídicas (p. ex.: empresa de pesca, de produção rural ou extrativista, de telecomunicações, de trabalho — Lei n. 12.690/2012 etc.) para obtenção de um objetivo comum, não lucrativo, mediante solidariedade e ajuda mútua, consistente, como diz João Batista Brito Pereira, na busca do atendimento das necessidades reais dos cooperados[17].

As cooperativas distinguem-se segundo o Código Civil, art. 1.094, n. I a VIII, das demais sociedades pelas seguintes características:

a) variabilidade ou dispensa do capital social;

b) concurso de sócios em número mínimo necessário a compor a administração da sociedade, sem limitação de número máximo;

---

17. João Batista B. Pereira, Da sociedade cooperativa, *O novo Código Civil* — estudos em homenagem ao Prof. Miguel Reale, São Paulo, LTr, 2003, p. 905-30.

c) limitação do valor da soma de quotas do capital social que cada sócio poderá tomar;

d) intransferibilidade das quotas do capital a terceiros estranhos à sociedade, ainda que por herança;

e) *quorum*, para a assembleia geral funcionar e deliberar, fundado no número de sócios presentes à reunião, e não no capital social representado;

f) direito de cada sócio a um só voto nas deliberações, tenha ou não capital a sociedade, e qualquer que seja o valor de sua participação;

g) distribuição dos resultados, proporcionalmente ao valor das operações efetuadas pelo sócio com a sociedade, podendo ser atribuído juro fixo ao capital realizado;

h) indivisibilidade do fundo de reserva entre os sócios, ainda que em caso de dissolução da sociedade.

São constituídas *intuitu personae* e são sociedades *sui generis* por serem uma "simbiose" de associação e sociedade simples. Têm autonomia organizacional (CF, art. 5º, XVII) independente de autorização estatal, sujeitam-se a normas que fixam ditames gerais, estimulando o cooperativismo, acatando o disposto no art. 174, § 2º, da Carta Magna.

A cooperativa é, portanto, uma modalidade especial de sociedade simples (CC, art. 982, parágrafo único, *in fine*) sujeita a inscrição na Junta Comercial (Enunciado n. 69, aprovado na Jornada de Direito Civil promovida em 2002 pelo Conselho de Justiça Federal), ou melhor, no Registro Público de Empresas Mercantis do Estado em que estiver sediada. Constitui uma exceção ao art. 1.150 do Código Civil (Lei n. 5.764/71, art. 18, §§ 6º a 8º, que prevalece conforme dispõem os arts. 1.093 e 1.096 do Código Civil; Lei n. 10.672/2003, art. 7º).

Reger-se-ão pelos arts. 1.094 a 1.096 e por lei especial (Lei n. 5.764/71, com alterações da Lei n. 7.231/84 e da LC n. 130/2009; CC, art. 1.093). E nos casos em que for omissa a lei especial alusiva à sociedade cooperativa, a elas aplicar-se-ão os arts. 997 a 1.083 do Código Civil, atendendo-se os caracteres peculiares da cooperativa arrolados no art. 1.094 do Código Civil (CC, art. 1.096).

As cooperativas regem-se pelo *princípio da adesão livre*, por serem abertas a quaisquer pessoas que queiram usar seus serviços e assumir responsabilidades como sócias (Lei n. 5.764, art. 4º, I).

São regidas, também, pelo *princípio da mutualidade*, pois suas decisões não obedecem à força do capital investido por cada um dos cooperadores, mas subjetivamente ao valor da pessoa natural ou jurídica que as compõe, pouco importando o *quantum* de sua contribuição material (bens fungíveis ou infungíveis) nos negócios comuns. O princípio da mutualidade requer a conjugação paritária de esforços entre os associados para obter resultados comuns, eliminando intermediários na circulação da riqueza.

A cooperativa poderá assumir diversos aspectos: cooperativa de produção agrícola; de beneficiamento de produtos (transformação industrial de produtos agrários); de compras em comum; de venda em comum; de consumo; de abastecimento; de crédito; de eletrificação rural; de médicos etc.[18]

Seus órgãos administrativos são: *a*) diretoria; *b*) conselho fiscal; e *c*) assembleia geral.

Extinguir-se-á a cooperativa pela sua dissolução voluntária, decidida pelos associados, ou judicial, promovida por credores ou cooperados da sociedade seguida da liquidação que apurará o ativo e o passivo.

E pela Lei n. 11.101/2005, a cooperativa não está sujeita à falência nem poderá requerer recuperação (judicial ou extrajudicial), pois, apesar de assentada no Registro Público de Empresas Mercantis, não se submete ao regime jurídico-empresarial.

Na sociedade cooperativa, a *responsabilidade contratual* dos sócios poderá ser limitada ou ilimitada (CC, art. 1.095). Será *limitada* a responsabilidade dos sócios quando, pelo ato constitutivo, eles se obrigarem apenas até o valor de suas quotas, ao assumirem o prejuízo advindo das operações sociais inadimplidas, proporcionalmente à sua parti-

---

18. Rubens Requião, *Curso*, cit., v. 1, p. 422-31; Mariangela Monezi, Sociedade cooperativa e o novo Código Civil, *CDT Boletim*, 29:120 e 121; Ricardo Fiuza, *Novo Código Civil*, cit., p. 983-6; Maria Helena Diniz, *Tratado*, cit., v. 1, p. 174-7; 132-4; J. Motta Maia, Sociedade cooperativa, in *Enciclopédia Saraiva do Direito*, v. 70, p. 42.

cipação nas referidas operações (CC, art. 1.095, § 1º). Na cooperativa, quando, por disposição estatutária, os sócios responderem solidária e ilimitadamente pelas obrigações sociais, sua responsabilidade será *ilimitada*, alcançando o patrimônio pessoal dos sócios pela execução das dívidas da sociedade (§ 2º do art. 1.095 do CC), inclusive as tributárias, mas o que as solveu terá direito de regresso contra os demais sócios. A responsabilidade limitada ou ilimitada do cooperado será, por força do art. 13 da Lei n. 5.764/71, *subsidiária*, pois terceiro só poderia invocar, havendo patrimônio societário-cooperativo, sua responsabilização depois de judicialmente exigida a da cooperativa[19].

C. Sociedade empresária

A sociedade empresária é a sociedade personificada (pessoa jurídica) que tem, profissionalmente, por objeto, como vimos, a atividade econômica organizada para a produção ou a circulação de bens ou serviços (CC, arts. 966 e 982), no mercado, com o escopo de lucro mediato ou imediato, sendo constituída por documento levado a assento no Registro Público de Empresas Mercantis (CC, art. 967).

Daí seus caracteres[20]: *a*) personalidade jurídica de direito privado não estatal, advinda do assento no Registro Público de Empresas Mercantis, gerando sua autonomia patrimonial, titularidade jurídica, negocial e processual; *b*) exercício, com profissionalidade e habitualidade, de atividade econômica empresarial lícita; *c*) lucratividade mediata ou imediata; *d*) constituição do capital social pelas contribuições dadas pelos seus sócios; *e*) organização interna, contendo: sistema de contabilidade, escrituração e levantamento anual do balanço patrimonial (indicativo do ativo e passivo) e do de resultado econômico (indicativo de lucros e perdas); *f*) revestimento em uma das modalidades ou *formas societárias*, previstas em lei: 1) *sociedade em comandita simples* (CC, arts. 1.045 a 1.051); 2) *sociedade em nome coletivo* (CC, arts. 1.039 a 1.044);

---

19. Paulo Checoli, *Direito de empresa*, cit., p. 239; Modesto Carvalhosa, *Comentários*, cit., v. 13, p. 414-6; Arnaldo Rizzardo, *Direito de empresa*, cit., p. 815 e s.
20. Amador Paes de Almeida, *Manual das sociedades comerciais*, São Paulo, Saraiva, 2004, p. 95-8; Mônica Gusmão, *Curso*, cit., p. 35 e 36; Fábio Ulhoa Coelho, *Manual*, cit., p. 116-8; *Curso de direito comercial*, cit., v. 1; Arnaldo Rizzardo, *Direito de empresa*, cit., p. 18.

3) sociedade limitada (arts. 1.052 a 1.087); *4) sociedade em comandita por ações* (CC, arts. 1.090 a 1.092); e *5) sociedade anônima* (CC, arts. 1.088 e 1.089).

Urge lembrar que, quanto à natureza da atividade econômica desenvolvida, as sociedades poderão ser empresárias por força de lei (art. 982) e empresárias por equiparação (CC, art. 984), constituindo estas as que tiverem por finalidade o exercício de atividade rural, estando inscrita junto ao Registro Público de Empresas Mercantis de sua sede (CC, art. 968)[21].

Registrada a sociedade empresária, a Junta Comercial terá o dever de prestar quaisquer informações sobre os documentos nela arquivados que forem pedidos por terceiros, mediante uma ficha que, em São Paulo, se denomina "Breve Relato".

O registro da sociedade empresária na Junta Comercial tem natureza *constitutiva* enquanto lhe dá o *status* de pessoa jurídica, mas *declaratória* quanto à sua condição de empresário coletivo regular, salvo na hipótese de sociedade rural ou de empresário rural, quando os equipara à sociedade empresária para fins de tratamento normativo igualitário, tendo, portanto, natureza constitutiva, visto que os sujeita ao regime jurídico empresarial[22].

Os *serviços registrários* alusivos à "empresa" executam-se pelo Sistema Nacional de Registro de Empresas Mercantis (SINREM — IN do DNRC n. 119/2011), composto pelo DNRC e pelas Juntas Comerciais, que efetuam serviços de registros públicos, conforme as normas técnicas do Departamento Nacional de Registro do Comércio (DNRC).

Os atos registrários empresariais são três[23]:

a) Matrícula (Lei n. 8.934/94, art. 32, I), que é o ato de inscrição

---

21. Ricardo Negrão, *Manual*, cit., v. 1, p. 240.
22. Ricardo Negrão, *Manual*, cit., v.1, p. 175-8; Mônica Gusmão, *Curso*, cit., p. 121; Sérgio Campinho, *O direito de empresa*, cit., p. 341 e 342; Modesto Carvalhosa, *Comentários*, cit., v. 13, p. 664-74; Paulo Checoli, *Direito de empresa*, cit., p. 320.
23. Fábio Ulhoa Coelho, *Curso*, cit., v.1, p. 71; *Manual*, cit., p. 40-3; Ricardo Negrão, *Manual*, cit., v. 1, p. 182-6; Sérgio Campinho, *O direito de empresa*, cit., p. 343 e 344; Sebastião José Roque, *Curso*, cit., p. 108 e 109.

de intérpretes comerciais, tradutores públicos, leiloeiros, trapicheiros e administradores de armazéns-gerais.

b) Arquivamento, formalidade que diz respeito aos documentos de constituição, alteração (p. ex., aumento de capital, entrada e saída de sócio), dissolução de empresários individuais e coletivos e de cooperativas (Lei n. 8.934/94, art. 32, II, *a*) e aos atinentes ao consórcio de empresas e aos grupos de sociedades, previstos nos arts. 278 e 279 da Lei n. 6.404/76 (Lei n. 8.934/94, art. 32, II, *b*), às sociedades empresárias estrangeiras autorizadas a funcionar no Brasil (Lei n. 8.934/94, art. 32, II, *c*), às declarações de microempresa (Lei n. 8.934/94, art. 32, II, *d*) e de empresa de pequeno porte e, ainda, a quaisquer documentos que possam interessar ao empresário individual e à sociedade empresária (Lei n. 8.934/94, art. 32, II, *e*) como procurações com cláusula *ad negotia*, conferindo-lhes publicidade e segurança nas relações jurídicas.

c) Autenticação de documentos, que é não só condição da regularidade e requisito extrínseco de validade dos instrumentos de escrituração, ou seja, dos livros mercantis, das fichas escriturais, balanços etc., como também ato confirmatório da veracidade das cópias dos documentos originais e usos e costumes assentados (arts. 32, III, e 39, II, da Lei n. 8.934/94).

O registro deverá ser pedido mediante requerimento de pessoa obrigada em lei, ou, no caso de omissão ou de demora da pessoa indicada legalmente, do sócio, ou de qualquer terceiro interessado (CC, art. 1.151), integrante ou não do quadro societário.

A apresentação, na forma da lei, à Junta Comercial, dos documentos exigidos para tal registro, deverá dar-se dentro do prazo de trinta dias contado da lavratura dos atos constitutivos (CC, art. 1.151, § 1º).

Se o registro for requerido depois do prazo de trinta dias acima referido, apenas produzirá efeito a partir da data em que for concedido (§ 2º do art. 1.151 do CC); a sociedade, então, passará a ter personalidade jurídica no dia do despacho da concessão formalizada do seu registro pela Junta Comercial (efeito *ex nunc*).

Havendo omissão ou demora no pedido de registro por pessoa obrigada a requerê-lo, esta deverá responder pelo prejuízo que causar à sociedade (p. ex., impedindo a realização de algum negócio ou a aquisição de benefício fiscal), aos sócios ou a terceiros, pagando indenização a título de perdas e danos (CC, arts. 1.151, § 3º, 402 a 404)[24].

Se o pedido de registro for indeferido, poder-se-á abrir processo revisional (Lei n. 8.934, art. 44), mediante reconsideração ou recurso (ao plenário e ao Ministro do Desenvolvimento, Indústria e Comércio Exterior).

O órgão encarregado de efetivar o registro (Junta Comercial) terá, ainda, o dever de verificar (CC, art. 1.152, §§ 1º a 3º), atendendo ao princípio da publicidade (CF, art. 37), a regularidade das publicações oficiais exigidas por lei, observando-se[25]:

a) se foram feitas, salvo exceção expressa em lei no órgão oficial da União ou do Estado, conforme o local da sede do empresário ou da sociedade, e em jornal de grande circulação ou especializado em assunto empresarial;

b) se foram levadas a efeito, sendo oriundas de sociedades estrangeiras, nos órgãos oficiais da União e do Estado onde tiverem sucursais, filiais ou agências para que se dê publicidade do seu conteúdo; e, como se pode ver, há neste caso dispensa da publicação em jornal de grande circulação;

c) se ocorreram por três vezes, em se tratando de anúncio de convocação assemblear, mediando, entre a data da primeira inserção e a da realização da assembleia, o prazo mínimo de oito dias, para a primeira convocação, e de cinco dias, para as posteriores.

Com a publicação oficial dos atos societários, não poderá haver escusa de seus efeitos por parte dos sócios, credores, fisco, contratantes, terceiros etc., por haver presunção legal de conhecimento dos atos praticados (eficácia *erga omnes*) e por ser tal publicação prova concludente da efetividade e veracidade do ato de interesse societário

---

24. Paulo Checoli, *Direito de empresa*, cit., p. 322; Sérgio Campinho, *O direito de empresa*, cit., p. 344 e 345; Modesto Carvalhosa, *Comentários*, cit., v. 13, p. 675-9; Arnaldo Rizzardo, *Direito de empresa*, cit., p. 1055.

25. Paulo Checoli, *Direito de empresa*, cit., p. 324 e 325; Modesto Carvalhosa, *Comentários*, cit., v. 13, p. 679-94; Arnaldo Rizzardo, *Direito de empresa*, cit., p. 1856-8.

e, ainda, título declaratório por evidenciar e existência do referido ato, em razão de sua natureza pública.

Tal posse se dá porque a publicação oficial estabelece a presunção de legalidade, oportunidade e veracidade dos atos e negócios societários; constitui meio de prova preconstituída; outorga fé pública àqueles atos, dá-lhes eficácia *erga omnes*; gera presunção legal do conhecimento dos atos e fatos societários (CC, art. 1.154, parágrafo único) e possibilita, na lição de Modesto Carvalhosa, o acesso público aos documentos sociais, por estabelecer o regime de certificação, facultando a qualquer interessado o direito subjetivo de extrair, sem apresentação da justificativa, certidão daqueles documentos arquivados na Junta Comercial do Estado, onde se encontrar a sede do empresário ou da sociedade empresária.

A autoridade competente (Junta Comercial) para efetivar o registro do empresário individual e coletivo deverá, atendo-se ao cumprimento das formalidades extrínsecas antes de efetuá-lo (CC, art. 1.153 e parágrafo único):

a) verificar a autenticidade e a legitimidade do subscritor do requerimento, exigindo documentação comprobatória de sua identidade e de sua condição jurídica;

b) fiscalizar a legalidade formal do ato e dos documentos apresentados, averiguando se houve cumprimento dos requisitos legais;

c) notificar o requerente das irregularidades formais encontradas para que, se possível, venha a saná-las, obedecendo às formalidades legais, dentro de trinta dias, sob pena de arquivamento (Lei n. 8.934/94, art. 40, § 2º).

Somente com o cumprimento das formalidades legais e a publicação oficial do ato societário sujeito a registro ele terá efeito em relação a terceiros, por estar revestido de eficácia *erga omnes*, com seu arquivamento no Registro Público de Empresas Mercantis. Antes do cumprimento das formalidades legais, o ato sujeito a registro, salvo disposição de lei, não poderá ser oposto a terceiro, a não ser mediante comprovação de que este já o conhecia (CC, art. 1.154). Se aquelas formalidades forem cumpridas, o terceiro não poderá alegar sua ignorância (LINDB, art. 3º, e CC, art. 1.154, parágrafo único) a respeito do conteúdo dos documentos devidamente registrados e publicados, visto que o registro lhe confere publicidade.

4. Tipos societários

O Código Civil contempla também outros tipos de sociedades personificadas como as sociedades em nome coletivo; as sociedades em comandita simples; as sociedades limitadas; as sociedades em comandita por ações e as sociedades anônimas.

A. Sociedade em nome coletivo

A sociedade em nome coletivo será regida pelos arts. 1.039 a 1.044 do Código Civil, e, no que forem omissos, aplicar-se-á, supletivamente, no que couber, o disposto nos arts. 997 a 1.038 do Código Civil, relativos à sociedade simples (CC, art 1.040). Poderão adotar esse tipo societário tanto a sociedade simples como a empresária.

A sociedade em nome coletivo é a sociedade de pessoas (*intuitu personae*) voltada à consecução de atividade econômica na qual todos os sócios, pessoas naturais (empresárias ou não), responderão solidária e ilimitadamente pelas obrigações sociais (CC, art. 1.039, *caput*), perante terceiros.

Desta conceituação inferem-se seus dois caracteres fundamentais:

a) Composição do quadro societário unicamente com pessoas naturais (CC, art. 1.039, *caput*, 1ª parte).

b) Responsabilidade solidária e ilimitada de todos os sócios, pertencentes a uma única categoria, pelas obrigações sociais (CC, art. 1.039, *caput*, 2ª parte), de modo que seus bens particulares poderão ser executados por débitos da sociedade, se o quinhão social for insuficiente para cobrir as referidas dívidas. Logo, fazem jus ao benefício de ordem do art. 1.024 do Código Civil. A solidariedade não está desvinculada da subsidiariedade, pois qualquer sócio ou todos eles poderão ser demandados pelo débito todo, em caráter subsidiário, ou seja, depois de esgotado o patrimônio da sociedade.

Se só um deles for acionado, ele poderá, posteriormente, fazer uso do direito de regresso contra os demais, em caso de ter efetuado pagamento de quantia maior que a devida.

Mas nada impedirá, não havendo qualquer prejuízo de sua responsabilidade perante terceiros, que os sócios, no contrato social, ou por convenção posterior unânime, resolvam limitar entre si a responsabilidade de cada um (*RT, 465*:142) pelas obrigações sociais, estabelecendo um marco, dentro do qual cada sócio responderá por elas (CC, art. 1.039, parágrafo único). Tal convenção, contudo, terá eficácia *inter partes*, pois, relativamente a terceiros, a responsabilidade de cada sócio pelos débitos sociais continuará sendo ilimitada e solidária, depois de exaurido o patrimônio social[26].

A sociedade em nome coletivo constituir-se-á mediante contrato escrito, particular ou público, que, além das cláusulas firmadas pelos sócios e da indicação da firma social, deverá (CC, arts. 1.041 e 997): *a)* qualificar os sócios; *b)* indicar o objeto social, a sede, o prazo de duração da sociedade; o capital social; a contribuição de cada sócio em bens ou serviços; a subsidiariedade ou não de sua responsabilidade pelas obrigações sociais e sua participação nos lucros e perdas; *c)* designar gerente, apontando suas atribuições, se não se pretender que todos os sócios a administrem, usando a firma social.

Deverá sua firma conter o nome de pelo menos um dos sócios, se não individualizar todos (art. 5º, II, *a*, da IN n. 116/2011 do DNRC). P. ex., Souza, Soares & Cia.; Queiroz & Cia. Não havendo a designação do nome de todos os sócios na firma social, esta deverá ser seguida da locução "& Companhia" (CC, art. 1.041)[27].

Todos os sócios terão igual possibilidade para administrar a sociedade em nome coletivo. Mas se o contrato social ou documento em separado arquivado no Registro Público de Empresas Mercantis (CC, art. 1.012) designar sócios-gerentes, o uso da firma social, obrigando a sociedade, nos limites daquele ato constitutivo, deles será privativo,

---

26. Amador Paes de Almeida, *Direito de empresa*, cit., p. 111 e 112; Fran Martins, *Curso de direito comercial*, Rio de Janeiro, Forense, 1979, p. 284; Arnaldo Rizzardo, *Direito de empresa*, cit., p. 169 e 170; Fábio Ulhoa Coelho, *Curso*, cit., v. 2, p. 476 e 477; Ricardo Negrão, *Manual*, cit., v. 1, p. 340.
27. Rubens Requião, *Curso*, cit., v. 1, p. 372; Paulo Checoli, *Direito de empresa*, cit., p. 137.

visto poderem praticar atos de gestão e terem os poderes necessários para tanto (CC, art. 1.042)[28].

A quota social é patrimônio pessoal do sócio.

As quotas sociais, não estando dissolvida a sociedade, não poderão ser liquidadas para pagar dívidas particulares do sócio (CC, art. 1.043, *caput*). Entretanto, o art. 1.043 do Código Civil, em seu parágrafo único, admite, para satisfazer crédito de seu sócio, excepcionalmente, algumas hipóteses de liquidação da quota do sócio devedor, antes da dissolução da sociedade: *a)* ocorrência de prorrogação tácita da sociedade; *b)* acolhimento judicial de oposição do credor à prorrogação contratual, que foi levantada dentro do prazo de noventa dias, contado da publicação, no *Diário Oficial*, do referido ato dilatório, formalizado em termo aditivo ao contrato social.

A sociedade em nome coletivo, sendo simples, dissolver-se-á, de pleno direito (CC, art. 1.044 c/c o art. 1.033):

a) pelo término de prazo estipulado para sua duração;

b) pelo consenso unânime dos sócios;

c) pela deliberação da maioria absoluta dos sócios, se se tratar de sociedade de prazo indeterminado;

d) pela falta de pluralidade de sócios por período superior a cento e oitenta dias ou pela cassação da autorização para funcionar.

E, se for empresária, também pela declaração da sua falência (CC, art. 1.044, *in fine*).

B. Sociedade em comandita simples

Conforme dispõe o art. 1.046 e parágrafo único do novo Código Civil, as normas contidas nos seus arts. 1.045 a 1.051 são as que regem a sociedade em comandita simples, mas a ela aplicar-se-á, no que for cabível ou compatível com sua natureza e característica, o disposto nos seus arts. 1.039 a 1.044, pois aos sócios comanditados caberão os mesmos direitos e deveres dos da sociedade em nome coletivo, que também têm responsabilidade solidária e ilimitada pelos débitos e obrigações sociais.

---

28. Arnaldo Rizzardo, *Direito de empresa*, cit., p. 171; Paulo Checoli, *Direito de empresa*, cit., p. 137.

Ter-se-á sociedade em comandita simples se o capital comanditado for representado por quota declarada no contrato social, e se houver duas categorias de sócios, nele discriminadas (CC, art. 1.045): os *comanditados*, pessoas naturais, que, por participarem da administração da sociedade, são responsáveis solidária e ilimitadamente pelas obrigações sociais, e os *comanditários* (pessoas naturais ou jurídicas), obrigados pelos fundos com que entraram para a sociedade, ou melhor, pelo valor de sua quota no capital social subscrito.

Neste tipo de sociedade, a responsabilidade dos sócios é mista, apresentando sócios com responsabilidade solidária e ilimitada e sócios com responsabilidade limitada.

No pacto social deverão estar indicados e devidamente identificados não só os comanditados e os comanditários, como também as funções cabíveis a cada um (CC, art. 1.045, parágrafo único).

E a *firma social* constituir-se-á pelo nome dos sócios comanditados ou de um deles, seguida da locução "& Companhia" ou "& Cia.", p. ex.: M. Alves & Cia. ou Alves, Ferreira & Cia. (art. 5º, II, *b*, da IN n. 116/2011 do DNRC). Isto é assim porque competem a eles a gerência da sociedade e o exercício das operações negociais[29].

A administração ou a gerência da sociedade em comandita simples compete aos sócios comanditados ou, dentre eles, àquele que for designado no contrato social. Silenciando o contrato, todos os sócios comanditados, em iguais condições, serão gerentes, terão o controle imediato da sociedade e poderão, como já dissemos, usar a firma social, que é constituída pelo nome dos comanditados ou de um deles, seguido da locução "& Companhia" ou, abreviadamente "& Cia.".

O sócio comanditário, mero prestador de capital, não poderá (CC, arts. 1.047, *caput*, 2ª parte, e 1.049, *caput* e parágrafo único)[30]:

---

29. Rubens Requião, *Curso*, cit., v. 1, p. 302 e 373-5; Maria Helena Diniz, *Tratado*, cit., v. 4, p. 113; Ricardo Fiuza, *Novo Código Civil*, cit., p. 941-6; Fábio Ulhoa Coelho, *Curso*, cit., v. 2, p. 474 e 475; Arnaldo Rizzardo, *Direito de empresa*, cit., p. 177, 178 e 183.
30. Sérgio Campinho, *O direito de empresa*, cit., p. 257; Arnaldo Rizzardo, *Direito de empresa*, cit., p. 184; Maria Helena Diniz, *Código*, cit., p. 825 e 826; Rubens Requião, *Curso*, cit., v. 1, p. 375; Ricardo Fiuza, *Novo Código Civil*, cit., p. 967; Fábio Ulhoa Coelho, *Curso*, cit., v. 2, p. 475; Rubens Requião, *Curso*, cit., v. 1, p. 434; Paulo Checoli, *Direito de empresa*, cit., p. 145.

a) praticar qualquer ato de gestão, sob pena de ser tido como sócio comanditado;

b) ter o nome na firma social, sob pena de ficar sujeito às responsabilidades de sócio comanditado;

c) receber qualquer lucro que, futuramente, for apurado, se o capital social sofrer diminuição para absorver perdas supervenientes, antes de ter sido reintegralizado aquele capital.

O sócio comanditário (simples prestador de capital) terá direito de (CC, arts. 1.047, *caput*, 1ª parte e parágrafo único, e 1.049)[31]:

a) participar das deliberações sociais;

b) fiscalizar as operações sociais efetivadas pelos comanditados, tendo por base o balanço patrimonial e o balanço de resultado econômico (CC, art. 1.020);

c) ser constituído mandatário ou procurador da sociedade com poderes especiais para realizar determinado negócio, sem que perca sua condição de sócio comanditário;

d) perceber lucros recebidos de boa-fé, conforme o balanço efetuado, não tendo a obrigação de repô-los, visto que não é o gerente (administrador);

e) receber, como compensação de prejuízo acumulado, lucros futuros determinados pelo balanço patrimonial depois da reposição do capital social, diminuído por perdas supervenientes.

Como o contrato social deve discriminar os sócios comanditados e os comanditários (CC, art. 1.045, parágrafo único) e o total dos fundos postos em comandita, havendo diminuição da quota do comanditário, em razão de dedução de capital social, sem prejuízo dos credores preexistentes, a modificação daquele contrato far-se-á necessária e, somente depois de averbada, no Registro Público de Empresas Mercantis, se for empresária, ou no Registro Civil de Pessoas Jurídicas, se simples, terá eficácia *erga omnes*, visto que sua responsabilidade pelo passivo da

---

31. Rubens Requião, *Curso*, cit., v. 1, p. 436; Adrianna de A. Setubal Santos, *Comentários*, cit., p. 811.

sociedade está limitada à sua contribuição ao capital social (CC, art. 1.048)[32].

A lei (CC, art. 1.050), com o escopo de prestigiar o princípio da continuidade dos negócios, dispõe que se o sócio comanditário vier a falecer, a sociedade em comandita simples continuará com seus herdeiros, se tiverem interesse, que assumirão a sua quota social, seus direitos e deveres e indicarão, com a aprovação dos comanditados, quem os representará na qualidade de sócio comanditário, sem que haja liquidação das quotas do falecido, a não ser que o contrato social não permita isso, hipótese em que se terá a dissolução parcial da sociedade, com a apuração dos haveres do sócio falecido, tendo continuidade apenas com os sócios sobreviventes, se o desejarem.

Se se tratar de sociedade simples, a dissolução da sociedade em comandita simples dar-se-á *pleno iure* (CC, arts. 1.051, I e II, e parágrafo único, e 1.044)[33]:

a) pelo vencimento do prazo de sua duração, salvo se, vencido este e sem oposição de sócio, não entrar a sociedade em liquidação, hipótese em que se prorrogará por tempo indeterminado;

b) pelo acordo unânime dos sócios;

c) pela deliberação, por maioria absoluta dos sócios, sendo seu prazo indeterminado;

d) pela falta de pluralidade de sócios;

e) pela cassação ou extinção, na forma da lei, de sua autorização para funcionar;

f) pela ausência de uma das categorias de sócios (comanditados ou comanditários) por mais de cento e oitenta dias.

Se a sociedade for empresária, dissolver-se-á também pela declaração da falência.

---

32. Ives Gandra da S. Martins Filho, As sociedades empresárias, in *O novo Código Civil*, São Paulo, LTr, 2003, p. 869; Adrianna de A. Setubal Santos, *Comentários*, cit., p. 811.

33. Ives Gandra da S. Martins Filho, As sociedades empresárias, cit., p. 869; Arnaldo Rizzardo, *Direito de empresa*, cit., p. 184 e 185; Mônica Gusmão, *Curso*, cit., p. 151.

C. Sociedade limitada

Com base no art. 1.052 do novo Código Civil, poder-se-á definir a sociedade limitada como a sociedade contratual formada por duas ou mais pessoas, com o escopo de obter lucro, em que cada sócio responde perante ela pelo valor de sua quota-parte, e todos assumem, relativamente a terceiros, subsidiariamente, uma responsabilidade solidária, mas limitada ao total do capital social.

Possui apenas uma categoria de sócio: o de responsabilidade limitada.

Fábio Ulhoa Coelho aponta cinco *exceções* em que o sócio terá responsabilidade subsidiária e ilimitada pelas obrigações sociais: *a)* aprovação expressa de deliberação contrária à lei ou ao contrato social (CC, art. 1.080). Sócio que participar de deliberação, contendo infração legal ou contratual, responderá, ilimitada, mas não solidariamente, inclusive com seu *patrimônio pessoal*, pelas dívidas sociais. O sócio dissidente e o ausente, por força do art. 1.072, § 5º, apenas vincular-se-ão pelas deliberações tomadas de conformidade com a lei e o contrato social; *b)* registro de sociedade limitada entre marido e mulher, casados sob o regime de comunhão universal ou separação obrigatória (CC, art. 977), fará com que os sócios respondam ilimitadamente pelas obrigações sociais, por violação do art. 977; *c)* proteção de empregado na Justiça do Trabalho, deixando de aplicar as normas de limitação de responsabilidade; *d)* ocorrência de fraude contra credores, valendo-se da separação patrimonial, acarreta responsabilidade ilimitada por obrigação social, por força do art. 50 do Código Civil, relativo à desconsideração da personalidade jurídica; *e)* cobrança de débitos junto ao INSS de qualquer sócio (Lei n. 8.620/93, art. 13, ora revogado pela Lei n. 11.941/2009). A esse respeito havia um novo posicionamento do STJ repudiando tal responsabilidade e a pretensão do INSS, com base na ideia de que o art. 13 (ora revogado pela Lei n. 11.941/2009) da Lei n. 8.620/93 tornou-se inaplicável com a entrada em vigor do atual Código Civil, que, ao condicionar a solidariedade à integralização do capital social (CC, art. 1.052), não autorizava aquela responsabilização de sócio prevista no art. 13 (já revogado) da Lei n. 8.620/93. A essas exceções, Modesto Carvalhosa acrescenta as seguintes: *a)* responsabilidade do sócio administrador da sociedade limitada (CC, arts.

1.012, 1.015, 1.016, 1.017, 1.158, § 3º); *b*) responsabilidade pessoal e ilimitada por perdas e danos de sócio que participar de deliberação sobre operação conflitante aos interesses da sociedade, aprovada em razão de seu voto (CC, art. 1.010, § 3º).

Pelo art. 1.055, § 1º, do Código Civil, todos os sócios respondem, por cinco anos, contados da data do registro da sociedade limitada, solidariamente, pela totalidade do capital social, mesmo integralizado em bens, móveis ou imóveis, em sua exata estimação, declarada no pacto social. Há responsabilidade solidária pelo *quantum* que faltar para a integralização do capital social. Integralizado todo o capital social, nenhum sócio responderá com seu patrimônio particular para pagar dívida da sociedade (CC, art. 1.052)[34].

A sociedade limitada é uma sociedade contratual *sui generis* e híbrida, regida por normas que apresentam cunho capitalista no que atina à sua estrutura orgânica e por normas de feição personalística no que disser respeito às suas relações entre seus sócios e às relações dos sócios entre si.

Nas normas que a disciplinam, algumas apresentam caráter capitalista, como as que prescrevem: imposição de responsabilidade limitada aos sócios (art. 1.052); alteração do contrato social sem o consenso de todos os sócios (CC, art. 1.071 c/c o art. 1.076); existência de órgãos sociais com competências delimitadas (assembleia geral, administração, conselho fiscal) similares aos das sociedades por ações. Também refogem à característica de sociedade de pessoas não só a estipulação, no art. 1.060, parágrafo único, de que o direito à administração não se estende *pleno iure* aos sócios posteriores, pois para aquela sociedade a administração é direito-dever de todos os sócios, como também a imposição de *quorum* necessário para instalação de assembleia (CC, art. 1.074). Em razão dessas características de sociedade de capital, o art.

---

34. Mônica Gusmão, *Curso*, cit., p. 185, 186 e 205; Amador Paes de Almeida, *Manual das sociedades comerciais*, São Paulo, Saraiva, 2004, p. 125-8; Waldo Fazzio Jr., *Manual de direito comercial*, São Paulo, Atlas, 2003, p. 197; Nelson Abrão, *Sociedade por quotas de responsabilidade limitada*, São Paulo, Saraiva, 1983, p. 23-7; Fábio Ulhoa Coelho, *Manual*, cit., p. 140-59; *Curso*, cit., v. 2, p. 402-4; Modesto Carvalhosa, *Comentários ao Código Civil*, São Paulo, Saraiva, v. 13, 2003, p. 1364; Edmar O. de Andrade Filho, *Sociedade de responsabilidade limitada*, São Paulo, Quartier Latin, 2004, p. 78-81.

1.053, parágrafo único, do Código Civil permite a aplicação supletiva da Lei de Sociedade por Ações.

Por outro lado, disciplina-se também por normas que contêm traços personalistas como a do art. 1.057 sobre a possibilidade de um quarto do capital social dos sócios impedir a transferência de quotas do patrimônio societário para terceiro, estranho à sociedade, reconhecendo a *affectio societatis*, pois para cessão de quotas requer a autorização de sócios que representem no mínimo 75% (3/4) do capital social.

A sociedade limitada, apesar de ter caracteres híbridos de sociedade de pessoas e de capitais, disciplinar-se-á pelos arts. 1.052 a 1.087 do Código Civil, e aplicar-se-lhe-á, subsidiariamente, nas omissões apresentadas nesses dispositivos legais e no pacto social, o disposto nos arts. 997 a 1.038, alusivos à sociedade simples (CC, art. 1.053, *caput*). E seu contrato social poderá estipular que, supletivamente, lhe sejam aplicadas as normas da sociedade anônima (CC, arts. 1.053, parágrafo único, 1.088 e 1.089; Lei n. 6.404/76).

Pelo Código Civil, nítida é a tendência contratualista da sociedade limitada revelada pela sua constituição, que se dá por meio do contrato social (CC, art. 1.054), que é plurilateral e feito por instrumento público ou particular, e levado ao registro competente que é o Registro Público de Empresas Mercantis, se for empresária, ou o Registro Civil de Pessoa Jurídica, se for sociedade simples. Não podendo dispensar serviço de advogado, mesmo se vier a adotar o *instrumento público* como forma, pois pela Lei n. 8.906/94, art. 1º, § 2º, o visto de advogado é condição de validade do registro do ato constitutivo da pessoa jurídica.

O contrato social deverá, obrigatoriamente, conter, no que for cabível, as cláusulas essenciais indicadas no art. 997 do novo Código Civil e na Instrução n. 98/2003 do DNRC — item 1.2.7 e, ainda, a firma ou denominação social, sob pena de tornar inviável seu registro (CC, arts. 1.054, *in fine*, e 1.158) por ser seu elemento de identificação, que pode indicar o sócio, o objeto social e o tipo de responsabilidade assumido. Se a opção for a utilização de firma ou razão social, esta conterá o nome civil de um, de alguns ou de todos os sócios (pessoas naturais), seguida da locução "& Cia. Ltda". Se em sua firma não se individualizar todos os sócios, deverá ela conter o nome de pelo menos um deles, acrescido do aditivo "e companhia" e da palavra "limitada", por extenso ou abreviados (art. 5º, II, *d*, da IN n. 116/2011 do DNRC). P. ex.: Souza & Cia. Ltda.; Souza e Oliveira Ltda.; E. Gianini & Cia. Ltda. Se preferir a denominação social, usará qualquer expressão que identifique a sociedade, inclusive o nome dos sócios ou um nome fantasia indicando, especificamente, o objetivo social, e será indispensável o uso do termo "limitada", por extenso ou abreviadamente. P. ex., Estoril Panificadora Ltda.; M. Vianna Armarinhos Ltda. (art. 5º, III, *a*, da IN n. 116/2011 do DNRC).

Outras cláusulas, apesar de facultativas, poderão ser inseridas no contrato social, atendendo aos interesses da sociedade ao disciplinar a organização e o funcionamento social, como as relativas: às reuniões dos sócios (CC, art. 1.072); à autorização para que estranho possa assumir a administração da sociedade (CC, art. 1.061); à retirada mensal de *pro labore*; etc.

Enunciado 18. O capital social da sociedade limitada poderá ser integralizado, no todo ou em parte, com quotas ou ações de outra sociedade, cabendo aos sócios a escolha do critério de avaliação das respectivas participações societárias, diante da responsabilidade solidária pela exata estimação dos bens conferidos ao capital social, nos termos do art. 1.055, § 1º, do Código Civil (aprovado na 1ª Jornada de Direito Comercial).

Para que a sociedade se constitua, necessário será o aporte de capital pela contribuição dos sócios. Se o sócio-quotista contribuir com dinheiro, deverá colocar o numerário à disposição da sociedade no montante e no prazo estipulados no contrato social (CC, art. 1.004). Ser-lhe-á vedada qualquer prestação de serviço (CC, art. 1.055, § 2º), isto porque neste tipo de sociedade não se poderá ter sócio que somente contribua com seu trabalho, uma vez que há limitação de responsabilidade e solidariedade pela integralização do capital social.

Livres serão os sócios para alterar, a qualquer tempo, contrato social celebrado aumentando ou diminuindo capital social; mudando sua sede; admitindo retirada ou exclusão de sócio; prorrogando prazo de sua duração; modificando a firma social; dissolvendo-se antecipadamente; permitindo ingresso de novo sócio etc. Tais alterações, sujeitando-se à deliberação de sócios (CC, art. 1.071, V), ensejam a efetivação de contrato modificativo que deverá ser levado a registro, seja ele feito por instrumento público ou particular (Lei n. 8.934/94, art. 53).

Pelo art. 1.076, I, a deliberação dos sócios para efetuar mudança no contrato social deverá alcançar no mínimo 3/4 do capital social, mas o atual Código Civil admite exceções a esse *quorum*: *a*) designação de administrador não sócio, que não precisa mais ser expressamente admitida no contrato, dar-se-á pelo voto unânime de sócios, não estando o capital integralizado, ou por 2/3 do capital social, havendo sua integralização (CC, art. 1.061, com a redação da Lei n. 12.375/2010); *b*) destituição de sócio-administrador, nomeado no contrato, requer aprovação de 2/3 do capital, salvo disposição contratual prevendo *quorum* maior ou menor (CC, art. 1.063, § 1º); *c*) exclusão extrajudicial de sócio deliberada por mais da metade do capital social, na hipótese de sócio remisso ou no caso de a maioria dos sócios entender que um ou mais sócios minoritários estiveram colocando em risco a continuidade da empresa (CC, arts. 1.085 e 1.004, parágrafo único).

As quotas são parcelas em que está dividido, ou representado, o capital social, que podem ter valores *iguais* ou *desiguais*, cabendo uma ou várias delas a cada sócio, conforme a contribuição que der ao ingressar na sociedade limitada (CC, art. 1.055, *caput*). Logo, o sócio-quotista é o titular da fração em que o capital se divide.

Cada quota é uma fração indivisível (CC, art. 87) do capital social e é considerada como bem móvel.

Havendo indivisibilidade da quota, os direitos dela decorrentes não poderão ser divididos, exceto para efeito de sua transferência (CC, art. 1.056 c/c o art. 1.057), mediante alienação, cessão ou doação a outro sócio ou a terceiro. Para efeito de transferência, a quota será suscetível de divisão.

Havendo, por força de aquisição *causa mortis* ou *inter vivos*, condomínio de quota entre vários cotitulares, os direitos da quota indivisa só poderão ser exercidos pelo condômino representante, eleito pelos demais cossócios, competindo-lhe praticar atos perante a sociedade ou terceiros (relações externas), salvaguardando os interesses comuns. Os demais condôminos não terão, apesar de cotitulares de fração ideal da quota, poderes de representação, nem de agir conjunta ou individualmente, porque, como ensina Matiello, estão presos à deliberação que escolheu um representante para exercer as prerrogativas emergentes da quota condominial (CC, art. 1.056, § 1º, 1ª parte).

Falecendo um sócio-condômino, os direitos inerentes às suas quotas são exercidos pelo inventariante (representante do espólio), nomeado nos autos pelo juiz competente, até que se faça a partilha (CC, art. 1.056, § 1º, 2ª parte).

A sociedade poderá exigir de qualquer condômino todas ou algumas prestações relativas à integralização da quota em condomínio, podendo, se quiser, não aceitar pagamento parcial de qualquer deles. E aquele sócio-condômino, que veio a realizar o pagamento, terá o direito de cobrar dos demais as respectivas parcelas. Como se vê, o condomínio de quota indivisa só produz efeitos nas relações internas, ou seja, entre sócios e sociedade. Os condôminos de quota indivisa respondem, portanto, solidariamente, pelas prestações que forem necessárias à sua integralização (CC, art. 1.056, § 2º)[35].

A *cessão da quota social* é um contrato pelo qual o sócio-cedente, não mais desejando permanecer na sociedade, transfere sua quota, no todo ou em parte, a outro sócio ou a terceiro (cessionário).

O sócio poderá, em caso de omissão do contrato social, ceder sua quota, total ou parcialmente, a um outro sócio (*RF, 128:356*), sem necessidade da autorização dos demais. Mas, se quiser fazer tal cessão a um estranho ou terceiro não sócio, será preciso o consenso ou chancela de sócios que representem, obrigatoriamente, 3/4 (75%) do capital social, firmado em instrumento, tendo os dissidentes o direito de recesso.

Mas se numa sociedade com quatro sócios ("A" titular de 30%, "B" e "C", de 25% cada um e "D", de 20%) um deles ("D") quiser ceder sua quota a terceiro não sócio, recebendo o consentimento de dois deles ("B" e "C"), a cessão não se configurará, pois, ante a omissão do contra-

---

35. Maria Helena Diniz, *Código*, cit., p. 833 e 834; Modesto Carvalhosa, *Comentários*, cit., com. ao art. 1.056; Fabrício Z. Matiello, *Código Civil comentado*, São Paulo, LTr, 2003, com. ao art. 1.056; Paulo Checoli, *Direito de empresa*, cit., p. 159-61; Arnoldo Wald, *Comentários*, cit., v. XIV, p. 368-74; Edmar O. Andrade Filho, *Sociedade*, cit., p. 109 e 110.

to social, pelo Código Civil, basta a impugnação de mais de um quarto do capital ("C"). A cessão, portanto, poderá ser evitada pelo voto de 25% do capital social. Logo, tal cessão externa de quota condicionar-se-á à não oposição de sócios-titulares de mais de um quarto (25%) do capital social (CC, art. 1.057, *caput*).

A oposição à cessão da quota prevista no art. 1.057 é mero exercício do direito de preferência de ordem para a aquisição da quota a ser cedida pelo preço e condição estipulados entre o sócio cedente e o terceiro pretendente.

Como houve alteração no contrato social com a entrada do cessionário e saída do cedente, esta deverá ser feita por instrumento subscrito pelos sócios anuentes, que, devidamente averbado à margem da inscrição do registro da sociedade, fará com que aquela cessão tenha eficácia perante a sociedade e terceiro (CC, art. 1.057, parágrafo único).

A oponibilidade da cessão (total ou parcial) à sociedade ou a terceiros requer a averbação do seu instrumento no registro da sociedade e, se for o caso, a subscrição dos sócios anuentes, pois deverão constar naquele documento tantas assinaturas quantas forem necessárias para atingir o *quorum* legal.

E o cedente, por sua vez até dois anos após a referida averbação, responderá solidariamente com o cessionário pelas obrigações que tinha como sócio (CC, art. 1.003, parágrafo único), assegurando, assim, o direito dos credores e evitando fraudes.

A quota social de sócio de sociedade limitada empresária é passível de penhora, por força dos arts. 655, VI (com a redação da Lei n. 11.382/2006), e 649 do Código de Processo Civil que, expressamente, a permitem e não a colocam no rol dos bens impenhoráveis, pois a quota é cessível ou alienável (CC, art. 1.057). Tal penhora não acarretará a inclusão do credor como novo sócio, pois, havendo restrição ao seu ingresso no quadro societário, deve ser facultado à sociedade, na qualidade de terceira interessada, remir a execução, remir o bem ou conceder a si própria e aos demais sócios a preferência na aquisição de quotas em hasta pública a tanto por tanto (CPC, arts. 1.117, 1.118 e 1.119; STJ, 3ª T., REsp 234.391/MG; 4ª T., REsp 147.546/RS), sub-rogando-se nos direitos creditórios.

Há, contudo, possibilidade jurídica de se imporem no contrato social, no testamento ou em doação, cláusulas restritivas das quotas, gravando-as com inalienabilidade, impenhorabilidade e incomunicabilidade (Lei n. 6.404/76, arts. 40, 169, § 2º, *caput*; CC, art. 1.053, parágrafo único). Se tal ocorrer, incidirá o art. 649, I, do Código de Processo Civil, que arrola entre os bens absolutamente impenhoráveis os inalienáveis e os declarados, por ato voluntário, não sujeitos à execução.

A integralização das quotas pode ser efetuada à vista, no ato da constituição da sociedade, ou em parcelas, nos prazos de vencimento fixados no contrato social.

O sócio remisso é o quotista inadimplente, que está em mora para com a sociedade limitada, por não haver pago, no tempo devido, o *quantum* do capital social a que estava obrigado pelo pacto, devendo responder pelo dano emergente da mora. Para tanto, o sócio-quotista remisso, não havendo integralização de parcela do capital subscrito, deverá ser, previamente, notificado pela sociedade para implementar, sob as penas do art. 1.058 do Código Civil, sua quota dentro de trinta dias (CC, art. 1.004) subsequentes àquela notificação, documentando a dívida, que é imprescindível para sua constituição em mora. Ou, ainda, poderá o sócio remisso ser, por isso, dela excluído por justa causa (inadimplência ou mora na integralização do capital social – Enunciado 17. Na sociedade limitada com dois sócios, o sócio titular de mais da metade do capital social pode excluir extrajudicialmente o sócio minoritário desde que atendidas as exigências materiais e procedimentais previstas no art. 1.085, *caput* e parágrafo único, do CC – aprovado na 1ª Jornada de Direito Comercial). Os demais sócios poderão preferir à indenização pela mora a rescisão da sociedade em relação ao sócio remisso, tomando-lhe a quota e excluindo-o do quadro societário, ou, então, a redução de sua quota ao montante já realizado, aplicando o art. 1.031, § 1º.

Se houver expulsão do sócio remisso, terá ele direito à restituição das entradas feitas, descontando-se, para evitar enriquecimento ilícito, o crédito da sociedade gerado pela sua mora na integralização do capital social, como o referente aos juros moratórios de 1% ao mês, a contar do início da inadimplência, prestações estabelecidas no contrato mais as despesas (CC, art. 1.058, *in fine*). Caso em que se terá a redução proporcional do capital social.

Se o sócio remisso, apesar da cobrança judicial, não integralizar a sua quota social, os demais poderão, para evitar redução de capital, responder pelo que faltar, adquirindo-a para si ou, então, transferi-la a estranho, admitindo novo sócio, que assumirá a obrigação de integralizar o capital, excluindo o sócio remisso (CC, art. 1.004, parágrafo único), devolvendo-lhe a entrada por ele realizada, ou seja, o que houver pago, deduzindo os juros moratórios, as prestações estabelecidas contratualmente e, ainda, as despesas que foram feitas pela sociedade em virtude de sua inadimplência para a cobrança do pagamento que integralizaria o capital (CC, art. 1.058). Com isso, não se terá a redução do capital social, pois a quota subscrita e não integralizada pelo sócio remisso será absorvida pelos sócios da sociedade limitada ou transferida a terceiros.

Mesmo havendo autorização no contrato social para a distribuição de lucros e de retirada, a qualquer título, inclusive *pro labore*, de quantias pecuniárias, os sócios beneficiários deverão repô-las se houver comprovação de qualquer prejuízo ao capital social, que é dotado de conteúdo econômico, relevante juridicamente (CC, art. 1.059). O art. 1.059 do Código Civil tem, portanto, por escopo impedir que um sócio venha a provocar diminuição do patrimônio da sociedade, mediante percepção indevida de lucros.

Se tais sócios não providenciarem a reposição dos valores recebidos indevidamente, ante a não preservação do capital social, a sociedade poderá cobrá-los judicialmente ou expulsá-los do quadro societário por deslealdade.

Pelo art. 1.009 do Código Civil, ter-se-á responsabilidade solidária não só dos administradores que vierem a distribuir entre os sócios lucros fictícios ou inexistentes, mas também a dos sócios que, indevidamente, os receberam tendo ciência de sua ilegalidade.

No contrato social (CC, arts. 1.063, § 1º, 1.076, I, e 1.071, V) ou em ato separado (ata assemblear ou procuração ou mandato por instrumento público — CC, arts. 1.060, *caput*, 1.062, 1.076, II, 1.071, II e III), indicar-se-á um ou mais sócios ou até estranho (pessoa natural ou jurídica — CC, arts. 1.061, 1.062, 1.076, II, e 1.071, III) para desempenhar a administração, contraindo obrigações e constituindo direitos, e representar ativa e passivamente a sociedade perante terceiros, tornando *presente* a vontade da sociedade.

Se a delegação dos poderes de administração for dada a terceiro não sócio, não há necessidade de expressa permissão contratual, mas de aprovação da unanimidade dos sócios, se o capital não estiver integralizado, e de 2/3, após a sua integralização (CC, art. 1.061, com a redação da Lei n. 12.375/2010).

Se se nomear um único administrador, ter-se-á *administração singular*.

Poderá ocorrer *administração colegiada* ou *plúrima*, se a administração for atribuída a todos, ou a dois ou mais sócios, estes deverão agir em conjunto, no desempenho dos atos de gestão, sendo necessárias suas assinaturas em todas as operações assumidas que obrigarem a sociedade perante terceiros. Mas essa administração conferida no pacto social a todos os sócios não se estenderá, de pleno direito, aos que, ulteriormente, vierem a adquirir a qualidade de sócio (CC, art. 1.060, parágrafo único).

Se, porventura, o contrato social permitir explicitamente, embora não seja isso necessário, que a administração seja entregue ou delegada a estranhos, a designação de *administradores não sócios* (administradores profissionais) dependerá de: *a*) aprovação unânime dos sócios, em assembleia geral, se o capital social ainda não estiver integralizado, considerando-se que todos os sócios têm responsabilidade solidária entre si e subsidiária perante a sociedade, pelo valor ou recurso material (móvel, imóvel, dinheiro etc.) ainda não aportado àquele capital; ou *b*) aprovação de 2/3 dos quotistas, no mínimo, se houver total integralização do capital social (CC, art. 1.061).

Se o administrador sócio, ou não, for designado, em ato separado, por meio de mandato, pelos quotistas reunidos em assembleia em razão de o contrato social não ter indicado quem deveria praticar os atos de gestão ou de representação da sociedade, sua investidura no cargo dar-se-á mediante termo de posse lavrado no livro de atas da administração, dentro de trinta dias, contados da data de sua designação, sob pena de esta se tornar sem efeito, hipótese em que deverá haver nova indicação de administrador (CC, art. 1.062 e § 1º).

Dez dias depois de sua investidura, o administrador deverá requerer que sua nomeação (termo de posse) seja averbada no registro competente para ser oponível contra todos (terceiros). Esse requerimento deverá conter, além de toda sua qualificação (nome, nacionalidade, estado civil, residência), o ato, a data da nomeação e o prazo de sua gestão e estar acompanhado de documento de identidade do administrador nomeado (§ 2º do art. 1.062 do CC) e de declaração de inexistência de impedimento para o exercício de administração da sociedade, se ela não constar do documento de sua nomeação.

O exercício do cargo de administrador da sociedade limitada terminará (CC, art. 1.063, §§ 1º a 3º): *a)* pela *destituição* de seu *titular* a qualquer tempo ou *pelo término do prazo de sua gestão*, fixado no contrato social ou em ato separado (mandato), não havendo recondução ao cargo. Se o sócio-administrador foi nomeado no contrato social, apenas poderá ser destituído, em reunião assemblear, pela aprovação dos titulares de quotas, que correspondam, no mínimo, a 2/3 do capital social, exceto se houver estipulação diversa, exigindo *quorum* maior ou menor; mas se sua nomeação se deu em instrumento separado do pacto social, somente poderá ser efetuada sua destituição mediante aprovação de sócios detentores de mais da metade do capital (CC, arts. 1.071, III, e 1.076, II). Em se tratando de administrador não sócio, poderá ser afastado pelo *quorum* deliberativo de 3/4 do capital social determinado pelos arts. 1.071, V, e 1.076, I, providenciando-se, como adverte Matiello, a alteração contratual para que a medida tenha eficácia[36]; e *b)* pela *renúncia do administrador*, sem fundamentação da justa causa decorrente, em regra, de discordância interna, que se tornará eficaz em relação à sociedade no instante em que tomar conhecimento da comunicação escrita (notificação judicial — CPC, art. 867 — ou extrajudicial — Lei n. 6.015/73, art. 160; interpelação, correspondência epistolar etc.), feita pelo renunciante, que a subscreveu, e perante terceiros,

---

[36]. Sobre todos os itens, por nós apontados, relativos à administração: Fabrício Z. Matiello, *Código Civil*, cit., com. aos arts. 1.063 e 1.064; Arnoldo Wald, *Comentários*, cit., v. XIV, p. 403-19; Paulo Checoli, *Direito de empresa*, cit., p. 165-82; Amador Paes de Almeida, *Direito de empresa*, cit., p. 136-47; Luiz Cezar P. Quintans, *Direito da empresa*, cit., p. 72-7; Modesto Carvalhosa, *Comentários*, cit., v. 13, p. 102-47; Arnaldo Rizzardo, *Direito de empresa*, cit., p. 215-21; Edmar O. Andrade Filho, *Sociedade*, cit., p. 149-70; Adalberto Simão Filho, *A nova sociedade limitada*, cit., p. 140-7 e 151-62; Sérgio Campinho, *O direito de empresa*, cit., p. 221, 225-7 e 240; Fábio Ulhoa Coelho, *Curso*, cit., v. 2, p. 438-49.

apenas depois de sua averbação e publicação da certidão dessa averbação no diário oficial ou em jornal de grande circulação no local em que está sediada a sociedade (CC, art. 1.152).

Cessada a administração, proceder-se-á obrigatoriamente à averbação do fato, no registro competente, mediante requerimento apresentado dentro do prazo de dez dias, contado da ocorrência do fato, tornando oponível a terceiros o término das funções do administrador (CC, art. 1.063, § 2º).

A sociedade limitada poderá, havendo previsão no contrato social, adotar, em sua administração social, uma dúplice estrutura, tendo ao lado da diretoria um Conselho de Administração.

A *diretoria* é o órgão integrado por um ou mais administradores, sócios ou não, que tem o encargo de administrar a sociedade limitada.

O administrador, ou diretor, sócio ou não, deverá, na diretoria, exercer suas funções dentro dos limites dos poderes que lhe foram outorgados e poderá, se quiser, constituir mandatário *ad negotia* para auxiliá-lo na execução de certos atos de administração social.

O administrador, uma vez investido, deverá:

a) providenciar todas as medidas necessárias para atingir o objetivo social;

b) respeitar funções reservadas aos outros órgãos da sociedade limitada;

c) ter, ao exercer suas funções, o cuidado e a diligência que toda pessoa idônea, moral e profissionalmente, deve empregar na gestão de seus próprios negócios (CC, art. 1.011);

d) seguir os parâmetros da sociedade limitada, visto ser seu representante;

e) prestar contas de seus atos, justificando sua gestão aos sócios-quotistas. Para tanto, elaborar-se-ão o *inventário*, o *balanço patrimonial* e o *balanço de resultado econômico* (CC, art. 1.065);

f) atuar na defesa dos interesses da sociedade;

g) fornecer as informações solicitadas pelo Conselho Fiscal e pelos sócios, na forma designada no contrato social, dando-lhes ciência da situação da sociedade limitada;

h) convocar assembleia;

i) procurar obter um resultado positivo, em suas atividades e negociações, para o patrimônio social;

j) assumir, se praticar, culposa ou dolosamente, ato irregular ou contrário à lei e ao contrato social, ou ato que configure abuso de poder ou desvio de finalidade social, causando dano à sociedade, a sócios ou a terceiros relacionados com a limitada, a responsabilidade pela indenização das perdas e danos e pelos débitos sociais (CC, arts. 1.013, § 2º, 1.015, 1.016 e 1.017);

k) votar matéria que não envolva interesse próprio (CC, art. 1.074, § 2º).

Por outro lado, o administrador detém, para bem executar suas funções, certos direitos outorgados pela lei, pela assembleia de quotistas ou pelo contrato social, imprescindíveis para organizar, controlar e dirigir a sociedade limitada e o patrimônio social, tais como:

a) praticar atos de gestão necessários para a realização dos fins da sociedade, sem onerar ou alienar imóveis do patrimônio social;

b) executar todos os atos para atingir o objeto social e as decisões deliberadas em reuniões assembleares pelos quotistas;

c) usar, privativamente, da firma ou denominação social, se tiver os necessários poderes (CC, art. 1.064);

d) receber remuneração, se administrador não sócio, desde que estipulada no contrato social em cláusula sobre remuneração *pro labore*. Convém lembrar que o administrador-sócio também poderá ser recompensado sob a forma de distribuição dos lucros sociais apurados ou de atribuição de gratificações ou bonificações, desde que previstos no contrato social ou aprovados em deliberação assemblear;

e) representar a sociedade limitada. Trata-se de *representação orgânica*, pois quem atua é a sociedade limitada, cuja vontade social se exterioriza por meio do administrador (CC, art. 47), dentro dos limites de sua competência estabelecida em lei ou no contrato social.

Os sócios têm direito de fiscalizar a administração, podendo averiguar diretamente, ou por meio de sócios-membros do Conselho

Fiscal[37], os livros contábeis e a prestação de contas do administrador.

A instituição do Conselho Fiscal é facultativa.

O *Conselho Fiscal* é o órgão, previsto no contrato social, composto por três ou mais membros e respectivos suplentes, sejam eles sócios, ou não, residentes ou domiciliados no País, eleitos na assembleia anual em votação de sócios representativos da maioria do capital social, que visa a apreciar as contas dos administradores e deliberar sobre o balanço patrimonial e o de resultado econômico (CC, arts. 1.066, *caput*, e 1.078, I). Os sócios minoritários, desde que representem 1/5 (20%) do capital social, poderão escolher, em separado, um dos membros do Conselho Fiscal e seu respectivo suplente (CC, art. 1.066, § 2º).

Estão impedidos legalmente (CC, arts. 1.066, § 1º, e 1.011, § 1º) de ser nomeados para participar do Conselho Fiscal:

a) os condenados à pena que vede o acesso, ainda que temporário, a cargos públicos;

b) os condenados por crime falimentar, de prevaricação, peita ou suborno, concussão e peculato;

c) os condenados por crime contra: a economia popular, o Sistema Financeiro Nacional, as normas de defesa de concorrência, as relações de consumo, a fé pública ou a propriedade, enquanto perdurarem os efeitos da condenação;

d) os membros dos demais órgãos da sociedade ou de outra por ela controlada;

e) os empregados dessas sociedades ou de seus administradores;

f) o cônjuge ou parente até 3º grau dos administradores.

A investidura de membro do Conselho Fiscal é o ato unilateral pelo qual ele aceita seu cargo e as atribuições dele decorrentes.

O membro, ou suplente, eleito investir-se-á nas funções que exercerá até a subsequente assembleia anual, salvo se não houver ces-

---

37. Sobre Conselho Fiscal, consulte: Rubens Requião, *Curso*, cit., v. 1, p. 537 e 538; Arnaldo Rizzardo, *Direito de empresa*, cit., p. 221-5; Edmar O. Andrade Filho, *Sociedade*, cit., p. 197-203; Modesto Carvalhosa, *Comentários*, cit., v. 13, p. 147-70.

sação anterior, assinando, dentro do prazo de trinta dias de sua eleição, sob pena de esta tornar-se sem efeito, termo de posse, lavrado no livro de atas e pareceres do Conselho Fiscal, do qual constará não só sua qualificação (nome, nacionalidade, estado civil, residência), como também a data de sua escolha (CC, art. 1.067, parágrafo único).

Os membros do Conselho Fiscal terão, a título de gratificação de representação em órgão colegiado, direito a uma remuneração mensal, mesmo simbólica, cujo valor será fixado, anualmente, pela assembleia dos sócios que os elegeu (CC, art. 1.068).

Além das funções estipuladas na lei e no contrato social, os membros do Conselho Fiscal deverão, individual ou conjuntamente (CC, art. 1.069, I a VI):

a) examinar, pelo menos a cada três meses, a escrituração da sociedade (livros e papéis) e o estado da caixa e da carteira de negócios realizados e a realizar, solicitando informações aos administradores ou liquidantes;

b) lavrar no livro de atas e pareceres do Conselho Fiscal não só o resultado do exame acima referido, como também o parecer sobre as operações sociais feitas, baseado no balanço patrimonial e no de resultado econômico, que também deverá ser, ainda, apresentado à assembleia anual dos sócios;

c) denunciar erros, fraudes ou crimes que descobrirem, sugerindo à sociedade a tomada de certas providências;

d) convocar a assembleia de sócios, havendo motivo grave e urgente (malversação de recursos sociais, desfalque etc.) ou se a diretoria retardar, por mais de trinta dias, sua convocação anual;

e) praticar, na hipótese de liquidação da sociedade, todos os atos relativos às suas atribuições acima especificadas, observando, ainda, o disposto nos arts. 1.102 a 1.112 do Código Civil.

Os poderes e as atribuições legais conferidos ao Conselho Fiscal não poderão, ante sua exclusividade, ser outorgados a outro órgão da sociedade (CC, art. 1.070, 1ª parte). Tal indelegabilidade visa garantir a legitimidade da competência e dos atos praticados pelos conselheiros fiscais.

Os membros do Conselho Fiscal responderão solidariamente perante a sociedade e terceiros pelos prejuízos que, culposamente, lhes causarem por ato omissivo ou por ato comissivo no desempenho de suas funções (CC, arts. 1.070, 2ª parte, e 1.016).

O *órgão deliberativo da sociedade limitada* formar-se-á pela assembleia ou reunião de sócios convocada para decidir assuntos de peculiar interesse da sociedade, possibilitando a realização de sua finalidade.

O direito de voto é, na lição de Edmar Oliveira Andrade Filho, uma garantia legal dada ao sócio para efetivar seus interesses, e poderá ser nominal aberto, secreto, escrito, verbal ou dar-se pelo levantamento de mãos. O art. 1.072, § 3º, do novo Código Civil prevê a forma escrita do voto somente para dispensar reunião formal dos sócios.

O conclave societário rege-se pelo princípio democrático, permitindo debates entre os sócios, que poderão livremente manifestar sua vontade, e, além disso, as decisões tomadas, conforme ao contrato social ou à legislação pertinente, vincularão todos os sócios da limitada, inclusive os dissidentes e ausentes (CC, art. 1.072, § 6º). Livre será a opção da forma de deliberação, se por meio de assembleia ou de reunião, salvo se a sociedade limitada tiver mais de dez sócios (CC, art. 1.072, § 1º), hipótese em que as deliberações deverão ser tomadas em assembleia, cujo regime jurídico é mais solene ou formal[38].

Os sócios, além dos assuntos indicados legal ou contratualmente, deverão, obrigatoriamente, deliberar, em reunião ou assembleia, regularmente convocada e instalada, atendido o *quorum* deliberativo previsto legalmente (CC, art. 1.071, I a VIII), sobre[39]:

a) aprovação das contas da administração, apresentadas nos quatro meses seguintes ao término do exercício social (CC, art. 1.078, I);

---

38. Adalberto Simão Filho, *A nova sociedade limitada*, cit., p. 129 e 30; Waldemar Ferreira, *Tratado de direito comercial*, São Paulo, Saraiva, 1961, p. 310; Edmar O. Andrade Filho, *Sociedade de responsabilidade limitada*, cit., p. 173 e 175-82; Modesto Carvalhosa, *Comentários*, cit., v. 13, p. 197 e 198.

39. Modesto Carvalhosa, *Comentários*, cit., v. 13, p. 172-90; Sérgio Campinho, *O direito de empresa*, cit., p. 240 e 241; Rubens Requião, *Curso*, cit., v. 1, p. 530; Fábio Ulhoa Coelho, *Curso*, cit., v. 2, p. 423.

b) designação dos administradores, sócios ou não, feita extracontratualmente ou em ato separado e em assembleia de sócios (CC, arts. 1.062 e 1.076, II), por serem demissíveis *ad nutum*;

c) destituição dos sócios administradores por justa causa, mediante aprovação de 2/3 do capital social, ou dos administradores não sócios, *ad nutum* ou injustificadamente, por maioria absoluta do capital (CC, arts. 1.063, § 1º, e 1.076, II);

d) modo de remuneração do administrador, em caso de omissão do contrato social, seja ela fixa (*pro labore*), seja ela *variável*, se prevista no contrato social, alusiva à participação do administrador nos lucros apurados no último balanço social desde que não excedente a 10% dos resultados do exercício;

e) modificação do contrato social, havendo *quorum* de 3/4 do capital social para que tenha validade;

f) incorporação, fusão e dissolução da sociedade;

g) cessação do estado de liquidação, hipótese em que o sócio dissidente poderá retirar-se por não estar obrigado a aceitar os riscos dessa operação;

h) nomeação, destituição e julgamento das contas dos liquidantes, havendo deliberação de maioria absoluta (50% mais um) dos sócios presentes (CC, art. 1.076, III); e

i) pedido de recuperação judicial ou extrajudicial, mediante deliberação dos sócios tomada pela maioria absoluta dos votos, correspondente a mais de metade do capital social (50% mais um dos votos — CC, arts. 1.072, § 4º, e 1.076, II). Mas os administradores, devidamente autorizados por sócios, titulares de mais da metade do capital social, havendo urgência, poderão, para evitar danos irreparáveis, requerer a recuperação da empresa (CC, art. 1.072, § 4º), propondo-a antes da decretação da falência da sociedade, com o escopo de evitá-la ou preveni-la.

As deliberações dos sócios serão tomadas em reunião ou assembleia convocada pelos administradores nos casos previstos em lei ou no contrato social (CC, art. 1.072), mediante anúncio convocatório publicado, pelo menos, por três vezes, entre a data da primeira inserção e a da realização da assembleia, dentro do prazo mínimo de oito dias para a primeira convocação e de cinco dias para as posteriores (CC, art. 1.152, § 3º).

Essas formalidades de convocação do art. 1.152, § 3º, do Código Civil serão dispensadas se todos os sócios comparecerem ou declararem, por escrito, sua ciência do local, data, hora e ordem do dia (CC, art. 1.072, § 2º).

A reunião, ou a assembleia, será dispensável se houver decisão escrita de todos os sócios sobre a matéria que seria discutida (CC, art. 1.072, § 3º) e por eles assinada.

Todas as deliberações tomadas, de conformidade com a lei e o contrato social, vincularão todos os sócios, ainda que ausentes, dissidentes (CC, art. 1.072, § 5º) ou abstinentes.

Convocação é a notificação (convite público ou pessoal) dos sócios para se reunirem em conclave (reunião ou assembleia) feita pelos administradores, mediante aviso publicado por três vezes em diário oficial ou jornal de grande circulação (CC, art. 1.152, §§ 1º e 3º), sempre que houver imposição legal ou contratual.

Essa publicação da convocação é exigida no caso de assembleia, e não no de reunião (CC, art. 1.152, § 3º), em que a convocação será pessoal.

Dever-se-ão inserir no edital convocatório as matérias que constarão da ordem do dia, a data, o horário, o local (sede social, em regra) e a natureza do conclave.

Mas a assembleia ou reunião também poderá ser convocada por (CC, art. 1.073, I):

a) qualquer sócio individual e independentemente do número de suas quotas, se os administradores retardarem sua convocação por mais de sessenta dias;

b) sócios minoritários, titulares de mais de 1/5 do capital (20%) se, dentro do prazo de oito dias, não for atendido pela administração o pedido de convocação fundamentado e contendo indicação das matérias de relevante interesse societário que deverão ser tratadas.

A assembleia ou a reunião poderá, ainda, ser convocada, individual ou conjuntamente, por membros do Conselho Fiscal, se a diretoria retardar por mais de trinta dias a sua convocação anual, ou se houver algum motivo grave e urgente (CC, arts. 1.069, V, e 1.073, II)[40].

O *quorum* de instalação é o número mínimo de sócios presentes ou representados por outro sócio ou por advogado (CC, art. 1.074, § 1º) para que a assembleia seja válida. Em primeira convocação feita com antecedência mínima de oito dias por meio de avisos publicados por três vezes em imprensa oficial ou jornal de grande circulação, a assembleia de sócios instalar-se-á se houver presença de titulares de no mínimo 3/4 (75%) do capital social, e não se alcançando tal *quorum* em segunda convocação, com qualquer número de sócios presentes (CC, art. 1.074), desde que se os convoque com três outras publicações de avisos e com antecedência de cinco dias (CC, art. 1.152, § 3º).

Pelo art. 1.074, § 2º, do Código Civil, nenhum sócio, por si ou na condição de mandatário, poderá, na assembleia, manifestar seu voto em questões que, diretamente, digam respeito a seus interesses particulares, a fim de evitar conflitos societários (p. ex., sua exclusão do quadro societário, punição por uma falta cometida, liquidação de sua quota etc.).

A mesa é o órgão incumbido de dirigir a sessão deliberativa, composta pelo presidente e pelo secretário, que é sócio escolhido previamente entre os presentes (CC, art. 1.075), por maioria de votos, segundo o valor de suas quotas.

Finda a reunião assemblear, dever-se-á redigir ata contendo descrição da ocorrência, manifestação dos votos e deliberações.

A ata dos trabalhos e das deliberações, devidamente assinada pelos componentes da mesa e pelos sócios participantes da reunião, deverá ser lavrada pelo secretário no livro específico de atas da assembleia. É recomendável a assinatura por todos os sócios que participaram do encontro e não só do número suficiente para atingir o mínimo exigido legalmente para a validade da deliberação tomada. E a cópia dessa ata, autenticada pelos administradores e pelos membros da mesa, deverá,

---

40. Sérgio Campinho, *O direito de empresa*, cit., p. 244 e 245; Maria Helena Diniz, *Código*, cit., p. 849 e 850; Modesto Carvalhosa, *Comentários*, cit., v. 13, p. 203-11; Paulo Checoli, *Direito de empresa*, cit., p. 201 e 202; Rubens Requião, *Curso*, cit., v. 1, p. 532.

para ter eficácia *erga omnes*, dentro do prazo de vinte dias, contado da reunião, ser arquivada e averbada no Registro Público das Empresas Mercantis. Qualquer sócio poderá, portanto, solicitar uma cópia autenticada da referida ata para servir, p. ex., de instrução na ação judicial movida, por ele, para reivindicar seus direitos ou anular assembleia ou deliberação nela tomada (CC, art. 1.075, §§ 1º a 3º)[41].

As decisões sociais na sociedade limitada deverão ser tomadas pela maioria, salvo nos *casos* em que a lei ou o contrato social dispuser em sentido contrário.

Acolhendo-se o princípio majoritário, exige-se, para as deliberações dos sócios que envolverem: *a*) designação de administradores não sócios, a aprovação da unanimidade dos sócios, não estando integralizado o capital social, e de 2/3, no mínimo, após a sua total integralização; *b*) destituição de sócio administrador, nomeado no contrato social, a aprovação de titulares de quotas correspondentes, no mínimo, a 2/3 do capital social, salvo disposição contratual diversa; *c*) modificação do contrato social, incorporação, fusão e dissolução da sociedade ou cessação do seu estado de liquidação, aprovação, no mínimo, de titulares que representem 3/4 do capital social (maioria qualificada — 75% dos votos, sendo cada um correspondente a uma quota); *d*) nomeação extracontratual de administradores, remuneração e destituição dos administradores e pedido de recuperação da empresa, a aprovação de sócios que representem mais da metade do capital social (maioria absoluta do capital social — 50% mais um dos votos); *e*) outros casos previstos na lei ou no contrato social, aprovação da maioria dos votos dos presentes, se no pacto social não houver exigência de maioria mais elevada (CC, art. 1.076, I, II e III)[42].

Se a sociedade for constituída por prazo indeterminado, o sócio dela poderá, quando quiser, retirar-se (CC, art. 1.029); mas se o for

---

41. Modesto Carvalhosa, *Comentários*, cit., v. 13, p. 228-35; Rubens Requião, *Curso*, cit., v, 1, p. 533; Fábio Ulhoa Coelho, *Manual*, cit., p. 160 e 161; Sérgio Campinho, *O direito de empresa*, cit., p. 247.
42. Fábio Ulhoa Coelho, *Manual*, cit., p. 161 e 162; *Curso*, cit., v. 2, p. 429; Modesto Carvalhosa, *Comentários*, cit., v. 13, p. 235-43; Edmar O. Andrade Filho, *Sociedade*, cit., p. 176-80.

por prazo determinado, somente poderá exercer, por ordem judicial, seu direito de recesso com a anuência dos demais sócios, mesmo ocorrendo justa causa, a não ser que se dê a hipótese do art. 1.077, caso em que poderá manifestar unilateralmente sua vontade de retirar-se por discordar de alteração contratual, incorporação ou fusão deliberada pela maioria.

Tal direito de retirada, ou de recesso, deverá dar-se nos trinta dias subsequentes à reunião ou assembleia em que se deu a deliberação contrária aos seus interesses (*RTJ, 91*:357; *RT, 389*:170; CC, art. 1.077), desde que o sócio dissidente nela estivesse presente, pois, se ausente, o lapso temporal de trinta dias deverá ser computado, como ensina Paulo Checoli, "a partir da data da averbação da alteração na inscrição perante o registro competente, ou da data em que for a ele entregue a cópia autêntica da ata lavrada"[43].

A reunião assemblear ordinária dos sócios quotistas deverá realizar-se obrigatória e anualmente, de preferência, dentro do prazo de quatro meses, após o término do exercício social (período de doze meses fixado no pacto social, com data de início e término que poderão ou não coincidir com o calendário comum — CC, art. 1.078, I, II e III) para: *a*) avaliar as contas dos administradores, deliberando sobre o balanço patrimonial e o de resultado econômico. O inventário, as informações relativas às contas dos administradores, o balanço patrimonial e o balanço de resultado econômico deverão ser colocados à disposição dos sócios não administradores, mediante prova de seu recebimento, até trinta dias da data marcada para a assembleia para que possam, antecipadamente, analisá-los, tomando ciência do conteúdo da documentação (CC, art. 1.078, § 1º). Tais documentos serão lidos durante a assembleia e submetidos, por ordem do presidente da mesa, a discussão e votação, das quais não participarão os membros da administração e os do Conselho Fiscal (CC, art. 1.078, § 2º). Se aprovados forem, sem quaisquer reservas, o balanço patrimonial e o de resultado econômico, ter-se-á a exoneração da responsabilidade dos administradores e dos conselheiros fiscais (CC, art.

---

43. Paulo Checoli, *Direito de empresa*, cit., p. 208-10.

1.078, § 3º), exceto se se apurar existência de erro, dolo, fraude ou simulação, pois, comprovados tais vícios, a aprovação daqueles documentos poderá ser anulada dentro do prazo decadencial de dois anos contados da data da realização da assembleia que avaliou as contas (CC, art. 1.078, § 4º).

O aumento do capital social poderá dar-se com os próprios recursos da limitada, mediante atribuição de novas quotas aos sócios na proporção de sua participação societária ou mediante subscrição de novas quotas, garantindo-se o direito de preferência dos sócios.

O aumento do capital social somente poderá, com a correspondente modificação do contrato (CC, art. 1.081), dar-se em conclave, estabelecendo o valor desse aumento, a alteração do valor das quotas iniciais e a adequação do novo número de quotas correspondentes ao capital aumentado.

Os sócios, até trinta dias contados daquela deliberação, poderão exercer seu direito de preferência para participar daquele aumento, na proporção de suas quotas, ou, então, ceder, total ou parcialmente, esse seu direito a outro sócio, independentemente do consenso dos demais, ou a um estranho, se os sócios, titulares de 1/4 do capital social, não se opuserem a isso (CC, art. 1.057). A cessão do direito de preferência para participação do aumento do capital social disciplinar-se-á pelas normas da cessão de quota. Decorrido esse prazo da preferência, tendo sido a totalidade do aumento do capital social assumida pelos próprios sócios, ou por terceiros cessionários, sem oposição destes, convocar-se-á uma reunião ou assembleia para aprovação do contrato modificativo, que requer voto favorável de pelo menos 3/4 do capital primitivo (CC, art. 1.081, §§ 1º a 3º)[44].

A sociedade, por meio de um contrato modificativo, poderá, alcançando o voto de sócios que representem 3/4 do capital social (CC, art. 1.076, I), reduzir o capital social se: *a)* sofrer perdas irreparáveis, depois de sua integralização; *b)* for excessivo em relação ao objeto ou ao fim perseguido pela sociedade (CC, art. 1.082, I e II). Trata-se da

---

44. Modesto Carvalhosa, *Comentários*, cit., v. 13, p. 276-91; Arnaldo Rizzardo, *Direito de empresa*, cit., p. 252-5.

redução voluntária do capital social, pois a obrigatória decorre do direito de retirada (CC, art. 1.077) ou da exclusão de sócio (CC, art. 1.085).

Em razão das operações efetivadas, procederá à redução do capital social, diminuindo proporcionalmente o valor nominal das quotas de cada sócio. A ata da assembleia que aprovou o contrato modificativo contendo a diminuição proporcional do valor nominal das quotas deverá ser averbada no Registro Público de Empresas Mercantis, tornando efetiva aquela redução do capital social (CC, art. 1.083).

Se o capital social se tornar excessivo em relação ao objeto da sociedade, esta, mediante contrato modificativo, aprovado em assembleia, pelo voto dos titulares de 3/4 das quotas do capital social (CC, art. 1.076, I), procederá à sua redução, reajustando a cifra do cabedal social às atuais necessidades da firma, restituindo parte do valor das quotas aos sócios, se já integralizado, ou, então, se não estiver, dispensando-os das prestações ainda devidas.

O credor quirografário, por título líquido anterior à data da publicação da ata da assembleia que aprovou a redução, terá noventa dias, contados daquela publicação, para apresentar por escrito sua impugnação ao deliberado (CC, art. 1.084, § 1º).

A redução do capital social só produzirá efeitos *erga omnes* com a averbação da ata que a aprovou no Registro Público de Empresas Mercantis, ante o fato de: *a)* não ter havido, dentro do prazo legal, oposição de sua aprovação pelo credor quirografário; *b)* ter sido provado o pagamento da dívida àquele credor ou o depósito judicial do seu valor (CC, art. 1.084, §§ 2º e 3º)[45].

A maioria dos sócios, entendendo que um ou mais sócios estão colocando em risco a sobrevivência ou a continuidade da empresa, pela prática de atos graves, poderá excluí-los, por justa causa, mediante alteração do contrato social, feita em reunião ou assembleia, convocada, especialmente, para esse fim, dando ciência dela, em tempo hábil, aos acusados para que possam a ela comparecer e exercer o direito de defe-

---

45. Paulo Checoli, *Direito de empresa*, cit., p. 217-23; Arnaldo Rizzardo, *Direito de empresa*, cit., p. 255-9; Modesto Carvalhosa, *Comentários*, cit., v. 13, p. 291-8.

sa reconhecido por norma constitucional (CC, art. 1.085; CF, art. 5º, LV), apresentando suas razões verbalmente ou por escrito.

Com a exclusão de sócios, ter-se-á a dissolução parcial da sociedade que requer o registro da alteração contratual, para que possa haver a produção de efeitos em relação a terceiros e acarretar responsabilidade dos sócios e da sociedade, que, então, deverá liquidar a quota do sócio excluído, tendo por base a atual situação patrimonial da sociedade, verificada em balanço especial (CC, art. 1.031). Mas o sócio excluído continuará, pelo espaço de dois anos, contados da averbação da dissolução parcial da sociedade, responsável pelas obrigações anteriores (CC, art. 1.032), enquanto permanecer a descoberto o capital social, até o limite do *quantum* que falta para sua integralização (CC, arts. 1.052 e 1.086)[46].

A sociedade limitada dissolver-se-á, de pleno direito ou extrajudicialmente (CC, arts. 1.087, 1.033 e 1.044): 1) se *simples*: *a*) pelo vencimento do prazo de sua duração; *b*) pelo consenso unânime dos sócios quotistas; *c*) por deliberação dos sócios, por maioria absoluta, se por prazo indeterminado e por *quorum* qualificado de 3/4 do capital social se se tratar de sociedade limitada; *d*) pela ausência de pluralidade de sócios não reconstituída dentro do prazo de cento e oitenta dias; *e*) pela cassação de autorização para seu funcionamento; 2) se *empresária*, além da ocorrência das hipóteses acima mencionadas, também pela dissolução judicial: declaração da sua falência (CC, art. 1.044, *in fine*).

D. Sociedade em comandita por ações

Rege-se pelas normas relativas à sociedade anônima, sem prejuízo do disposto nos arts. 1.090 a 1.092 do Código Civil de 2002 (CC, art. 1.090, 2ª parte). É uma sociedade de capital e institucional.

A sociedade em comandita por ações é aquela em que o capital está dividido em ações (CC, art. 1.090, 1ª parte), respondendo os só-

---

46. Modesto Carvalhosa, *Comentários*, cit., v. 13, p. 305-28; Paulo Checoli, *Direito de empresa*, cit., p. 223-6; Edmar O. Andrade Filho, *Sociedade*, cit., p. 217-25; Arnaldo Rizzardo, *Direito de empresa*, cit., p. 259-67; Adalberto Simão Filho, *A nova sociedade*, cit., p. 183-90.

Enunciado 19. Não se aplica o Código de Defesa do Consumidor às relações entre sócios/acionistas ou entre eles e a sociedade (aprovado na 1ª Jornada de Direito Comercial).

cios (comanditários e comanditados) pelo preço de emissão das ações subscritas ou adquiridas, e além disso há responsabilidade subsidiária, solidária e ilimitada dos diretores (sócios comanditados) pelas obrigações, ou melhor, pelas perdas sociais (CC, art. 1.091), podendo receber, por isso, relevante participação nos lucros conforme disposto no estatuto social.

Daí pode-se inferir seus *caracteres*:

a) Duas modalidades de sócios – os acionistas comanditários e os acionistas comanditados, com direito ao dividendo mínimo estabelecido estatutariamente. Cada sócio (comanditário e comanditado) terá, portanto, responsabilidade pelo valor de suas ações, mas somente o acionista-administrador (comanditado) deverá responder subsidiária e ilimitadamente pelos débitos da sociedade (CC, art. 1.091).

b) Divisão do capital social em ações que, na lição de Fábio Ulhoa Coelho, poderão ser ordinárias ou excepcionalmente preferenciais, sendo que os titulares destas últimas deverão ter benefício estatutário na distribuição do resultado econômico e poderão sofrer limitação ou, até mesmo, supressão de direito de voto.

c) Responsabilidade limitada ao valor das ações subscritas para os comanditários, em que os credores somente poderão exigir deles a satisfação do crédito no equivalente às ações que subscreveram, mas não integralizadas, e responsabilidade subsidiária, solidária e ilimitada para os comanditados.

Pelo art. 1.090, *in fine*, do Código Civil de 2002, a sociedade em comandita por ações operará sob *firma*, dela fazendo parte o nome de um ou mais dos atuais diretores (comanditados), indicando a terceiro quem responde subsidiária, solidária ou ilimitadamente pelas perdas sociais (CC, art. 1.161), acompanhada obrigatoriamente da locução "e companhia", acrescida da expressão "comandita por ações", seja abreviada ou por extenso, ou *denominação social*, seguida da locução "em comandita por ações", por extenso ou abreviada.

A administração da sociedade em comandita por ações compete ao sócio acionista nomeado para tanto no próprio ato constitutivo da sociedade, por prazo indeterminado, que, na qualidade de diretor (sócio comanditado), responderá subsidiária e ilimitadamente pelas obrigações da sociedade, ou melhor, pelas perdas sociais relativas ao período de sua administração (CC, arts. 1.091, § 2º, 1ª parte, e 1.161).

E se vários dentre os sócios acionistas forem diretores, indicados no estatuto social, terão, ainda, responsabilidade solidária pelas obrigações da sociedade, depois de esgotados os bens sociais (CC, art. 1.091, § 1º).

O diretor ou diretores apenas poderão ser destituídos ou exonerados do exercício da administração por deliberação de acionistas que representem, no mínimo, 2/3 do capital social (CC, art. 1.091, § 2º, 2ª parte, e Lei n. 6.404/76, art. 282, § 1º), fundada em justa causa.

E apesar da exoneração ou destituição do cargo, o administrador ou administradores continuarão, pelo prazo de dois anos, contado da data da efetiva destituição, responsáveis pelas obrigações sociais assumidas durante sua gestão (CC, art. 1.091, § 3º), e existentes na data da exoneração, protegendo-se, assim, direitos de terceiros gerados sob a égide de sua administração.

Os sócios comanditados (diretores) têm um poder de administração absoluto, visto que os acionistas (comanditários) reunidos, em assembleia geral, não poderão sem a anuência daqueles diretores (CC, art. 1.092):

a) mudar o objeto social;

b) prorrogar o prazo de duração da sociedade;

c) aumentar ou reduzir o capital social;

d) criar ou emitir debêntures ou partes beneficiárias.

E. Sociedade anônima[47]

A sociedade anônima é pessoa jurídica de direito privado de natureza empresarial, cujo capital está dividido em ações de igual valor

---

47. Maria Helena Diniz, *Tratado*, cit., v. 4, p. 115-21 e 133-9; Fábio Ulhoa Coelho, *Curso*, cit., v. 2, p. 63-351; *Manual*, cit., p. 162-210; Modesto Carvalhosa, *Comentários*, cit., v. 13, p. 364-79; Amador Paes de Almeida, *Direito de empresa*, cit., p. 165-74; Arnaldo Rizzardo, *Direito de empresa*, cit., p. 395 e 396; Ricardo Negrão, *Manual*, cit., v. 1, p. 386; Rubens Requião, *Curso*, cit., v. 2, p. 123 e 124.

nominal, quando assim emitidas, ou sem valor nominal, ações estas de livre negociabilidade, limitando-se a responsabilidade dos subscritores e dos acionistas, que nela ingressarem posteriormente, ao preço de emissão das ações por eles subscritas ou adquiridas (CC, art. 1.088; Lei n. 6.404/76, arts. 1º e 11), facilitando sua circulação e substituição dos sócios ou acionistas.

Daí se infere que:

a) a sociedade anônima qualquer que seja o objeto social será sempre de capital e empresária (Lei n. 6.404/76, art. 2º, § 1º) e deverá estar inscrita no Registro Público de Empresas Mercantis (CC, art. 984);

b) a constituição opera-se por subscrição pública ou particular (Lei n. 6.404/76, arts. 82 e 88);

c) o capital social divide-se em ações, que, na lição de Modesto Carvalhosa, são "frações mínimas negociáveis em que se divide o capital social, representativas dos direitos e obrigações dos acionistas". São títulos representativos da participação societária no capital social. Tais ações são nominativas (CC, art. 1.126; Lei n. 8.021/90), podem ser com ou sem valor nominal (Lei n. 6.404/76, art. 11) e são livremente negociáveis e suscetíveis de penhora por dívida particular de seu titular (acionista), por isso a companhia é sociedade de capital;

d) os acionistas (no mínimo dois — Lei n. 6.404/76, art. 80, I) somente responderão limitadamente pelo preço da emissão, e não pelo valor das ações que subscreveram ou adquiriram.

Tipo societário em que predomina o *intuitu pecuniae*, tendo um bastante atenuado e insignificante *intuitu personae*. A finalidade desse tipo societário é a obtenção do lucro, visto que a sociedade anônima tem por obrigação distribuir os dividendos aos acionistas.

A sociedade anônima é disciplinada por lei especial (Lei n. 6.404/76, com alterações das Leis n. 8.021/90, 9.457/97, 10.303/2001, 11.638/ 2007, 11.941/2009 e 12.431/2011) e, nos casos omissos, subsidiariamente pelas disposições do Livro II da Parte Especial do Código Civil vigente (CC, art. 1.089).

A sociedade anônima possui *denominação*, espécie de nome empresarial, ou seja, um nome de fantasia, ou, ainda, nome do seu fundador ou do seu benemérito, indicando o objeto social e a sigla "S/A". Deveras, pelo novel Código Civil (art. 1.160): "a sociedade anônima opera sob denominação designativa do objeto social, integrada pelas expressões 'sociedade anônima' ou 'companhia', por extenso ou abreviadamente". P. ex.: Tecelagem Sullivan S/A ou Companhia Campineira Distribuidora de Lacticínios.

Um certo número de pessoas (fundadores) elabora um *projeto* escrito (em ata assemblear ou escritura pública), contendo não só diretivas alusivas ao estatuto social, mas também todos os elementos do contrato de sociedade empresária em geral e os peculiares à disciplina jurídica da sociedade anônima a ser constituída (Lei n. 6.404/76, art. 83). Em seguida, ter-se-á: a publicação do projeto e do estatuto em jornal oficial ou de grande circulação, para conseguir subscritores; a contratação de terceiros em nome da futura sociedade para efetuar as necessárias intermediações; o pagamento de despesas feitas, tais como registro, publicidade, elaboração e cópias de estatutos, despesas com tabelião se se fizer uso de escritura pública; a convocação de assembleia para a constituição da sociedade; a eleição e a investidura dos administradores.

Nítida é a *natureza institucional* da sociedade anônima, visto que seu ato constitutivo (contrato social) apresenta-se sob a veste de um estatuto e sua estruturação orgânica interna é peculiar, integrada por órgãos, cujo funcionamento independe dos interesses de seus membros, que não exercem influência na condução dos negócios societários. Sua natureza institucional decorre também da possibilidade de os sucessores ou herdeiros de acionista falecido ingressarem no quadro societário.

Para que se possa constituir uma sociedade por ações, três fases deverão ser cumpridas: *a*) requisitos preliminares (Lei n. 6.404/76, arts. 80 e 81); *b*) constituição sucessiva ou subscrição pública (Lei n. 6.404/76, art. 82) ou constituição simultânea ou por subscrição (Lei n. 6.404/76, art. 88); e *c*) providências complementares (Lei n. 6.404/76, arts. 94 e 98).

Qualquer que seja o tipo de sociedade anônima (aberta ou fechada) dever-se-ão cumprir, para sua constituição, os seguintes *requisitos preliminares* (Lei n. 6.404/76, art. 80):

a) Subscrição, pelo menos por duas pessoas, de todas as ações em que se divide o capital social fixado no estatuto.

b) Realização, como entrada, de 10%, no mínimo, do preço de emissão das ações subscritas em dinheiro, se a integralização for a prazo, pois, se ela se der à vista, toda a quantia pecuniária correspondente ao preço deverá ser entregue pelos subscritores no momento da subscrição das ações.

c) Depósito, no Banco do Brasil S/A, ou em outro estabelecimento bancário autorizado pela Comissão de Valores Mobiliários, da parte do capital realizado em dinheiro.

A sociedade por ações poderá formar-se sucessivamente, ou por *subscrição pública* (Lei n. 6.404/76, art. 82), em se tratando de *sociedade aberta*, idônea para se capitalizar no mercado de capitais, pois seus valores mobiliários (ações, debêntures, bônus de subscrição, partes beneficiárias) poderão ser vendidos em Bolsa de Valores ou mercado de balcão.

Na constituição sucessiva ou por subscrição pública, o idealizador (fundador) da sociedade em organização, encarregado de liderar sua formação, faz um apelo ao público investidor, abrangendo as diversas camadas sociais, com o objetivo de captar recursos populares necessários para a efetivação desse negócio. Para tanto, as ações do capital serão colocadas à disposição de quem tiver interesse em adquiri-las, mediante oferta ao público feita, em regra, pela Bolsa de Valores, e, em raras hipóteses, pelo mercado de balcão.

A subscrição pública somente poderá ser efetuada com a intermediação de instituição financeira (Lei n. 6.404/76, art. 82, *caput*, 2ª parte), contratando-se prestação de serviços de *underwriter* para assinar alguns documentos indispensáveis ao pedido de registro na CVM, e para colocar as ações no mercado junto ao público investidor.

Para que se dê a *constituição por subscrição pública*, dever-se-ão cumprir as seguintes etapas:

a) Pedido prévio de registro da emissão na Comissão de Valores Mobiliários.

b) Colocação das ações, emitidas pela sociedade em organização, junto aos investidores, por intermédio da instituição financeira (*underwriter*), para tanto contratada na Bolsa de Valores ou no mercado de balcão, para que haja, até o prazo máximo de seis meses (Instrução n.13/1980 da CVM — revogada pela ICVM n. 400/2003 —, art. 5º), subscrição, em sua *totalidade* (Instrução n. 287/1998 da CVM — revogada pela ICVM n. 480/2009 —, art. 2º, IV), pelos interessados, por meio de pagamento e assinatura da lista ou do boletim individual de entrada.

c) Convocação da assembleia geral pelo fundador ou fundadores (Lei n. 6.404/76, art. 124, § 1º), estando subscrito todo o capital social, para avaliar os bens e deliberar sobre a constituição da sociedade por ações, que se instalará sob a presidência de um dos fundadores e secretariado por um subscritor, escolhido na ocasião, mediante *quorum* de, no mínimo, metade do capital social, em primeira convocação, e, em segunda convocação, em qualquer número.

A *constituição simultânea* caracteriza-se pela *subscrição particular* e é própria da *sociedade fechada*, embora a sociedade aberta dela possa fazer uso.

Na subscrição particular, a sociedade por ações constituir-se-á por "deliberação dos subscritores em assembleia geral ou por escritura pública, considerando-se fundadores todos os subscritores" (Lei n. 6.404/76, art. 88) do capital, seus acionistas.

Pelo art. 94 da Lei n. 6.404/76, nenhuma sociedade por ações, constituída sucessiva ou simultaneamente, poderá entrar em funcionamento sem que seus atos constitutivos estejam arquivados e publicados, por ser irregular.

E os primeiros administradores terão responsabilidade solidária perante a sociedade pelos danos que vierem a causar pela demora em cumprir essas providências complementares, indenizando-a (Lei n. 6.404/76, art. 159).

Daí serem imprescindíveis, para sua constituição e existência legal como pessoa jurídica, algumas *providências complementares*[48]:

---

48. Amador Paes de Almeida, *Manual*, cit., p. 199 a 204; Mônica Gusmão, *Curso*, cit., p. 286 a 288; Fábio Ulhoa Coelho, *Curso*, cit., v. 2, p. 187 e 188, 156-75.

> Enunciado 16. O adquirente de cotas ou ações adere ao contrato social ou estatuto no que se refere à cláusula compromissória (cláusula de arbitragem) nele existente; assim, estará vinculado à previsão da opção da jurisdição arbitral, independentemente de assinatura e/ou manifestação específica a esse respeito (aprovado na 1ª Jornada de Direito Comercial).

a) Arquivamento do ato constitutivo no Registro Público de Empresas Mercantis do Estado onde estiver sediada, dentro de trinta dias (Lei n. 8.934/94, art. 36; Lei n. 6.404/76, art. 98; e CC, art. 1.151), regularizando-a como pessoa jurídica e dando validade aos atos praticados com terceiros.

b) Publicidade dos atos constitutivos e da certidão do arquivamento, mediante publicação feita, pelos primeiros administradores, em órgão oficial da sede da sociedade constituída, dentro de trinta dias após o arquivamento, sob pena de responsabilidade solidária pela demora.

c) Transferência da titularidade dos bens entregues para integralização, total ou parcial, do capital social, que se dá com o assento da certidão dos atos constitutivos, passada pelo Registro Público de Empresas Mercantis em que forem arquivados, no Registro competente, p. ex., se patentes, no INPI, se imóveis, no Registro Imobiliário.

O *capital social* é a parte da contribuição em dinheiro, bens corpóreos, incorpóreos (marca, patente), móveis ou imóveis ou créditos, desde que suscetíveis de avaliação monetária (Lei n. 6.404, art. 7º), com a qual os acionistas (subscritores), ao integralizá-lo, formam o fundo necessário para o início da atividade da sociedade.

O capital social deverá ser expresso em moeda nacional, e o estatuto da sociedade anônima fixará seu valor, que deverá ser corrigido anualmente (Lei n. 6.404/76, art. 5º).

O capital social não se confunde, portanto, com o patrimônio social, que é a totalidade dos bens pertencentes à sociedade, por ser decorrente de entradas dos acionistas, pois é fracionado em parcelas ou unidades designadas ações, com ou sem valor nominal (Lei n. 6.404/76, arts. 11, 13 e 14) e materializadas em títulos.

Cada acionista responderá pelo preço da emissão das ações, pelas obrigações sociais até o limite que faltar para integralizar as ações que subscreveu ou adquiriu (Lei n. 6.404/76, art. 1º). Tal preço não se confunde com o valor nominal ou com o de negociação, como observa Fábio Ulhoa Coelho. O preço da emissão é o *quantum* que o investidor deve pagar para ser titular da ação subscrita, não podendo ser inferior ao valor nominal (Lei n. 6.404/76, art. 13), que é o oriundo de operação aritmética de divisão do capital social pelo número de ações.

O capital social poderá sofrer, durante a atividade empresarial exercida pela companhia, modificação, tendendo a crescer ou a reduzir, em razão de fatores externos ou internos, como sucesso ou insucesso do empreendimento realizado.

Ter-se-á *aumento* do capital social, ocorrendo:

1) *Os casos do art. 166, I a IV, da Lei n. 6.404/76.*

2) *Capitalização* de *lucros* ou *reservas* ou aumento gratuito de capital social (Lei n. 6.404/76, art. 169), mediante alteração do valor nominal das ações ou distribuição de ações novas entre os acionistas, na proporção do número de ações de que são titulares.

3) *Subscrição pública ou particular de novas ações* (Lei n. 6.404/76, art. 170), depois de realizado, no mínimo, 3/4 do capital social.

A *redução* do capital social poderá ocorrer em caso de:

1) *Perda*, até o montante do prejuízo sofrido ou acumulado pela companhia (Lei n. 6.404/76, art. 173), reajustando-se a cláusula do estatuto social à nova realidade econômica.

2) *Excessividade de capital* (Lei n. 6.404/76, art. 173, *in fine*) social.

3) *Reembolso dos acionistas dissidentes de deliberações assembleares* do valor de suas ações (Lei n. 6.404/76, art. 45, § 6º) à conta do capital social, não ocorrendo sua substituição dentro de cento e vinte dias, contados da publicação da ata da assembleia.

4) *Caducidade das ações de acionista remisso* (Lei n. 6.404/76, art. 107, § 4º).

Para *captação* dos recursos necessários ao exercício de suas atividades empresariais, a sociedade anônima emite valores mobiliários (*securities*), que são títulos de investimento. Dentre eles temos[49]:

1) *Ações*, parcelas ou frações ideais negociáveis do capital social.

As *ações* quanto:

A) À *espécie de direitos* conferidos aos titulares poderão ser:

---

49. Fábio Ulhoa Coelho, *Manual*, cit., p. 187-93; *Curso*, cit., v. 2, p. 82-155; Arnaldo Rizzardo, *Direito de empresa*, cit., p. 294 e s.; Modesto Carvalhosa, *Comentários à Lei de Sociedades Anônimas*, 1997, v.1, p. 372; Rubens Requião, *Curso*, cit., v. 2, p. 71-121; Amador Paes de Almeida, *Manual*, cit., p. 213-44; Ricardo Negrão, *Manual*, cit., v. 1, p. 407-34. *Vide* Lei n. 6.385/76, com alteração da Lei n. 12.543/2011.

a.1) Ordinárias, se conferirem aos seus titulares os direitos comuns de controle político e decisório da companhia, ou seja, os direitos reservados por lei (Lei n. 6.404/76, art. 109) ao acionista comum, como, p. ex., o de participar dos lucros sociais, o de retirar-se da sociedade, o de voto na assembleia geral etc.

a.2) Preferenciais (Lei n. 6.404/76, arts. 17 e 18), se outorgar a seu titular (preferencialista) alguma especial vantagem ou impor alguma restrição em seus direitos, dando-lhe tratamento diferenciado, especificado no estatuto, relativamente aos demais acionistas, assegurando-lhe, p. ex., a prioridade no reembolso do capital com prêmio ou sem ele, ou na percepção de um valor fixo ou mínimo, a título de dividendos ou restringindo seu direito de voto.

a.3) De fruição (*usufructuary shares*) ou de gozo, se resultantes, se assim dispuser o estatuto ou a assembleia geral extraordinária, de amortização de ações ordinárias e preferenciais, ou seja, da distribuição aos acionistas, a título de antecipação e sem redução do capital social, do *quantum* a que teriam direito na hipótese de ocorrência de liquidação da sociedade anônima (Lei n. 6.404/76, art. 44, § 2º). Trata-se do usufruto de ações voltado, não à titularidade das ações, mas ao uso e aos frutos delas advindos. A propriedade das ações é de uma pessoa, ficando outra com o direito à sua utilização e aos frutos civis que renderem.

B) À *forma de circulação*, apresentar-se-ão como:

b.1) Nominativas, pois contêm em seu texto o nome do seu titular identificando-o e constam de registro mantido pela sociedade e sua circulação opera-se, em caso de venda ou cessão, mediante inscrição do novo acionista ou registro em livro próprio da sociedade que as emitiu, ou seja, no livro "Transferência de Ações Nominativas", em termo nele lavrado, datado e assinado pelo cedente ou pelo cessionário ou por seus representantes (Lei n. 6.404/76, art. 31).

b.2) Escriturais, se não estiverem corporificadas em certificado emitido pela sociedade anônima, não sendo, por isso, consideradas como títulos de crédito.

C) *Ao conteúdo* serão (Lei n. 6.404/76, arts. 11, 13 e 14)[50]:

---

50. Arnaldo Rizzardo, *Direito de empresa*, cit., p. 10; Ricardo Negrão, *Manual*, cit., v. 1, p. 412; Mônica Gusmão, *Curso*, cit., p. 298; Fábio Ulhoa Coelho, *Curso*, cit., v. 2, p. 83-95; *Manual*, cit., p. 179 e 180.

c.1) Com valor nominal, se, no certificado de ações, estiver expresso, em dinheiro, o seu valor, que será o mesmo em todas elas (Lei n. 6.404/76, art. 11, § 2º).

c.2) Sem valor nominal, se, no texto do certificado de ações, não se expressar nominalmente um valor, seu valor ficará definido pelos fundadores no ato de constituição da companhia.

2) Debêntures, valores mobiliários que dão aos seus titulares (debenturistas-mutuantes) um direito de crédito contra a sociedade anônima (mutuária) emissora em razão de contrato de mútuo (Lei n. 6.404/76, art. 52) nas condições constantes da escritura e, se houver, do certificado (Lei n. 6.404/76, art. 52). Constituem títulos de crédito representativos de empréstimo obtido pela companhia junto aos investidores ou ao público.

As debêntures poderão ser classificadas quanto:

A) *À garantia* oferecida aos debenturistas em:

a.1) Com garantia real (Lei n. 11.101/2005, art. 83, II), se um bem pertencente, ou não, à sociedade anônima for entregue como hipoteca (imóvel) ou penhor (móvel).

a.2) Com garantia flutuante (Lei n. 11.101/2005, art. 83, V), se outorgar um privilégio geral sobre o ativo da sociedade por ações aos debenturistas, que lhes dará preferência, havendo falência da mutuária, sobre os credores quirografários, recebendo o que têm direito após o pagamento dos credores com privilégio especial.

a.3) Sem garantia ou quirografárias, se os debenturistas concorrem, na massa falida, com os demais credores sem garantia ou sem preferência (Lei n. 11.101/2005, art. 83, VI).

a.4) Subquirografárias ou subordinadas, se os debenturistas tiverem preferência, havendo falência da devedora, somente sobre os acionistas, no ativo remanescente (Lei n. 11.101/2005, art. 83, VIII).

a.5) Com garantia fidejussória, se a sociedade anônima devedora oferecer aos debenturistas fiança ou aval de seus acionistas, de instituição financeira ou de terceiros, como garantia de emissão das debêntures ou de pagamento dos encargos estabelecidos nos títulos emitidos[51].

---

51. Arnaldo Rizzardo, *Direito de empresa*, cit., p. 358. Sobre debêntures consulte: arts. 55, §§ 1º e 2º, 59, §§ 1º a 3º da Lei n. 6.404/76, com a redação da Lei n. 12.431/2011 e os arts. 2º e 7º da Lei n. 12.431/2011.

B) À *conversibilidade em ações* em:

b.1) Conversíveis ou permutáveis, se puderem, por força da escritura da emissão, ser transformadas em ações da mesma companhia que as emitiu ou de outra, se as sociedades participarem do mesmo grupo societário.

b.2) Não conversíveis em ações, pois a regra é a não conversibilidade, havendo omissão, a respeito, da escritura da emissão.

C) *À forma de transferência* em:

c.1) Nominativas, se a translatividade de sua titularidade se der com o seu registro na companhia emissora, que poderá ter livro próprio para isso, controlando, assim, a identidade dos debenturistas.

c.2) Escriturais, se a transferência de sua titularidade efetivar-se por meio de assentamento em registro da instituição financeira depositária, a débito da conta de debêntures do alienante e a crédito do adquirente[52].

3) Partes beneficiárias, títulos alheios ao capital social, que garantem aos seus titulares um crédito de participação nos lucros anuais da sociedade até o limite de 10%. São títulos negociáveis e sem valor nominal, criados pela companhia fechada para captar recursos, que conferem um direito de crédito eventual contra a companhia emissora, subordinado à verificação de lucros anuais (Lei n. 6.404/76, art. 46, §§ 1º e 2º) líquidos. Seu valor depende da variação do lucro obtido.

4) Bônus de subscrição, título de crédito nominativo ou valor mobiliário (Lei n. 4.728/65, art. 44, § 8º, e Lei n. 6.404/76, arts. 75 a 79) emitido pela sociedade de capital autorizado, que confere a seu titular o direito de preferência na subscrição de ações, havendo aumento do capital social, que será exercido mediante apresentação do título à companhia e pagamento do preço de emissão das ações (Lei n. 6.404/76, art. 75, parágrafo único)[53].

---

[52]. É a lição de Fábio Ulhoa Coelho, *Curso*, cit., v. 2, p. 143.
[53]. Fábio Ulhoa Coelho, *Curso*, cit., v. 2, p. 151.

5) **Commercial papers**[54], que são notas promissórias de emissão pública, negociáveis mediante endosso em preto com a cláusula sem garantia, para obtenção de recurso a curto prazo e para atingir o objetivo social e o desenvolvimento da companhia.

O *acionista* (pessoa natural ou jurídica) é o sócio da sociedade anônima, devidamente registrada, sendo titular de uma ou mais ações em que se divide seu capital social fixado em seu estatuto.

Ao acionista são reconhecidos *direitos*, em razão do *status* de sócios de uma companhia, que podem ser[55]:

1) **Essenciais**, que são os individuais de cada um dos acionistas, que deles não poderá ser privado nem mesmo por via estatutária ou assemblear, sob pena de a cláusula restritiva, ou a limitação imposta, ser invalidada por ser leonina.

Os direitos essenciais são os arrolados no art. 109 da Lei n. 6.404/76, tais como o de:

a) participação nos lucros sociais (CC, art. 1.008; Lei n. 6.404/76, art. 109, I), que, em cada exercício, deverão ser-lhes atribuídos como dividendos obrigatórios (Lei n. 6.404/76, art. 202);

b) participação do acervo social na hipótese de liquidação da companhia (Lei n. 6.404/76, art. 109, II) já dissolvida, obtendo o reembolso do capital nela investido, havendo ativo no processo liquidatório, depois de pago o passivo;

c) fiscalização da gestão dos negócios sociais (Lei n. 6.404/76, art. 109, III), averiguando a administração e se a companhia vem funcionando regularmente, dentro das normas legais e estatutárias, para atingir a consecução de seus objetivos;

---

54. Fábio Ulhoa Coelho, *Manual*, cit., p. 190; *Curso*, cit., v. 2, p. 153; Ricardo Negrão, *Manual*, cit., v. 1, p. 432-4.
55. Amador Paes de Almeida, *Manual*, cit., p. 251-62; Fábio Ulhoa Coelho, *Curso*, cit., v. 2, p. 288-314; *Manual*, cit., p. 204-6; Rubens Requião, *Curso*, cit., v. 2, p. 152-63; Mônica Gusmão, *Curso*, cit., p. 306-9, 318-20; Ricardo Negrão, *Manual*, cit., v. 1, p. 422 e 423; Arnaldo Rizzardo, *Direito de empresa*, cit., p. 435-44.

d) preferência para subscrição de novas ações, partes beneficiárias conversíveis em ações, debêntures conversíveis em ações e bônus de subscrição (Lei n. 6.404/76, art. 109, IV) emitidos pela companhia, dentro do prazo decadencial estabelecido no estatuto, que não poderá ser inferior a trinta dias.

2) Especiais, que são os reservados a titulares de certas modalidades de ações, p. ex.: *a)* os titulares de ações preferenciais terão direito a vantagens materiais como: prioridade na distribuição de dividendos e no reembolso do capital, com prêmio ou sem ele, e acumulação dessas vantagens; *b)* os titulares de ação ordinária têm direito de voto, pois, pela Lei n. 6.404/76, art. 110, "a cada ação ordinária corresponde um voto nas deliberações da assembleia geral".

3) Gerais, *coletivos* ou *sociais*, que são os que têm relação direta com a existência da sociedade, sendo exercidos pelos acionistas, como membros do quadro societário, em razão de lei ou de norma estatutária, em comum com os demais, no interesse geral.

Por outro lado, terá o acionista os seguintes *deveres*[56]:

1) O de contribuir para a formação do capital social, mediante a sua *integralização*, pagando *preço da emissão das ações subscritas*.

2) O de *fidelidade* para com a companhia.

3) O de *abster-se de interferir na deliberação assemblear* se houver interesse seu conflitante com o da companhia.

4) O de *responder* não somente pelos danos causados pelo exercício abusivo de seus direitos, como também, solidariamente, pelo prazo de dois anos da transferência das ações, com os adquirentes de suas ações negociadas até a completa integralização delas (Lei n. 6.404/76, art. 108 e parágrafo único).

5) O de *escolher*, pertencendo a ação a vários acionistas, o *acionista* que representará os acionistas em condomínio (Lei n. 6.404/76, art. 28, parágrafo único).

---

56. Modesto Carvalhosa, *Comentários*, cit., v. 13, p. 367; Amador Paes de Almeida, *Manual*, cit., p. 249 e 250; Ricardo Negrão, *Manual*, cit., v.1, p. 419 e 420; Rubens Requião, *Curso*, cit., v. 2, p. 150-2; Arnaldo Rizzardo, *Direito de empresa*, cit., p. 445-8.

6) O de *designar*, sendo acionista residente ou domiciliado no exterior, seu *representante no Brasil*, outorgando-lhe poderes para receber citação em ações contra ele propostas (Lei n. 6.404/76, art. 119).

7) O de *submeter-se à arbitragem*, para solucionar conflito existente entre ele e a companhia ou entre ele e os demais acionistas, ou, ainda, entre o acionista controlador e os minoritários (Lei n. 6.404/76, art. 109, § 3º).

8) O de *cooperar na convocação* para desempenhar funções.

9) O de *comparecer nas assembleias*, votando a respeito das questões discutidas, colaborando para a deliberação social e apontando problemas, que afetam a companhia, em busca de sua solução.

10) O de *defender* a sociedade contra terceiros.

11) O de *não fazer parte* de outra sociedade que *desenvolva* a mesma atividade econômico-empresarial.

Para alcançar o objetivo social, a companhia conta com *órgãos societários* diretivos que são: a assembleia geral, o Conselho de Administração, a diretoria e o Conselho Fiscal.

A *assembleia geral* é o órgão máximo da sociedade anônima, e, por ter caráter deliberativo, dela participam todos os acionistas com direito de voto, sendo que, pelo art. 125, parágrafo único, da Lei n. 6.404/76, mesmo aqueles, que, pelo estatuto, como, p. ex., os titulares de ações preferenciais nominativas, não tiverem o direito de votar, poderão manifestar-se sobre os assuntos em discussão.

O *quorum* de *instalação* da assembleia é de 1/4 do capital social votante, numa primeira convocação (Lei n. 6.404/76, art. 125), e, se o assunto a ser tratado for a reforma estatutária, tal *quorum* (especial qualificado) será de 2/3 do capital votante (Lei n. 6.404/76, art. 135). Na hipótese de constituição da companhia, o *quorum* (especial de constituição) será o da metade do capital social (art. 87 da Lei n. 6.404/76).

O *quorum de deliberação*, exigido para que a decisão assemblear seja válida, poderá ser: *a)* o *ordinário* (art. 129 da Lei n. 6.404/76), se exigir maioria absoluta, ou seja, mais da metade do total das ações com direito a votos presentes, não se computando os votos em branco; *b)* o *qualificado* (art. 136) com aprovação de acionistas que representem metade das ações com direito a voto, se o assunto a ser deliberado disser, p. ex., respeito a: criação ou aumento de classe de ações preferenciais; alteração em preferências, vantagens e condições de resgate ou amortização de uma ou mais classes de ações preferenciais; criação de partes beneficiárias; alteração de dividendos obrigatórios; incorporação, fusão ou cisão da companhia; dissolução da sociedade; cessação da liquidação; participação em grupos societários; *c)* o *especial qualificado* (art. 71, § 5º) com aprovação de metade dos titulares das debêntures em circulação se a reunião for relativa à modificação nas condições das debêntures; *d)* o *estatutário*, superior ao previsto na lei, sendo companhia fechada; *e)* por *unanimidade*, se a matéria na assembleia constituinte for alusiva à modificação do projeto do estatuto (art. 87, § 2º) ou à transformação societária (art. 221)[57].

O *Conselho de Administração*[58], obrigatório na companhia aberta, na de capital autorizado e na de economia mista (Lei n. 6.404/76, arts. 138, § 2º, e 239), é um órgão colegiado deliberativo e fiscalizador, formado pelo menos por três acionistas eleitos pela assembleia geral, com mandato de três anos, tendo competência (art. 142) para decidir, de forma mais célere, matéria de interesse social, salvo as arroladas na Lei n. 6.404/76, art. 122, por serem privativas da assembleia geral. Suas deliberações são tomadas por maioria de votos, se não houver previsão estatutária exigindo *quorum* qualificado (Lei n. 6.404/76, art. 140).

A *diretoria*[59] é o órgão executivo da companhia aberta ou fechada, pois a representa legalmente (art. 138), praticando os atos judiciais ou extrajudiciais necessários para a regularidade de seu funcionamento e executando deliberações da assembleia geral e do Conselho de Administração. A representação legal da sociedade anônima será

---

57. Ricardo Negrão, *Manual*, cit., v. 2; Amador Paes de Almeida, *Manual*, cit., p. 273 e 274.
58. Fábio Ulhoa Coelho, *Manual*, cit., p. 198; *Curso*, cit., v. 2, p. 214-26; Amador Paes de Almeida, *Manual*, cit., p. 274-6.

    Enunciado 14. É vedado aos administradores de sociedades anônimas votarem para aprovação/rejeição de suas próprias contas, mesmo que o façam por interposta pessoa (aprovado na 1ª Jornada de Direito Comercial).
59. Amador Paes de Almeida, *Direito de empresa*, cit., p. 171; *Manual*, cit., p. 276-82; Fábio Ulhoa Coelho, *Manual*, cit., p. 198 e 199; Mônica Gusmão, *Curso*, cit., p. 327-34.

do diretor, a quem o estatuto der essa incumbência ou, sendo omisso este, daquele indicado pelo Conselho de Administração.

O *Conselho Fiscal*[60] (Lei n. 6.404/76, arts. 161 a 165-A) é o órgão de fiscalização da gestão, da regularidade e da legalidade das atividades da companhia, composto por três a cinco membros, sendo um deles escolhido pelos titulares de ações preferenciais sem direito de voto e outro pelos acionistas minoritários que representem 10% das ações com direito a voto.

A sociedade anônima no final do exercício social (Lei n. 6.404/76, art. 175) tem a obrigação de elaborar, com base na sua escrituração, as *demonstrações contábeis*[61], para apuração de sua situação patrimonial, econômica e financeira e dos resultados positivos e negativos que obteve no seu empreendimento.

As demonstrações financeiras tecnicamente abrangem: *a) balanço patrimonial*, processo de determinação do estado do patrimônio social, que retrata o ativo, o passivo e o patrimônio líquido da companhia; *b) demonstração dos lucros* ou *prejuízos acumulados* discriminando o saldo do início do período, os ajustes de exercícios anteriores; as reversões de reservas e o lucro líquido do exercício e as transferências para reservas, os dividendos, a parcela dos lucros incorporada ao capital e o saldo ao fim do período (Lei n. 6.404/76, art. 186); *c) demonstração do resultado do exercício social* (art. 187 da Lei n. 6.404/76, com as alterações da Lei n. 11.638/2007 e da Lei n. 11.941/2009) tem por finalidade indicar aos acionistas o lucro e o prejuízo líquido que lhes serão cabíveis por ação do capital social, possibilitando-lhes a avaliação da gestão e do retorno de seu investimento; *d) demonstração dos fluxos de caixa e do valor adicionado*, referidos no art. 176, IV e V, pelo art. 188 da Lei n. 6.404/76, com redação das Leis n. 11.638/2007 e 11.941/2009, apontará as modifica-

---

60. Mônica Gusmão, *Curso*, cit., p. 334; Ricardo Negrão, *Manual*, cit., v. 1, p. 452 e 453.
61. Fábio Ulhoa Coelho, *Manual*, cit., p. 209-11; *Curso*, cit., v. 2, p. 228, 323-5; Rubens Requião, *Curso*, cit., v. 2, p. 237-43; Amador Paes de Almeida, *Manual*, cit., p. 283-5, 296-302; Láudio C. Fabretti, *Direito de empresa no novo Código Civil*, São Paulo, Atlas, 2003, p. 92-103.

Enunciado 15. O vocábulo "transação", mencionado no art. 183, § 1º, *d*, da Lei das S.A. deve ser lido como sinônimo de "negócio jurídico", e não no sentido técnico que é definido pelo Capítulo XIX do Título VI do Livro I da Parte Especial do Código Civil brasileiro (aprovado na 1ª Jornada de Direito Comercial).

ções na posição financeira da sociedade anônima, indicando: a demonstração dos fluxos de caixa, ou seja, as alterações ocorridas, durante o exercício, no saldo de caixa e equivalentes de caixa, segregando-se essas alterações em, no mínimo, três fluxos: das operações; dos financiamentos; e dos investimentos; e, se companhia aberta, a demonstração do valor adicionado, que é o valor da riqueza gerada pela companhia, a sua distribuição entre os elementos que contribuíram para a geração dessa riqueza, tais como empregados, financiadores, acionistas, governo e outros, bem como a parcela da riqueza não distribuída. Mas a companhia fechada com patrimônio líquido, na data do balanço, inferior a R$ 2.000.000,00 não será obrigada à elaboração e publicação da demonstração dos fluxos de caixa (art. 176, § 6º, acrescentado pela Lei n. 11.638/2007).

As demonstrações contábeis são necessárias para averiguar os resultados financeiros[62], revelando se houve:

a) Lucro, que é a finalidade social da companhia.

b) Reserva de lucro, garantindo ou reforçando o capital social, por constituir a parcela do lucro pertencente à sociedade anônima. Essa *reserva* poderá ser: *legal*, que assegure a integridade do capital social, podendo ser usada tão somente para compensar prejuízos ou aumentar o capital (Lei n. 6.404/76, art. 193, § 2º); *estatutária* (art. 194), criada, facultativamente, pelo estatuto para atender determinadas necessidades da companhia ou para formar uma garantia acautelatória dos acionistas; *contingencial* (art. 195), para fazer frente a uma diminuição de lucro ou compensar perdas prováveis em razão de uma situação difícil advinda de *lucros a realizar* (art. 197), com o escopo de cobrir insuficiência de lucro no pagamento de dividendo; de *retenção de lucro* determinada em assembleia geral, para pagamento de alguma despesa eventual prevista no orçamento por ela previamente aprovado (Lei n. 6.404/76, art. 196); de *incentivos fiscais*, pois "a assembleia geral poderá, por proposta dos órgãos de administração, destinar para a reserva de incentivos fiscais a parcela do lucro líquido decor-

---

62. Fábio Ulhoa Coelho, *Manual*, cit., p. 212-5; *Curso*, cit., v. 2, p. 325-51; Amador Paes de Almeida, *Manual*, cit., p. 303 e 304; Arnaldo Rizzardo, *Direito de empresa*, cit., p. 591-608.

rente de doações ou subvenções governamentais para investimentos, que poderá ser excluída da base de cálculo do dividendo obrigatório (inciso I do *caput* do art. 202 e art. 195-A, acrescentado pela Lei n. 11.638/2007)."

c) Reserva de capital não constitui parte integrante do capital social, embora com ele se relacione, abrangendo contas (Lei n. 6.404/76, art. 182, §§ 1º e 2º, com a redação da Lei n. 11.638/2007) como: ágio na subscrição de novas ações, produto de venda de bônus de subscrição e de partes beneficiárias; resultado da correção monetária do capital realizado, enquanto não capitalizado.

d) Ajuste de avaliação patrimonial para contabilizar as contrapartidas do aumento ou diminuição do valor atribuído a elementos do ativo e do passivo, em decorrência de sua avaliação a valor justo, nos casos previstos na Lei n. 6.404 ou em normas expedidas pela CVM, com base na competência conferida pelo § 3º do art. 177 (Lei n. 6.404/76, art. 182, § 3º, com redação da Lei n. 11.941/2009).

e) Dividendo obrigatório (Lei n. 6.404/76, art. 202), que é a parcela de lucro líquido, estabelecida livremente no estatuto, distribuída, em cada exercício social, aos acionistas da sociedade anônima, correspondente a cada ação de que são titulares, assegurando-lhes o retorno do investimento feito.

f) Dividendo preferencial ou prioritário, devido aos titulares de ações preferenciais, constituindo uma vantagem estatutária que na participação dos lucros societários se confere a uma ou mais classes de ações preferenciais, como, p. ex., garantia de percepção de dividendos fixos ou mínimos, inclusive dos atrasados, se cumulativos (Lei n. 6.404/76, art. 203).

g) Dividendo intermediário (Lei n. 6.404/76, art. 204) correspondente ao dividendo distribuído: à conta do lucro apurado em balanço levantado semestralmente por força de norma legal ou estatutária; ou à conta de lucros acumulados ou de reservas de lucros existentes no último balanço anual ou semestral.

h) Pagamento do dividendo (art. 205 e §§ 1º e 3º da Lei n. 6.404/76) aos que forem titulares (proprietários e usufrutuários) das ações na data do ato de declaração daquele dividendo por meio de cheque nominativo remetido por via postal para endereço por eles comunicado à companhia ou de crédito em conta-corrente bancária aberta em nome deles.

i) Juro para remuneração de capital próprio, que é parte do resultado social pago individualmente a acionista, calculado sobre as contas do patrimônio líquido e limitado à variação *pro rata* dia, da Taxa de Juros de Longo Prazo (TJLP), cujo montante poderá ser deduzido, como despesa da companhia, das contas para efeito de apuração do lucro real[63].

A sua *dissolução* (Lei n. 6.404/76, arts. 206 a 218) poderá dar-se[64]:

a) de *pleno iure*, ocorrendo: vencimento do prazo de sua duração; casos previstos estatutariamente; deliberação assemblear de acionistas detentores de metade das ações com voto; unipessoalidade, com exceção da hipótese do art. 251 da Lei n. 6.404/76, que se refere à companhia constituída por escritura pública, tendo por único acionista a sociedade subsidiária integral; cassação de autorização para seu funcionamento;

b) por *decisão judicial*, em virtude de: ação de anulação de sua constituição proposta por qualquer acionista; impossibilidade de realização do objeto social, provada, em juízo, por ação movida por acionista que represente 5% ou mais do capital social; e falência (Lei n. 6.404/76, art. 206, II, *a*, *b* e *c*);

c) por *decisão de autoridade administrativa* (Lei n. 6.404/76, art. 206, III) nos casos e formas previstos em lei.

Com a *dissolução* ter-se-á a declaração da cessação das atividades empresariais da companhia que, contudo, conservará sua personalidade jurídica até a liquidação (Lei n. 6.404/76, art. 207).

À dissolução seguir-se-á a *liquidação* para apurar seu resultado ativo e passivo, efetuar o pagamento do passivo e o rateio do saldo apurado entre os acionistas. Essa liquidação poderá ser *convencional* (consensual ou ordinária), havendo consenso dos acionistas, ou *judi-*

---

63. Rubens Requião, *Curso*, cit., v. 2, p. 254-6; Fábio Ulhoa Coelho, *Curso*, cit., v. 2, p. 340-8.
64. Fábio Ulhoa Coelho, *Manual*, cit., p. 215 e 216; Arnaldo Rizzardo, *Direito de empresa*, cit., p. 701-30.

cial, nos casos de inexistência de consenso dos acionistas, dissolução judicial e nos de dissolução pedida por qualquer acionista ou de representante do Ministério Público (Lei n. 6.404/76, art. 209, I e II), havendo omissão ou interrupção dos administradores ou acionistas, sempre que a dissolução for decorrente de cassação de alvará de funcionamento.

A *extinção* da companhia dar-se-á (Lei n. 6.404/76, art. 219): *a)* pelo encerramento da liquidação, distribuindo-se o patrimônio líquido; *b)* pela ocorrência de incorporação, fusão e cisão, operando-se a transferência de todo o seu patrimônio a outra sociedade.

Com a extinção ter-se-á o desaparecimento em definitivo da companhia, que não mais será uma pessoa jurídica, nem terá patrimônio social, perdendo, até mesmo, capacidade para efetuar negócios jurídicos e legitimidade passiva para ser acionada.

5. SOCIEDADES DEPENDENTES DE AUTORIZAÇÃO

A ordem econômica rege-se pelo princípio do livre exercício da atividade econômica, previsto no parágrafo único do art. 170 da Constituição Federal de 1988, que assim reza: "É assegurado a todos o livre exercício de qualquer atividade econômica, independentemente de autorização de órgãos públicos, salvo nos casos previstos em lei".

Por tal razão, dependerão da autorização do governo federal: sociedades estrangeiras (LINDB, art. 11, § 1º; CC, arts. 1.134 a 1.141); bancos e instituições financeiras (Lei n. 4.565/64, art. 18); empresas de transporte aéreo (Lei n. 7.565/86); sociedade de exploração de televisão a cabo (Lei n. 8.977/95 regulamentada pelo Dec. n. 2.206/97 e revogados os seus arts. 1º a 22, 24, 27 a 29, 36 e 37 pela Lei n. 12.485/2011) e de telefonia celular (Dec. n. 2.056/96, cujos arts. 8º a 25, 28 a 33 e 36 foram revogados pelo Dec. n. 3.896/2001); operadoras de plano e seguro privado de assistência à saúde etc.

A competência para expedir a autorização de funcionamento de sociedade nacional ou estrangeira será sempre do Poder Executivo federal, que, então, exercerá o controle das sociedades dependentes de autorização (CC, art. 1.123, parágrafo único), dada por decreto por ele expedido (CF, art. 84, IV)[65].

Em caso de sociedade dependente de autorização, concedida esta, geralmente, lei ou ato administrativo estipulará lapso temporal para ela entrar em funcionamento, exercendo suas atividades.

Não havendo prazo previsto em lei especial ou no ato do Poder Público, a autorização dada caducará, automaticamente, perdendo sua eficácia, se a sociedade não entrar em funcionamento nem iniciar suas atividades dentro do prazo de doze meses, contado da data da publicação do ato autorizativo na imprensa oficial (CC, art. 1.124)[66].

O Poder Executivo federal poderá, pelo art. 1.125 do Código Civil, ante seu poder de fiscalização, a qualquer tempo, cassar a autorização por ele concedida, para que uma sociedade nacional ou estrangeira possa funcionar, se ela vier a: *a*) violar comando de ordem pública, ou *b*) praticar atos contrários aos objetivos declarados no seu contrato ou estatuto social.

Cassada a autorização, a sociedade dissolver-se-á (CC, art. 1.033, V) e entrará na fase de liquidação[67].

É nacional a sociedade que for organizada conforme a lei brasileira e tiver a sede de sua administração (principal estabelecimento) no Brasil (CC, art. 1.126, *caput*).

Mas, qualquer que seja o tipo societário, dever-se-á arquivar, na sua sede, uma cópia autêntica do documento comprobatório (documento de identidade ou passaporte) da nacionalidade dos seus sócios (CC, art. 1.126, parágrafo único, 2ª parte).

Para uma sociedade ser brasileira não será preciso que seja constituída por brasileiro. E, se a norma exigir que todos ou alguns sócios de sociedade anônima sejam brasileiros, as suas ações, no silêncio da

---

65. Arnaldo Rizzardo, *Direito de empresa*, cit., p. 1009 e 1010; Sérgio Campinho, *O direito de empresa*, cit., p. 263 e 264.

66. Modesto Carvalhosa, *Comentários*, cit., v. 13, p. 550.

67. Modesto Carvalhosa, *Comentários*, cit., v. 13, p. 551-3; Paulo Checoli, *Direito de empresa*, cit., p. 289 e 290.

lei, serão nominativas (Lei n. 6.404/76, art. 31; CC, art. 1.126, parágrafo único, 1ª parte).

Para que uma sociedade brasileira possa mudar de nacionalidade, transferindo a sede de sua administração para outro país, será imprescindível o consenso unânime de seus sócios ou acionistas (CC, art. 1.127), manifestado em assembleia, por haver interesse coletivo.

As sociedades nacionais (CC, art. 1.126) formadas por subscrição particular precisam de autorização governamental para funcionar e, após a assembleia ou o ato de constituição, deverão, pelo art. 1.128 do Código Civil, apresentar requerimento pedindo ao Poder Executivo autorização para funcionamento. Esse requerimento deverá estar acompanhado não só de cópia autêntica do contrato ou estatuto social, assinada por todos os sócios, e autenticada pelos fundadores, se se tratar de sociedade anônima, mas também de todos os documentos exigidos por lei especial.

Porém, se a constituição da sociedade se deu por escritura pública, bastará a juntada da respectiva certidão àquele requerimento (Lei n. 6.404/76, art. 96; CC, art. 1.128, parágrafo único).

À autoridade competente para decidir sobre a autorização, a lei (CC, arts. 1.129 e 1.130) reconhece o direito de[68]:

1) *Exigir alterações* ou *aditamentos contratuais* ou *estatutários.*

2) *Recusar* a *autorização pretendida para o funcionamento,* se a sociedade não atender às condições econômicas, financeiras ou jurídicas exigidas legalmente.

3) *Conceder autorização para o funcionamento* mediante expedição de decreto, devidamente publicado pelo órgão oficial (CF, art. 84, IV).

4) *Cancelar autorização dada* (CC, art. 1.125).

Assim que o poder competente expedir, formalmente, decreto de autorização, a sociedade, dentro de trinta dias, deverá publicar no

---

68. Modesto Carvalhosa, *Comentários,* cit., v. 13, p. 575-81; Maria Helena Diniz, *Código,* cit., p. 891; Arnoldo Wald, *Comentários ao novo Código Civil* – do direito de empresa (coord. Sálvio de F. Teixeira), Rio de Janeiro, Forense, v. XIV, p. 700; Arnaldo Rizzardo, *Direito de empresa,* cit., p. 1016 e 1017.

órgão oficial da União (*DOU*): o requerimento de autorização, a cópia do contrato social firmada pelos sócios, os documentos exigidos por lei, a certidão de sua constituição por escritura pública, os atos de alterações no contrato social ou de aditamento estatutário. O exemplar dessa publicação constituirá prova para inscrição, no registro próprio, dos atos constitutivos da sociedade (CC, art. 1.131).

Além disso, a sociedade, também, no prazo de trinta dias, deverá providenciar, no órgão oficial da União, a publicação do termo de inscrição (CC, art. 1.131, parágrafo único).

A sociedade anônima nacional, que depender para seu funcionamento de autorização do Poder Executivo federal, não poderá constituir-se antes de obtê-la, se seus fundadores pretenderem recorrer à subscrição pública para formar o capital social (Lei n. 6.404/76, arts. 82 a 87). Os fundadores da sociedade anônima com subscrição pública do capital social deverão anexar ao requerimento, pleiteando autorização de funcionamento, cópias autênticas do projeto do estatuto social e do prospecto, nelas mencionando com objetividade as bases da sociedade a ser constituída e as razões justificadoras da expectativa do sucesso do empreendimento pretendido, para que o Executivo possa avaliar sua pretensão. Obtendo tal autorização, constituir-se-á a sociedade, procedendo-se à inscrição de seus atos constitutivos no Registro Público de Empresas Mercantis (CC, art. 1.132 e §§ 1º e 2º)[69].

Se a sociedade, para funcionar, estiver sujeita à autorização do Poder Executivo, todas as alterações feitas em seu contrato ou estatuto social dependerão de aprovação. Mas se essas modificações, contidas em contrato modificativo, decorrerem de aumento do capital social, em razão de utilização de reservas ou reavaliação do ativo (CC, art. 1.133), não precisarão daquela aprovação, por não ser prejudicial aos interesses societários.

A sociedade estrangeira é constituída de conformidade com a lei do lugar onde nascer (*lex loci actus*) e tiver a sede administrativa e é tida como válida em outros Estados que a reconhecerem. A sociedade

---

[69]. Paulo Checoli, *Direito de empresa*, cit., p. 296; Modesto Carvalhosa, *Comentários*, cit., v. 13, p. 582-6.

estrangeira necessita, em nosso país, de prévia autorização do Poder Executivo federal para registrar seus atos constitutivos (CC, art. 1.134) e funcionar em território brasileiro, sendo-lhe permitido requerer sua nacionalização, transferindo sua sede (administração) para o Brasil (CC, art. 1.141). Pelo Código Civil a sociedade estrangeira poderá exercer suas atividades no Brasil: *a*) se realizar diretamente suas atividades, em seu próprio nome, por meio de filial aqui instalada, desde que haja prévia autorização governamental para seu funcionamento; *b*) se participar como acionista em sociedade brasileira constituída sob a forma de sociedade anônima (CC, art. 1.134), da qual é subsidiária, ou como quotista de sociedade limitada (CC, art. 997, I, c/c o art. 1.054; IN n. 76/98 do DNRC).

Para tanto, será necessário um requerimento de autorização dirigido ao Ministério do Desenvolvimento, Indústria e Comércio Exterior (Dec. n. 5.664/2006), por delegação do Presidente da República Federativa do Brasil, instruído (CC, art. 1.134, § 1º, I a VI) com:

a) prova de a sociedade encontrar-se legal e regularmente constituída de acordo com a lei de seu país;

b) cópia integral do seu estatuto social e da ata da assembleia geral que autorizou seu funcionamento no Brasil e fixou o capital destinado às operações no território brasileiro;

c) rol dos sócios, devidamente qualificados, dos membros dos órgãos administrativos;

d) comprovante da nomeação do representante no Brasil, devidamente munido de poderes expressos para aceitar as condições em que for dada a autorização pretendida;

e) apresentação do último balanço;

f) procuração para representante no Brasil;

g) autenticação de todos os documentos, conforme a lei nacional da sociedade requerente, legalizados pelo Consulado e devidamente traduzidos em vernáculo por tradutor juramentado (CC, art. 1.134, § 2º).

Pelo art. 1.135, *caput*, do Código Civil, o Poder Executivo poderá, para conceder a autorização para uma sociedade estrangeira funcionar no Brasil, estabelecer certas condições que reputar convenientes à defesa dos interesses nacionais. Se o representante da sociedade estrangeira (CC, art. 1.134, V), munido de poderes expressos para tanto, acatar as referidas condições, o Poder Executivo expedirá decreto de autorização, constando o montante do capital social que foi destinado às operações a serem efetivadas no Brasil (CC, arts. 1.135, parágrafo único, e 1.134, § 1º, IV), e à sociedade caberá publicar, dentro de trinta dias, contados da expedição daquele decreto, no órgão oficial da União, a cópia do contrato social, a dos aditamentos nele feitos e de todos os documentos que acompanharam seu pedido de autorização para aqui funcionar (CC, arts. 1.131, 1.128, 1.129 e 1.134, § 1º). O exemplar dessa publicação representará prova para inscrição no registro próprio dos atos constitutivos da sociedade (CC, art. 1.136) do local em que se estabelecerá.

Obtida, por decreto, a autorização para funcionamento no Brasil, a sociedade autorizada manterá sua firma social, podendo acrescentar a expressão "do Brasil" ou "para o Brasil" (CC, art. 1.137, parágrafo único) para diferenciá-la de outras do mesmo grupo que funcionam em outros países.

A sociedade estrangeira autorizada terá a obrigação de ter, permanentemente, um representante no Brasil, com poderes expressos para solucionar, em seu nome, quaisquer questões e receber por ela citação judicial. Aquele que representar a sociedade, ativa ou passivamente, em juízo e fora dele somente poderá agir, validamente, perante terceiros, quando o instrumento de sua nomeação for arquivado e averbado à margem da inscrição da sociedade (CC, art. 1.138 e parágrafo único).

Para que possa exercer suas atividades no Brasil, a sociedade estrangeira autorizada deverá, para que haja efeito *erga omnes*, providenciar sua inscrição no registro próprio do lugar onde deverá estabelecer-se (CC, art. 1.136), mediante requerimento instruído (CC, art. 1.136, § 1º) com:

a) exemplar da publicação no órgão oficial da União dos documentos exigidos legalmente (CC, arts. 1.134, § 1º, 1.135, parágrafo único, 1.131, 1.128 e 1.129); e

b) comprovante do depósito em dinheiro, em estabelecimento bancário oficial, do capital destinado às operações a serem realizadas no Brasil (CC, art. 1.136, IV).

Após a sua inscrição, a sociedade publicará, no órgão oficial da União, dentro de trinta dias, o termo de sua inscrição (CC, art. 1.131, parágrafo único), gerando presunção absoluta de conhecimento por todos de seu teor (CC, art. 1.136, § 3º).

As alterações que, ulteriormente, se fizerem, mesmo no país de origem, no contrato social ou no estatuto da sociedade estrangeira autorizada a funcionar no Brasil, dependerão de aprovação do Poder Executivo federal, devidamente averbada junto ao registro público competente para que possam ter eficácia em território brasileiro (CC, art. 1.139), reclamando-se, para tanto, de instauração de novo processo administrativo.

Sob pena de cassação da autorização para funcionamento no Brasil, a sociedade estrangeira deverá reproduzir, no órgão oficial da União e, se for o caso, no do Estado, todas as publicações que, conforme sua lei nacional, deva fazer não só no que atina aos seus próprios balanços, patrimonial e de resultado econômico, e aos atos de sua administração, como também aos de suas sucursais, filiais ou agências existentes no território brasileiro (CC, art. 1.140 e parágrafo único).

A sociedade estrangeira com permissão para funcionar no Brasil, mediante autorização do Poder Executivo federal, poderá nacionalizar-se, transferindo, obrigatoriamente, a sede de sua administração para o território brasileiro (CC, art. 1.141). E, para tanto, deverá, por meio de seus representantes: *a*) apresentar um requerimento, instruído com os seguintes documentos, devidamente autenticados: prova de sua regular constituição, conforme as leis de seu país de origem; cópia integral do estatuto social; relação de sócios, com a devida qualificação e o valor de sua participação no capital social, e dos órgãos administrativos; comprovante de autorização de seu funcionamento no Brasil e do capital destinado para isso; indicação do seu representante; apresentação do último balanço (CC, art. 1.134); prova da realização do capital, pela forma declarada no contrato social e do ato da deliberação da nacionalização; *b*) acatar, por meio de seu representante, as condições impostas pelo Poder Executivo, por reputá-las convenientes à defesa dos interesses nacionais; *c*) proceder, após a expedição do decreto de autorização, à sua inscrição e à publicação do respectivo termo (CC, art. 1.141, §§ 1º a 3º).

6. Desconsideração da pessoa jurídica

A pessoa jurídica é uma realidade autônoma, capaz de direitos e obrigações, independentemente dos membros que a compõem, com os quais não tem nenhum vínculo, agindo por si só, comprando, vendendo, alugando etc., sem qualquer ligação com a vontade individual das pessoas naturais que dela fazem parte. Realmente, seus componentes somente responderão por seus débitos dentro dos limites do capital social, ficando a salvo o patrimônio individual. Essa limitação de responsabilidade ao patrimônio da pessoa jurídica é uma consequência lógica de sua personalidade jurídica, constituindo uma de suas maiores vantagens. Se a pessoa jurídica não se confunde com as pessoas naturais que a compõem; se o patrimônio da sociedade personalizada não se identifica com o dos sócios, fácil será lesar credores, ou ocorrer abuso de direito, para subtrair-se a um dever, tendo-se em vista que os bens particulares dos sócios podem ser executados antes dos bens sociais, havendo dívida da sociedade.

Ante sua grande independência e autonomia devido ao fato da exclusão da responsabilidade dos sócios, a pessoa jurídica, às vezes, tem-se desviado de seus princípios e fins, cometendo fraudes e desonestidades, provocando reações legislativas, doutrinárias e jurisprudenciais que visam coibir tais abusos, desconsiderando sua personalidade jurídica.

Em razão da completa independência entre os sócios ou associados e as pessoas jurídicas de que fazem parte, inexistindo qualquer responsabilidade daqueles para com as dívidas destas, o Código Civil, em seu art. 50, inspirou-se na doutrina da desconsideração ao estatuir: "Em caso de abuso de personalidade jurídica, caracterizado pelo desvio de finalidade, ou pela confusão patrimonial, pode o juiz decidir, a requerimento da parte, ou do Ministério Publico quando lhe couber intervir no processo, que os efeitos de certas e determinadas relações de obrigações sejam estendidos aos bens particulares dos administradores ou sócios da pessoa jurídica". A aplicação desse dispositivo legal conduz à desconstituição temporária da personalidade da sociedade, sem contudo desfazer ou anular seu ato constitutivo, não havendo, portanto, dissolução nem liquidação da sociedade.

Pelo Código Civil (art. 50), quando a pessoa jurídica se *desviar dos fins* que determinaram sua constituição, em razão do fato de os sócios ou administradores a utilizarem para alcançar finalidade diversa do objetivo societário para prejudicar alguém ou fazer mau uso da finalidade social, ou quando houver *confusão patrimonial* (mistura do patrimônio social com o particular do sócio, causando dano a terceiro) em razão de abuso da personalidade jurídica, o magistrado, a pedido do interessado ou do Ministério Público, está autorizado, com base na prova material do dano, a desconsiderar, episodicamente, a personalidade jurídica, para coibir fraudes e abusos dos sócios que dela se valeram como escudo, sem importar essa medida numa dissolução da pessoa jurídica. Com isso, subsiste o princípio da autonomia subjetiva da pessoa coletiva distinta da pessoa de seus sócios, mas tal distinção é afastada, provisoriamente, para um dado caso concreto.

Desconsidera-se a personalidade jurídica da sociedade para possibilitar a transferência da responsabilidade para aqueles que a utilizaram indevidamente. Trata-se de medida protetiva que tem por escopo a preservação da sociedade e a tutela dos direitos de terceiros, que com ela efetivaram negócios. É uma forma de corrigir fraude em que o respeito à forma societária levaria a uma solução contrária à sua função e aos ditames legais

A personalidade jurídica será considerada como um direito relativo, permitindo ao órgão judicante derrubar a radical separação entre a sociedade e os seus membros, para decidir mais adequadamente, coibindo o abuso de direito e condenando as fraudes, ordenando, para tanto, a penhora de bens particulares dos sócios (*RT, 713*:138, *711*:117, *673*:160, *511*:199; *JB, 164*:294). Portanto, o magistrado, segundo a *disregard doctrine*, poderá desconsiderar a autonomia jurídica da pessoa jurídica, quando utilizada abusivamente, para fins contrários à lei. Não tem por finalidade retirar a personalidade jurídica, mas tão somente desconsiderá-la, levantando o véu protetor, em determinadas situações, no que atina aos efeitos de garantir a desvinculação da responsabilidade dos sócios da sociedade. Com isso o sócio passará a ser responsável, não mais respondendo subsidiariamente pelas obrigações sociais com o seu patrimônio particular. O direito do sócio de ver intangíveis os seus bens em face das obrigações da sociedade não é mais absoluto. Essa doutrina tem por escopo responsabilizar os sócios pela prática de atos abusivos sob o manto de uma pessoa jurídica, coibindo manobras fraudulentas e abuso de direito, mediante a equiparação do sócio e da sociedade, desprezando-se a personalidade jurídica para alcançar as pessoas e os bens que nela estão contidos[70].

7. QUESTÃO DA REORGANIZAÇÃO ESTRUTURAL-SOCIETÁRIA

Para Miranda Valverde, vários são os motivos que poderão levar à reorganização da estrutura societária, tais como: concorrência empresarial; busca de monopólio na distribuição de certos produtos; necessidade de absorção de sociedade exploradora de indústria primária ou complementar etc. Assim, buscar-se-á uma medida para sua reestruturação, como a *transformação*, a *incorporação*, a *fusão* ou a *cisão*, que, alterando, direta ou indiretamente, o controle societário e a administração ou até mesmo o tipo de sociedade, possa dar ensejo a novos investimentos, tecnologias e oportunidades, que darão condições para apresentação de produtos e serviços de melhor qualidade, atendendo às exigências do mercado[71].

A *transformação* é a operação pela qual a sociedade de determinada espécie passa a pertencer a outra, sem que haja sua dissolução ou liquidação mediante alteração em seu estatuto social (CC, art. 1.113), regendo-se, então, pelas normas que disciplinam a constituição e a inscri-

---

70. Maria Helena Diniz, *Tratado*, cit., v. 4, p. 143-7, e *Curso*, cit., v. 8, p. 535 a 546; Fábio Ulhoa Coelho, *Desconsideração da personalidade jurídica*, São Paulo, Revista dos Tribunais, 1989; Marçal Justen Filho, *Desconsideração da personalidade societária no direito brasileiro*, São Paulo, Revista dos Tribunais, 1987, p. 135; Sebastião José Roque, Ingressa no direito brasileiro a "disregard theory", *Revista Literária de Direito*, 17:31-2. Enunciado 9. Quando aplicado às relações jurídicas empresariais, o art. 50 do Código Civil não pode ser interpretado analogamente ao art. 28, § 5º, do CDC ou ao art. 2º, § 2º, da CLT (aprovado na 1ª Jornada de Direito Comercial). Enunciado 12. A regra contida no art. 1.055, § 1º, do Código Civil deve ser aplicada na hipótese de inexatidão da avaliação de bens conferidos ao capital social; a responsabilidade nela prevista não afasta a desconsideração da personalidade jurídica quando presentes seus requisitos legais (aprovado na 1ª Jornada de Direito Comercial). Enunciado 48. A apuração da responsabilidade pessoal dos sócios, controladores e administradores feita independentemente da realização do ativo e da prova da sua insuficiência para cobrir o passivo, prevista no art. 82 da Lei n. 11.101/2005, não se refere aos casos de desconsideração da personalidade jurídica (aprovado na 1ª Jornada de Direito Comercial).
71. Miranda Valverde, *Sociedade por ações*, Rio de Janeiro, Forense, 1953, n. 791, p. 75.

ção de tipo societário em que se converteu. Há uma mudança de tipo de sociedade. Assim, p. ex., uma sociedade limitada poderá transformar-se em sociedade anônima, cumprindo os requisitos legais e inscrevendo o ato modificativo no Registro Público de Empresas Mercantis.

Para que se opere a transformação da sociedade em outra, imprescindível é sua previsão no ato constitutivo estipulando deliberação por maioria ou, se nele não houver cláusula nesse sentido, a anuência de todos os sócios (CC, art. 1.114, *caput*). Se um sócio não concordar com a deliberação da maioria, havendo previsão a respeito no pacto social, aprovando o ato de transformação societária, poderá retirar-se da sociedade, e o valor de sua quota, com ou sem redução do capital social, será liquidado conforme previsto no estatuto social ou, no silêncio deste, mediante aplicação do art. 1.031 do Código Civil, pelo qual a liquidação de sua quota terá por base a atual situação patrimonial da sociedade, verificada em balanço especial (CC, art. 1.114, 2ª parte).

Ocorrida a transformação societária: *a)* os direitos dos credores, adquiridos antes da transformação, ficarão inalterados até o pagamento integral dos créditos; *b)* a decretação da falência da sociedade transformada atingirá apenas os sócios que, na sociedade anterior, estariam sujeitos a seus efeitos, desde que o requeiram os titulares dos créditos anteriores ao ato de transformação (CC, art. 1.115)[72].

A *incorporação* é a operação pela qual uma sociedade vem a absorver uma ou mais sociedades (de tipos iguais ou diferentes) com a aprovação dos seus sócios (mediante *quorum* absoluto ou qualificado legalmente requerido conforme o tipo societário das sociedades envolvidas), sucedendo-as em todos os direitos e obrigações e agregando seus patrimônios aos direitos e deveres, sem que com isso venha a surgir nova sociedade (CC, art. 1.116).

A incorporação da sociedade deverá ser aprovada por deliberação em assembleia geral ou reunião (CC, art. 1.072, §§ 2º e 3º) dos sócios das sociedades incorporadora e incorporada que representem 3/4 do capital social (CC, art. 1.076, I) sobre as bases de operação.

---

[72]. Ricardo Negrão, *Manual*, cit., v. 2, p. 454, 455 e 457, 463-5; Amador Paes de Almeida, *Direito de empresa*, cit., p. 199-202; Modesto Carvalhosa, *Comentários*, cit., p. 496-513.

Os sócios da incorporada deverão aprovar o projeto de reforma do ato constitutivo e a prática de atos necessários à incorporação pelos seus administradores, inclusive a subscrição em bens no valor da diferença verificada entre o ativo e o passivo. Os sócios da incorporadora deliberarão sobre a nomeação de três peritos, ou empresa especializada, para a avaliação do patrimônio líquido da incorporada a ser acrescido ao patrimônio da incorporadora (CC, art. 1.117, §§ 1º e 2º)[73].

A incorporadora, após a aprovação dos atos da incorporação, declarará a extinção da incorporada e providenciará a sua averbação no registro próprio. Com tal formalização a incorporadora passará a assumir as obrigações e os direitos da incorporada, sucedendo-a e resguardando os direitos dos credores (CC, art. 1.118).

A *fusão de sociedades* é a operação pela qual se cria, juridicamente, uma nova sociedade para substituir aquelas que vieram a fundir-se e a desaparecer, sucedendo-as *ope legis*, por ter havido união dos patrimônios, nos direitos, responsabilidades e deveres, sob denominação diversa, com a mesma ou com diferente finalidade e organização (CC, art. 1.119). Duas (ou mais) sociedades se unem e constituirão uma nova com seus patrimônios líquidos. Efetivar-se-á, então, a soma de capitais para se tornar uma terceira sociedade. Ter-se-á extinção das sociedades, cujos patrimônios líquidos comporão o capital social da nova sociedade, sem que haja prévia liquidação. Como bem observa Modesto Carvalhosa, os sócios constituirão diretamente uma nova sociedade, subscrevendo o respectivo capital com os bens e direitos da sociedade de cujo capital participavam, atuando, portanto, em benefício próprio: logo, a fusão é um negócio jurídico *sui generis* de constituição de sociedade, processando-se em duas fases: a passagem dos sócios das sociedades fusionadas para a nova sociedade e a extinção *ex facto* das sociedades transmitentes de seus patrimônios.

A decisão pela fusão dar-se-á, na forma estabelecida para os respectivos tipos, pelas sociedades que pretendem fundir-se, em reunião, ou assembleia, dos sócios de cada sociedade, aprovando-se não só o

---

73. Matiello, *Código Civil*, cit., p. 693 e s.; Ricardo Negrão, *Manual*, cit., v. 1, p. 455, 457, 460; Modesto Carvalhosa, *Comentários*, cit., v. 13, p. 513-24; Amador Paes de Almeida, *Direito de empresa*, cit., p. 203-5; Arnaldo Rizzardo, *Direito de empresa*, cit., p. 961 a 1001.

projeto de constituição da nova sociedade e o plano de distribuição do capital social, mas também a nomeação de peritos por cada uma para avaliação do patrimônio da sociedade e apresentação do respectivo laudo. A deliberação definitiva sobre a constituição da nova sociedade ocorrerá somente quando os administradores de ambas as sociedades convocarem os sócios para tomar conhecimento dos laudos de avaliação do patrimônio líquido da sociedade, sendo-lhes, contudo, proibida a votação em laudo avaliativo da sociedade de que fazem parte, caso em que apenas poderão analisar a proposta de constituição da novel sociedade, baseados nos dados contidos naqueles laudos. E, logo depois disso, ter-se-ão a aprovação do ato constitutivo da nova sociedade e, consequentemente, a eleição de seus administradores (CC, art. 1.120, §§ 1º a 3º).

Constituída, por meio de fusão, uma nova sociedade, seus administradores deverão providenciar a inscrição dos atos relativos à fusão no registro próprio de sua sede, que será o Registro Público de Empresas Mercantis, se se tratar de sociedade empresária, ou o Registro Civil de Pessoas Jurídicas, se for sociedade simples (CC, art. 1.121).

A *cisão* é o processo pelo qual a sociedade, por deliberação tomada na forma prevista para alteração do estatuto ou contrato social, transfere todo ou parcela do seu patrimônio para sociedades existentes ou constituídas para esse fim, com a extinção da sociedade cindida, se a versão for total, ou redução do capital, se parcial.

A cisão poderá ser:

a) Parcial, se apenas parte do patrimônio de uma sociedade for transferida a outra, ficando, então, a outra parcela em poder da cindida que não se extinguirá (Lei n. 6.404/76, arts. 227 e 233; *BAASP, 2758*: 2085-01), e continuará exercendo sua atividade sob a mesma denominação social, mas com capital reduzido.

b) Total, se houver transferência de todo o patrimônio da sociedade cindida "A", que se extinguirá, para outras "B" e "C", e os sócios da cindida "A" passarão a integrar as sociedades beneficiadas "B" e "C" com a cisão, que sucederão a cindida nos direitos e obrigações (Lei n. 6.404/76, art. 229, § 5º), respondendo solidariamente pelas obrigações da sociedade extinta (Lei n. 6.404/76, art. 233).

Com a efetivação da cisão total, os administradores das sociedades, que absorveram partes do patrimônio de outra, deverão proceder ao arquivamento de seus atos no registro competente, para que tenham efeitos *erga omnes*. Se parcial a cisão, essa obrigação será dos administradores da sociedade cindida, em razão da alteração de seu ato constitutivo, e da beneficiada com o aporte, quanto à modificação sofrida, determinada pelo aumento de capital.

As operações de incorporação, fusão ou cisão não podem lesar credores anteriores à formalização da nova sociedade. O credor que se sentir lesado pela incorporação, fusão ou cisão societária poderá, dentro de noventa dias, contados da publicação desses atos, pleitear em juízo anulação dos negócios reorganizativos, ou seja, daquelas operações societárias, que, contudo, ficará prejudicada se houver consignação em pagamento do *quantum* que lhe era devido, pelos administradores da sociedade devedora (CC, art. 1.122, § 1º).

Se o credor promover a anulação da incorporação, fusão ou cisão, sendo ilíquido o débito, a sociedade poderá garantir-lhe a execução, suspendendo-se aquele processo judicial, até que haja a quantificação da referida dívida (CC, art. 1.122, § 2º).

Se dentro de noventa dias da publicação dos atos alusivos à incorporação, fusão ou cisão, advier a falência da sociedade incorporadora, da sociedade nova ou da cindida, qualquer credor anterior (preferencial ou quirografário) àqueles atos terá o direito de pleitear a separação dos patrimônios, para que seus créditos sejam pagos pelos bens componentes das respectivas massas devedoras (CC, art. 1.122, § 3º), respeitando-se a ordem estabelecida pela Lei de Falências e Recuperação de Empresas (Lei n. 11.101/2005, arts. 83 e s.).

8. Participações societárias

A participação societária, se bem planejada, além de reestruturar a sociedade, será um eficaz mecanismo de gestão negocial, visto que, conforme a finalidade pretendida, poderá provocar: redução dos custos das atividades empresariais de produção de bens, de prestação de serviços, de distribuição, de comercialização, de administração etc.; maior competitividade das sociedades que participam no capital social de outra, garantindo a concorrência; racionalização de administração empresarial e dos processos de produção, em busca de sua eficiência, especialmente em relação à técnica; melhora na distribuição de produtos; aumento do índice de participação no mercado; promoção do progresso econômico, fortalecendo as empresas nacionais ou sediadas no Brasil, atendendo os interesses da própria coletividade brasileira etc.

Pondera Fábio Konder Comparato que a criação dos grupos econômicos tem por objetivo racionalizar administrativamente e unificar a exploração da atividade empresarial, em busca de eficiência e de um elevado lucro, com a baixa do custo unitário de produção, propiciando uma economia interna de escala, viabilizando desenvolvimento tecnológico[74].

Os *grupos econômicos* podem ser:

A) *De direito*, estabelecido por contrato de empresas, devidamente formalizado, para produção de efeitos jurídicos, no Registro Público de Empresas Mercantis. P. ex., grupo de sociedades e consórcio de empresas (Lei n. 6.404, arts. 265 a 279).

B) *De fato*, constituído por sociedades ligadas entre si, mediante participação acionária, sem qualquer organização jurídica. Trata-se das sociedades controladas, controladoras, filiadas e de simples participação, definidas pelo Código Civil.

As *sociedades coligadas*, em sentido lato, são as que resultam da relação estabelecida entre duas ou mais sociedades submetidas, ou não, ao mesmo controle.

---

74. Maria Helena Diniz, *Curso*, cit., v. 8, p. 578 e s.; Fábio Konder Comparato, *O poder de controle na sociedade anônima*, Rio de Janeiro, Forense, 1983, p. 355 e 356; Láudio C. Fabretti, *Fusões, aquisições, participações e outros instrumentos de gestão de negócios*, São Paulo, Atlas, 2005, p. 168. *Vide* IN do DNRC n. 116/2011, art. 13 e parágrafo único: no nome empresarial a expressão "grupo" é de uso exclusivo dos grupos de sociedades organizados mediante convenção, na forma da Lei das Sociedades Anônimas. Após o arquivamento da convenção do grupo, a sociedade de comando e as filiadas deverão acrescentar aos seus nomes a designação do grupo.
Enunciado 22. Não se presume solidariedade passiva (art. 265 do Código Civil) pelo simples fato de duas ou mais pessoas jurídicas integrarem o mesmo grupo econômico (aprovado na 1ª Jornada de Direito Comercial).

As sociedades coligadas, conforme a extensão de suas *relações de capital* (CC, art. 1.097), podem ser: *a) controladas*, se, ante o fato de a maioria do seu capital, representado por ações, se encontrar em poder da controladora, não têm o poder de decidir nas deliberações sociais, nem o de eleger a maioria dos administradores (CC, art. 1.098); *b) filiadas*, se outra sociedade participa de seu capital (CC, art. 1.099), sem contudo controlá-la; *c) de simples participação*, se outra sociedade possuir parte de seu capital tendo direito de voto (CC, art. 1.100).

A *sociedade controlada* é aquela:

a) de cujo capital outra sociedade possui a maior parte, tendo no exercício do direito de voto a maioria deles nas deliberações dos quotistas e nas assembleares e o poder de eleger a maior parte dos administradores (CC, art. 1.098, I). Há, portanto, um *controle direto* de uma sociedade por outra. A *holding* de controle, na lição de Modesto Carvalhosa, é titular direta de ações da controlada, tendo a maioria dos votos para impor sua vontade nas deliberações sociais e na eleição da maior parte dos administradores. O controle opera-se pela participação sócio-majoritária. Trata-se da *holding* pura, que fica adstrita à administração das ações ou quotas que possuem em outra sociedade exercendo seu controle, não efetuando quaisquer operações mercantis (como o faz a *holding* mista). Na *holding* pura ter-se-á controle acionário de sociedades por outra de modo que sua receita bruta constitua-se pela percepção de lucros e dividendos isentos de Imposto sobre a Renda (IR);

b) cujo controle esteja em poder de outra (*holding*-mãe, p. ex.), mediante ações ou quotas possuídas por sociedades, ou sociedades por esta já controladas (CC, art. 1.098, II). Ter-se-ia, aqui, como pondera Ricardo Fiuza, uma relação de controle indireta por existir, entre sociedade controlada e controladora, outras sociedades que participam do capital da controlada.

A *sociedade filiada* é a sociedade coligada de cujo capital outra sociedade participa com 10% ou mais, sem ter o poder de controlá-la (CC, art. 1.099). Há uma coordenação entre as sociedades coligadas, pois de um lado temos a *coligada investidora* e de outro a *coligada investida*, que não sofre qualquer intervenção da investidora em sua administração.

A *holding* de participação (*coligada investidora*) age como investidora ao participar permanentemente com 10% ou mais do capital da *coligada investida*.

Serão coligadas as *sociedades por ações* nas quais a investidora tenha influência significativa, que será presumida se for titular de 20% ou mais do capital votante da investida. Nesta hipótese considera-se que haverá tal influência significativa se a investidora for detentora ou exercer o poder de participar nas decisões das políticas financeira ou operacional da investida, sem, contudo, controlá-la (Lei n. 6.404/76, art. 243, §§ 1º, 4º e 5º, com a redação da Lei n. 11.941/2009).

A *sociedade de simples participação* é aquela de cujo capital outra sociedade possui *menos* de 10%, tendo, porém, o *direito de voto* (CC, art. 1.100). Há, portanto, uma *sociedade investidora* de menos de 10% do capital votante da *investida*. As sociedades, investidora e investida, são apenas vinculadas, não havendo qualquer controle de uma sobre a outra. Não há participação inferior a 10% do capital social, mas sim do capital com direito de voto. Observa Modesto Carvalhosa que, mesmo com menos do que 10% do capital votante, as participações das sociedades (investidora e investida) do mesmo grupo ou sob controle comum são relevantes para a consolidação do balanço.

A não ser que haja disposição legal especial, uma sociedade não poderá ter participação de outra, que seja sua sócia, por montante superior ao das próprias reservas de lucros disponíveis do patrimônio líquido, comprovado em balanço ordinário, excluída a reserva legal (CC, art. 1.101), que não será computada por trazer diminuição das garantias dos credores e por afetar a integralidade do capital social.

A *participação societária recíproca* traz consequências nefastas, como: a diminuição das garantias dos credores; a anulação da influência de uma sociedade em outra, se ambas tiverem o exercício do direito de voto.

Se houver aprovação de balanço, verificando que se excedeu àquele limite, a sociedade não poderá exercer seu direito de voto, correspondente às ações ou quotas em excesso, que deverão ser alienadas, dentro do prazo de cento e oitenta dias, contado daquela aprovação (CC, art. 1.101, parágrafo único).

9. Dissolução, liquidação e extinção das sociedades em geral

A dissolução da sociedade, *lato sensu*, abrange: dissolução *stricto sensu* (ato judicial ou extrajudicial que desencadeia a extinção da sociedade), liquidação (realização do ativo e satisfação do passivo), partilha (repartição do remanescente entre os sócios) e extinção da sociedade.

A *dissolução* (CC, arts. 1.033, 1.044 e 1.087), *em sentido estrito*, provoca a desvinculação da sociedade de um ou mais sócios ou o desfazimento do seu ato constitutivo, paralisando as atividades sociais e desencadeando o processo de sua extinção.

A dissolução societária, propriamente dita, classificar-se-á quanto:

1) *À forma* em: *a) dissolução extrajudicial*, que pode ser: *dissolução de pleno direito*, que se dá pela ocorrência de fato previsto em lei, sem necessidade de declaração por sentença judicial, salvo se, por iniciativa dos sócios, em certos casos tiver de ser apreciada judicialmente (p. ex., CC, arts. 1.044, 1.030, parágrafo único, 1.033, 1.034, 1.035); ou *dissolução consensual ou voluntária*, havendo distrato social aprovado pelos sócios ou alteração contratual deliberada por sócios em assembleia; *b) dissolução judicial*, que, por haver demanda, será deliberada por decisão de juiz, p. ex., em caso de anulação de ato constitutivo da sociedade (CC, art. 45, parágrafo único, c/c o art. 1.034, I); exaustão ou inexequibilidade do fim social (CC, art. 1.034; Lei n. 6.404/76, art. 206, II, *b*); existência de causa estipulada no contrato social (CC, art. 1.034) contestada em juízo; ocorrência de falência, segundo alguns autores, caso em que o procedimento de liquidação far-se-á por ato do administrador judicial. A sociedade poderá ser dissolvida judicialmente, a requerimento de sócio (CC, art. 1.034, I e II), por ação direta, ou mediante denúncia de qualquer do povo ou do órgão do Ministério Público (CC, art. 1.037); *c) dissolução por ato administrativo*, sendo sociedade de capital (art. 206 da Lei n. 6.404/76) ou empresa do sistema financeiro, operando-se sua liquidação extrajudicial, mediante decisão de autoridade administrativa competente, no modo previsto em lei especial.

2) *À extensão de seus efeitos* em: *a) dissolução total*, se conduzir à liquidação e extinção da sociedade, dissolvendo todos os vínculos con-

tratuais. Pode dar-se por: decurso do prazo estipulado para sua duração (CC, art. 1.033, I); falência (CC, arts. 1.044, 1.051 e 1.087); unipessoalidade (CC, art. 1.033, IV), salvo a hipótese do art. 1.033, parágrafo único (com a redação da Lei n. 12.441/2011), do Código Civil; inexequibilidade do objeto social (CC, art. 1.034, II); distrato (CC, art. 1.033, II e III); e *b) dissolução parcial*, ou melhor, *resolução em relação a um sócio*, se gerar, havendo término de parte dos seus vínculos contratuais, a apuração de seus haveres, resolvendo-se a sociedade apenas em relação a um ou alguns sócios (CC, arts. 1.028 a 1.032 e 1.085). É o que ocorre, acontecendo p. ex.: morte de um sócio, sem o ingresso de seu herdeiro no quadro societário; ou sem a transformação do registro para empresário individual ou para empresa individual de responsabilidade limitada; liquidação de quota de sócio em razão de execução promovida pelo seu credor particular (CC, art. 1.030, parágrafo único, com a redação da Lei n. 12.441/2011); exclusão de sócio pelos demais, por falta grave ou não cumprimento das obrigações sociais (CC, arts. 1.030 e 1.085); retirada de sócio dissidente; cessão de quotas a sócio ou a terceiro (CC, arts. 1.003 e 1.057) etc.[75]. Enunciado 13. A decisão que decretar a dissolução parcial da sociedade deverá indicar a data de desligamento do sócio e o critério de apuração de haveres (aprovado na 1ª Jornada de Direito Comercial).

Com a dissolução da sociedade não se aniquilam, de imediato, os seus efeitos, nem sua responsabilidade social para com terceiros, pelas dívidas contraídas (*RTJ, 85:945; JTACRS, 35:287*), visto que não perdeu, ainda, por completo, a personalidade jurídica, conservando-a para liquidar as relações obrigacionais pendentes, em face de seus credores.

Com a dissolução da sociedade, proceder-se-á a sua *liquidação*.

A liquidação tem por escopo apurar o ativo (o total do patrimônio líquido), para satisfazer o passivo, ou seja, para pagar as dívidas sociais pendentes e distribuir o remanescente (saldo positivo) entre os sócios, na proporção de suas participações societárias integralizadas, ou seja, do quinhão de cada um.

---

75. Modesto Carvalhosa, *Comentários*, cit., v. 13, p. 438 e 439; Ricardo Negrão, *Manual*, cit., v. 1, p. 468-83; Fábio Ulhoa Coelho, *Manual*, cit., p. 165-73; Amador Paes de Almeida, *Direito de empresa*, cit., p. 193; Mônica Gusmão, *Curso*, cit., p. 249-51.

Poderá a liquidação ser: *a) extrajudicial* ou administrativa, que ocorre em alguns casos de dissolução da sociedade de *pleno iure*, sendo promovida pelos sócios e requerendo investidura de liquidante pelo órgão da administração ou pelos sócios; ou *b) judicial*, em que o juiz, por haver, p. ex., discordância ou inércia dos sócios em instaurar o procedimento, nomeará o liquidante, na sentença em que declarar a dissolução, segundo o disposto no contrato social, e poderá ocorrer que, em caso de omissão deste, os sócios elegerão por maioria absoluta o liquidante, em reunião ou assembleia. E, ainda, se a dissolução se deu pela extinção de autorização para funcionamento, o Ministério Público promoverá a liquidação judicial da sociedade, se os administradores não o tiverem feito nos trinta dias seguintes à perda da autorização, ou se o sócio não houver exercido a faculdade assegurada no parágrafo único do art. 1.036 (CC, art. 1.037, *caput*). Se o Ministério Público não a promover dentro de quinze dias subsequentes ao recebimento da comunicação, a autoridade competente para conceder a autorização nomeará interventor com poderes para requerer a medida e administrar a sociedade até que seja nomeado liquidante (CC, art. 1.037, parágrafo único)[76].

A *liquidação extrajudicial* é regida pelo Código Civil, nos arts. 1.102 a 1.110, e é promovida por deliberação dos sócios, após a dissolução da sociedade, que nomearão o liquidante, indicando o modo de apuração do patrimônio social e a forma de pagamento dos credores, tendo por escopo desativar operacionalmente a sociedade e apurar o ativo e o passivo sociais, para cumprir obrigações, pagar débitos e partilhar o saldo entre si.

Ocorrida a dissolução, os administradores deverão providenciar, imediatamente, a investidura do liquidante que, se não estiver designado no contrato social, será eleito por deliberação dos sócios, podendo a escolha recair em pessoa alheia à sociedade (CC, art. 1.103). O liquidante pode ser sócio, administrador ou terceiro (CC, art. 1.138)

---

76. Amador Paes de Almeida, *Direito de empresa*, cit., p. 195 e 196; Sérgio Campinho, *Direito de empresa*, cit., p. 289; Fábio Ulhoa Coelho, *Manual*, cit., p. 174; Marino Pazzaglini Filho e Andrea Di Fuccio Catanese, *Direito de empresa no novo Código Civil*, São Paulo, Atlas, 2003, p. 137.

e representará ativa e passivamente, em juízo e fora dele, a sociedade durante a fase de liquidação até a extinção da personalidade jurídica. O liquidante pode ser destituído *ad nutum* a qualquer tempo se eleito por decisão dos sócios ou por via judicial a requerimento de sócio, ocorrendo justa causa (CC, art. 1.038, § 1º, I e II), ou se indicado no contrato social, comprovando-se justo motivo.

Se o liquidante nomeado não for o administrador, apenas passará a exercer tal função após a averbação de sua nomeação em registro próprio, que será o Registro Civil das Pessoas Jurídicas, se a sociedade for simples, ou o Registro Público de Empresas Mercantis, se empresária (CC, art. 1.102, parágrafo único).

Nomeado e investido nas suas funções (CC, art. 1.103, I a IX), o liquidante no processo extrajudicial de liquidação da sociedade terá os seguintes *deveres*: *a*) averbar e publicar a ata, sentença ou instrumento da dissolução da sociedade; *b*) arrecadar bens, livros e documentos da sociedade; *c*) proceder, com a assistência dos administradores, à elaboração do inventário e do balanço geral do ativo e do passivo; *d*) ultimar os negócios sociais, realizar o ativo, solver o passivo e partilhar o remanescente entre os sócios e acionistas; *e*) exigir dos quotistas, se insuficiente o ativo para solver o passivo, integralização de suas quotas e, se for o caso, as quantias necessárias, dentro dos limites da responsabilidade de cada um e proporcionalmente à sua participação nas perdas, repartindo-se, entre os sócios solventes, naquela mesma proporção, o *quantum* devido pelo insolvente; *f*) convocar assembleia dos quotistas, a cada seis meses ou sempre que for preciso, para apresentar o relatório parcial e o balanço do estado da liquidação, prestando contas dos atos por ele praticados nesse período ou sempre que for necessário; *g*) confessar a falência da sociedade (Lei n. 11.101/2005, art. 94), se exauridos todos os recursos da liquidação, e pedir a recuperação judicial ou extrajudicial, conforme as formalidades exigidas para o tipo de sociedade liquidanda; *h*) apresentar aos sócios, ao término da liquidação, o relatório da liquidação e suas contas finais; *i*) averbar a ata da reunião ou da assembleia, ou o instrumento firmado pelos sócios, que considerar encerrada a liquidação.

O liquidante, em todos os atos, documentos ou publicações, deverá usar a firma ou denominação social da empresa individual de responsabilidade limitada ou de sociedade empresária liquidanda seguida da cláusula *em liquidação* e de sua assinatura individual, declarando sua qualidade (CC, art. 1.103, parágrafo único; IN do DNRC n. 116/2011, art. 16), colocando o termo *liquidante* seguido de elementos identificadores, como inscrição na OAB ou na entidade a que pertence. Tal se dá porque, como a sociedade dissolvida continua tendo personalidade jurídica e, ainda, usa a mesma denominação social, será preciso que terceiros (credores e Poder Público) saibam que se encontra em fase de liquidação. O uso da firma social seguida da cláusula *em liquidação* resguardará os interesses de todos, inclusive os da própria sociedade liquidanda. Se o liquidante não colocar a locução *em liquidação* e vier a causar dano àquela sociedade e aos que com ela estiverem relacionados contratual ou extracontratualmente, deverá responder pessoalmente pelo prejuízo causado por sua omissão.

As obrigações e a responsabilidade do liquidante pelos seus atos durante a liquidação da sociedade reger-se-ão pelos preceitos peculiares aos dos administradores da sociedade liquidanda (CC, art. 1.104), desde que não contrariem suas funções e as normas do Código Civil, alusivas à liquidação da sociedade.

Durante a fase de liquidação, o liquidante é o representante legal da sociedade liquidanda e responsável pela manifestação de sua vontade, por isso poderá praticar todos os atos necessários à sua liquidação, como a alienação de bens móveis ou imóveis, transação, cobrança de seus devedores, recebimento de pagamento de dívidas, das quais a sociedade é credora, e outorga da devida quitação. Mas, sem estar autorizado pelo contrato social ou pelo voto da maioria dos sócios, com base no valor da quota de cada um, salvo disposição legal em contrário, não poderá gravar os bens da sociedade liquidanda de ônus reais nem contrair empréstimos, a não ser que tais atos sejam indispensáveis para solver obrigações inadiáveis, e muito menos poderá dar prosseguimento à atividade social, mesmo para facilitar a liquidação (CC, art. 1.105 e parágrafo único).

O liquidante, observando estritamente os direitos dos credores preferenciais, procede, em relação aos credores sem preferência, ao pagamento proporcional, ante a insuficiência dos bens do patrimônio social, dos débitos sociais vencidos e vincendos, sendo que as dívidas a vencer serão pagas com o devido desconto correspondente ao prazo que falta para o vencimento da obrigação (CC, art. 1.106).

Se o ativo da sociedade liquidanda for maior do que o seu passivo, o liquidante poderá, por haver disponibilidade de caixa, sob sua responsabilidade pessoal, pagar integralmente os débitos já vencidos (CC, art. 1.106, parágrafo único).

Antes do exaurimento dos recursos da liquidação, o liquidante poderá, por decisão tomada pela maioria dos votos dos sócios, conforme o valor das quotas de cada um, e já tendo sido pagos os credores, efetuar rateios proporcionais, antecipando a importância que caberia a cada sócio na partilha do patrimônio líquido remanescente, à medida que os haveres sociais forem sendo apurados (CC, art. 1.107).

O liquidante, depois de realizado o ativo, satisfeito o passivo e partilhado o remanescente do patrimônio social entre os sócios, deverá convocar a assembleia dos sócios para a apresentação do relatório final da liquidação, ou melhor, para a prestação final de suas contas (CC, art. 1.108) e respectiva aprovação, conducente ao fim do procedimento liquidatório e da personalidade jurídica (CC, art. 1.109).

Se, porventura, houver sócio que não aprovar a prestação de contas do liquidante, e, consequentemente, a liquidação e a partilha, ele terá o prazo decadencial de trinta dias, contado da publicação da ata da assembleia, devidamente averbada, para impugnar, em juízo, sua aprovação pela assembleia, ou para intentar ação para tutelar seus direitos (CC, art. 1.109, parágrafo único).

O credor que, depois de encerrada a liquidação, não recebeu o que lhe era devido poderá exigir dos sócios, individualmente, o pagamento de seu crédito somente até o limite do *quantum* que receberam, na partilha, do saldo do ativo remanescente (CC, art. 1.110, 1ª parte). O credor, ainda, poderá propor contra o liquidante, por ter feito, por culpa ou dolo, a partilha do saldo do ativo antes de pagar integralmente os débitos da sociedade, uma ação para dele receber indenização pelas perdas e danos (CC, art. 1.110, 2ª parte).

A *liquidação judicial* deverá seguir o procedimento previsto nos arts. 655 a 674 do Código de Processo Civil de 1939, ainda vigentes, de acordo com o art. 1.218, VII, do Código de Processo Civil de 1973

(CC, art. 1.111). A liquidação judicial, havendo insolvência, ou melhor, falência da sociedade empresária, disciplinar-se-á pela Lei n. 11.101/2005, arts. 139 a 153. E a nomeação do liquidante (administrador, sócio ou terceiro), escolhido pelo juiz, dar-se-á em reunião por ele convocada e presidida, na qual os sócios manifestarão sua aprovação ou objeção. Se for constatada a inidoneidade para o exercício da função de liquidante da pessoa nomeada pelo magistrado, este deverá destituí-la *ex officio* ou a requerimento de sócio (CC, art. 661), credor, membro do Ministério Público ou da Fazenda Pública. E se, durante o processo liquidatório, houver deslize do liquidante, o pedido de sua destituição deverá estar fundamentado, indicando p. ex. inadimplemento de seus deveres; falta de diligência; retardamento injustificado do andamento do processo; comportamento culposo ou doloso; existência de interesse contrário ao da liquidação etc.

Os principais órgãos de liquidação judicial serão o juiz, que preside o procedimento, e o liquidante, que exerce função administrativa.

Se houver necessidade, o juiz, durante o processo de liquidação judicial, deverá convocar os sócios da sociedade liquidanda, para que, na reunião ou assembleia secretariada pelo escrivão do feito, deliberem, por maioria absoluta de votos, sob a sua presidência, sobre interesses da liquidação, resolvendo sumariamente, após a manifestação dos sócios, questões que foram suscitadas (CC, art. 1.112). A ata dessa assembleia deverá, em cópia autêntica, ser apensada aos autos do processo judicial (CC, art. 1.112, parágrafo único), para que todos os interessados tenham conhecimento do andamento e das intercorrências havidas durante a liquidação judicial.

O encerramento da liquidação provocará a extinção da sociedade.

Capítulo IV
Estabelecimento empresarial

1. CONCEITO E NATUREZA JURÍDICA DE ESTABELECIMENTO

Pelo art. 1.142 do Código Civil, "considera-se estabelecimento todo complexo de bens organizado, para exercício da empresa, por empresário, ou por sociedade empresária".

Estabelecimento é o complexo de bens de natureza variada, materiais ou imateriais reunidos e organizados pelo empresário individual ou pela sociedade empresária, por serem necessários ou úteis ao desenvolvimento e exploração de sua atividade econômica.

Trata-se de elemento essencial à "empresa", pois impossível é qualquer atividade empresarial sem que antes se organize um estabelecimento, que é o centro de suas decisões, pois nele atuam o empresário e a sociedade empresária.

É decorrência do elemento organizacional da "empresa", relacionado com a capacidade do empresário de coordenação dos fatores de produção de bens e serviços. Dessa organização dos fatores (corpóreos ou incorpóreos) de produção de bens e serviços em torno de uma destinação econômica comum nasce o estabelecimento comercial.

O estabelecimento, por ser um *valor econômico* e uma *organização especial de bens* corpóreos, heterogêneos ou incorpóreos (complexo de relações jurídicas) economicamente apreciáveis e complementares em si, voltada à consecução da "empresa", não poderá, na nossa opinião, em que pesem as opiniões em contrário, configurar-se como uma universalidade de fato, composta de simples reunião de coisas homogêneas, como uma biblioteca, mera reunião de livros.

Pelo art. 1.143 do Código Civil, primeira parte, o estabelecimento é bem incorpóreo, ou seja, um *objeto unitário de direito* e *de negócios jurídicos*, cujo atributo é um valor econômico (fundo de empresa), dotado de tutela jurídica especial, por ser "patrimônio afetado à empresa" constituindo uma universalidade de direito *"sui generis"*[1]. Todos os bens reunidos, formando uma unidade patrimonial, integram o estabelecimento, formando um *novo bem*, uma universalidade jurídica especial, que, por ser um *valor econômico*, constitui um instrumento essencial para o exercício da "empresa".

O estabelecimento não é pessoa jurídica, nem sujeito de direito e de obrigações, sendo um ente despersonalizado. É, em si, um bem incorpóreo que mantém, unitariamente, sua própria individualidade, ainda que contenha, na sua formação, coisas corpóreas e incorpóreas, cujo atributo é o aviamento (fundo de empresa), um *valor econômico* que, por ser *patrimônio* afetado à "empresa", integra o do empresário individual ou da sociedade empresária, sendo, ainda, suscetível de alienação, visto ser *objeto* unitário de direitos e obrigações (CC, art. 1.143, 1ª parte). Nele há uma unidade patrimonial separada, considerada como objeto de direito.

2. Elementos do estabelecimento empresarial

O estabelecimento possui como elementos integrantes:

a) Bens corpóreos ou coisas que têm existência material, constituindo objeto de direito, tais como: imóveis e móveis. Podemos citar

---

1. Fábio Ulhoa Coelho, *Curso*, cit., v. 1, p. 98 e 99; *Manual*, cit., p. 57-9; Modesto Carvalhosa, *Comentários*, cit., v. 13, p. 613-62; Matiello, *Código Civil*, cit., p. 708-13; Marcos Paulo de A. Salles, Estabelecimento, uma universidade de fato ou direito?, *Revista do Advogado* – AASP, agosto de 2003, n. 71; Arnaldo Rizzardo, *Direito de empresa*, cit., p. 1037-41; Sérgio Campinho, *O direito de empresa*, cit., p. 295-9; Ricardo Negrão, *Manual*, cit., v. 1, p. 59-73; Maria Helena Diniz, *Curso*, cit., v. 8, p. 677-84; Michelli Tamburus, Concepção jurídica de valor no estabelecimento empresarial, *Revista do IASP*, *18*:187-98; Oscar Barreto Filho, *Teoria do estabelecimento comercial*, São Paulo, Saraiva, 1988, n. 44 e s. *Vide* Instrução Normativa da SRF n. 1081/2010.

dentre eles: produtos ou mercadorias; veículos; computadores, telefones; máquinas; equipamentos; dinheiro; balcões; insumos; estoque de produtos; terrenos; prédio de instalação da sede administrativa, do armazém, de depósito de mercadorias, da loja, da fábrica, de usinas etc.

b) Bens incorpóreos que não têm existência tangível e são relativos aos direitos que o empresário tem sobre coisas, sobre produtos industriais ou intelectuais ou contra outra pessoa, apresentando valor econômico, tais como: ponto empresarial; nome de domínio; nome empresarial e seus acessórios (título do estabelecimento, insígnia e a expressão ou sinal de propaganda); marca; modelo de utilidade; invenção; patente de invenção; desenho industrial; tecnologia; créditos; direitos de personalidade; direitos autorais decorrentes de obras literárias, artísticas ou científicas etc.[2].

O *nome empresarial* é um elemento incorpóreo do estabelecimento, que identifica o empresário no exercício da atividade econômica[3].

O nome empresarial compreende: *firma de empresário*, nome sob o qual o empresário individual exerce sua atividade; *firma social*, o da sociedade empresária; e *denominação*, constituída, em regra, por nome de fantasia.

Na formação da firma de empresário (firma individual), deverá constar o nome (patronímico) do empresário individual (p. ex., "R. Sandoval-Meias"), e na da firma social (razão social), o nome de um, de alguns ou de todos os sócios ("Almeida & Rocha"). Pelo princípio da autenticidade (arts. 1.164 e 1.165 do CC), em caso de firma social ou individual, havendo retirada ou morte de um dos sócios ou transferência de empresa individual, a firma deverá ser alterada. Se o ad-

---

2. Mônica Gusmão, *Curso*, cit., p. 155 e 157. Enunciado 7. O nome de domínio integra o estabelecimento empresarial como bem incorpóreo para todos os fins de direito (aprovado na 1ª Jornada de Direito Comercial).
3. Mônica Gusmão, *Curso*, cit., p. 157-66; Ricardo Negrão, *Manual*, cit., v. 1, p. 80 e 81; Rubens Requião, *Curso*, cit., v. 1, p. 295-8; 225-41; 272-5; Sérgio Campinho, *Direito de empresa*, cit., p. 304-6; Fábio Ulhoa Coelho, *Curso*, cit., v. 1, p. 177-85; Lucas Rocha Furtado, Estabelecimento empresarial, in *O novo Código Civil*, São Paulo, LTr, 2003, p. 946-8; Sebastião José Roque, *Curso de direito empresarial*, São Paulo, Ícone, 2006, p. 170-2; Maria Helena Diniz, *Curso*, cit., v. 8, p. 686-93.

quirente, por ato *causa mortis* ou *inter vivos*, quiser, poderá, exercendo a atividade em seu nome, informar sua qualidade de sucessor. P. ex.: "Rosita Maldonado & Cia.", sucessores de "Sidney Ramora & Cia.". A *denominação*, por sua vez, por não integrar a personalidade dos sócios, poderá ser transmitida a outrem, com ou sem a sociedade empresária; rege-se pelo princípio da *novidade*, que veda a adoção de nome idêntico ou similar ao de outro empresário, a não ser que haja diferença de atividade econômica exercida pelos titulares. P. ex., se já houver registro da denominação "Casa Florença" para produtos alimentícios italianos, poderá ser ela assim registrada para o ramo de bolsas: "Casa Florença — Bolsas".

Constituem *acessórios* do nome empresarial:

a) Título de estabelecimento, que o identifica, por ser a designação ou o nome pelo qual o local da situação da "empresa" é conhecido popularmente, ganhando notoriedade, p. ex., a Tecelagem Marum Jafet S/A (nome empresarial) usa como título de estabelecimento *Mundo dos Tecidos*.

Realmente nada impede que a sociedade empresária "Comércio e Indústria João Liberato & Cia. Ltda." seja titular da marca "Pig" e seu estabelecimento tenha a denominação "Rei da Linguiça".

b) Insígnia, que é o sinal externo ou a representação gráfica (logotipo, letra, distintivo, figura, emblema, desenho etc.) do estabelecimento, que o individualiza e é usada em correspondências, anúncios etc., como o "palhaço" do McDonald's; o "jacarezinho verde" da Lacoste.

c) Expressão ou sinal de propaganda, que é a legenda, anúncio, palavra, reclame, música (*jingle*) etc. que revela a qualidade dos produtos e serviços e servem como atrativo de clientela por fazê-la lembrar da marca e da empresa. P. ex.: "Lojas Marabrás — preço menor ninguém faz".

Pelo art. 1º, n. 2, da Convenção da União de Paris de 1883, "a proteção da propriedade industrial tem por objeto as patentes de invenção, os modelos de utilidade, os desenhos ou modelos industriais, as marcas de fábrica ou de comércio, as marcas de serviço, o nome comercial e as indicações de proveniência ou denominações de origem, bem como a repressão da concorrência desleal".

O Código de Propriedade Industrial brasileiro (Lei n. 9.279/96) não adotou esse conceito amplo de propriedade industrial, pois nele estão abrangidos invenções, desenhos industriais, marcas, modelo de utilidade, patente, concorrência desleal, ficando o nome empresarial disciplinado pela Lei n. 8.934/94, norma alusiva ao registro público das empresas mercantis.

São elementos do estabelecimento os seguintes bens incorpóreos, que integram a propriedade industrial: invenção, modelo de utilidade, desenho industrial e marca.

Invenção é a criação original do espírito humano, consistente num novo produto, novo processo, novo instrumento ou novo meio técnico para obtenção de produtos, aplicável a qualquer tipo de indústria para melhorá-la[4].

Três são seus *requisitos* para sua patenteabilidade: atividade inventiva (inventividade ou originalidade), industrialidade e novidade.

A invenção assegura ao seu criador o direito à obtenção da patente, para garantir-lhe a propriedade do seu invento e a exclusividade de seu uso. O direito do inventor, portanto, surge com a concessão da patente, pois com ela ter-se-á invenção patenteada ou privilégio de invenção, que assegurará ao inventor, aos seus herdeiros e sucessores a propriedade e a exclusividade sobre a invenção.

O *modelo de utilidade*[5] é uma inovação introduzida em objeto já conhecido, aplicável à indústria, com finalidade prática ou produtiva.

Será criador de modelo de utilidade, p. ex., quem introduzir, num aspirador de pó ou num aparelho de barbear, inovação que o torne, automaticamente, autolimpante, aperfeiçoando-o, revelando ato inventivo. O modelo de utilidade, por ser criação técnica patenteável trazendo melhoria ao uso de um objeto ou produto, requer proteção por tempo limitado (15 anos da data do depósito), em todo o territó-

---

4. Rubens Requião, *Curso*, cit., v. 1, p. 265; Miguel J. A. Pupo Correia, *Direito comercial*, Lisboa, Ediforum, 1999, p. 307; Amador Paes de Almeida, *Direito de empresa*, cit., p. 37; Sérgio Campinho, *O direito de empresa*, cit., p. 307-9; Fábio Ulhoa Coelho, *Curso*, cit., v. 1, p. 137; Ricardo Negrão, *Manual*, cit., v. 1, p. 110-8; Sebastião José Roque, *Curso*, cit., p. 185-7.

5. Rubens Requião, *Curso*, cit., v. 1, p. 300 e 301; Sebastião José Roque, *Curso*, cit., p. 187 e 188.

rio nacional, ao seu titular para impedir sua utilização por terceiro sem a devida autorização (Lei n. 9.279/96, art. 40).

Pelo art. 95 da Lei n. 9.279/96, o *desenho industrial* é "a forma plástica ornamental de um objeto ou o conjunto ornamental de linhas e cores que possa ser aplicado a um produto, proporcionando resultado visual novo e original na sua configuração externa e que possa servir de tipo de fabricação industrial".

O *design* visa à obtenção de um novo aspecto exterior de um produto, cujo consumo se ligue às variações da moda ou do gosto, satisfazendo a sua estética ou a sua utilização. P. ex., o carro "X" da Mercedes-Benz apresenta um modelo industrial, mas, a cada ano, surge com novas linhas ou cores (desenho industrial), para atrair, com sua estética, os consumidores.

Não é patenteável, mas registrável no INPI. Esse registro confere a propriedade do desenho industrial ao seu autor (*designer*), estando presentes os requisitos da novidade e da originalidade.

Com o despacho favorável do pedido de registro, ter-se-á a expedição do certificado do registro.

O titular do registro tem direito de efetuar a cessão do desenho industrial e de celebrar contrato de licença para sua exploração.

Outorgado o registro, este vigorará até dez anos contados da data de depósito do pedido daquele registro no Brasil ou no exterior, prorrogável por mais três períodos sucessivos de cinco anos cada um[6].

A *marca* é o sinal ou nome colocado no seu produto ou serviço pelo empresário para identificá-lo, direta ou indiretamente, no mercado, tornando-o conhecido da clientela e fixando-lhe a origem e procedência. P. ex., marca Philco de televisores.

Pela Lei n. 9.279/96, art. 123, três são as modalidades de marca quanto à sua utilização:

a) marca de produto ou serviço, sinal distintivo, visualmente perceptível, utilizado para distinguir o produto (p. ex., molho de tomate

---

6. Amador Paes de Almeida, *Direito de empresa*, cit., p. 39; Sérgio Campinho, *O direito de empresa*, cit., p. 310 e 311; Rubens Requião, *Curso*, cit., v. 1, p. 302-10; Sebastião José Roque, *Curso*, cit., p. 188-90; Fábio Ulhoa Coelho, *Curso*, cit., v. 1, p. 146-8.

Pomarola; cola em bastão Pritt) ou serviço (p. ex., DDDRIN; TAM; AMIL) de outro idêntico, similar ou afim, de origem diversa (Lei n. 9.279/96, art. 123, I). Nada obsta que se use a mesma marca para produtos ou serviços de classe diferente. P. ex., a marca Skala do hidratante de pele poderá ser utilizada para malhas ou bolsas;

b) marca certificada ou de certificação, usada para atestar se o produto ou serviço está de acordo com as regras ou especificações técnicas, no que diz respeito à qualidade, à natureza, ao material utilizado e à metodologia adotada (Lei n. 9.279/96, art. 123, II). Visa à garantia da boa qualidade do produto (p. ex., "Leite longa vida") e do serviço prestado, atestando sua origem, o material, o modo de fabricação ou prestação de serviço;

c) marca coletiva, identificadora de produtos ou serviços oriundos de membros de uma certa entidade (Lei n. 9.279/96, art. 123, III), p. ex., a Paulista (Cooperativa Central de Laticínios do Estado de São Paulo). Constitui, na lição de José Carlos Tinoco Soares, a marca de uma comunidade ou de um agrupamento de pessoas jurídicas, distintiva de produtos de uma região ou país, como se fosse o selo de garantia, autenticidade e qualidade, visando tutelar os interesses dos empresários contra possíveis infratores, dando-lhes a chancela de genuinidade, tornando-os detentores do controle de qualidade.

Têm especial proteção legal: *a*) a *marca de alto renome* registrada no Brasil, p. ex., Kodak, IBM, Coca-Cola, Toyota, Rolex, Goodyear, Bic, Elma Chips, Kibon, Johnson, pela sua fama ou bom conceito que possui junto ao público consumidor, em todos os ramos de atividade (art. 125 da Lei n. 9.279/96; Resoluções n. 121/2005 e 122/2005 do INPI). Essa proteção especial deverá ser requerida ao INPI por ocasião da oposição a pedido de registro de marca de terceiro ou do processo administrativo de nulidade de registro de marca de terceiro. O INPI, reconhecendo-se o alto renome da marca, acolherá a oposição ou o processo de nulidade, indeferindo o pedido de registro ou anulando o registro. Se não se reconhecer o alto renome da marca, o INPI rejeitará a oposição e o processo administrativo de nulidade, deferindo o pedido de registro ou mantendo o registro. Assim, p. ex., nos Estados Unidos, a fábrica Kodak, relativa a produtos para fotografia, conseguiu, judicialmente, evitar o uso da sua marca em bicicletas; e *b*) a *marca notoriamente conhecida em seu ramo de atividade*, independentemente de estar previamente depositada ou registrada no Brasil (art. 126 da Lei n. 9.279/96, Parecer INPI n. 91/91, item 17).

Poderão ser registrados no INPI como marca quaisquer sinais distintivos, visualmente perceptíveis, como palavras, denominações, monogramas, emblemas, símbolos, figuras, ou qualquer outro sinal gráfico ou figurativo, desde que não estejam dentre os arrolados no art. 124 da Lei n. 9.279/96.

Só poderão ser registradas as marcas que apresentarem originalidade, novidade, licitude e veracidade (art. 124, V, X e XI).

Enunciado 2. A vedação de registro de marca que reproduza ou imite elemento característico ou diferenciador de nome empresarial de terceiros, suscetível de causar confusão ou associação (art. 124, V, da Lei n. 9.279/1996), deve ser interpretada restritivamente e em consonância com o art. 1.166 do Código Civil (aprovado na 1ª Jornada de Direito Comercial).

Há tutela legal da propriedade e do uso exclusivo, em todo o território nacional, da marca de certo produto ou serviço devidamente registrada (art. 129 da Lei n. 9.279/96), que veda a concorrência desleal, assegurando-se o direito à clientela do empresário e os interesses do consumidor.

Poderá requerer o registro de marca (art. 128 da Lei n. 9.279/96): *a)* pessoa natural; *b)* pessoa jurídica de direito público; *c)* pessoa jurídica de direito privado — apenas o de marca relacionada com a atividade por ela exercida efetiva e licitamente. Pelo art. 128, § 1º, o registro da marca coletiva somente poderá ser requerido por pessoa jurídica representativa de coletividade (entidade de classe, cooperativa etc.), a qual poderá exercer atividade distinta da de seus membros. E o registro de marca de certificação apenas poderá ser requerido por quem tiver interesse comercial ou industrial direto no produto ou serviço atestado (art. 128, § 2º).

O titular da marca tem o direito de[7]:

a) Zelar pela sua integridade material ou reputação (art. 130, III, da Lei n. 9.279/96).

---

7. Silva Pacheco, *Tratado de direito empresarial*, São Paulo, Saraiva, 1979, v. 2, p. 529-31; Maria Helena Diniz, *Tratado*, cit., v. 4, p. 15-17; v. 2, p. 47-58. A empresa individual de *b)* Ceder seu registro ou pedido de registro (art. 130, I, da Lei n. 9.279/96). O INPI fará a anotação da cessão, fazendo constar a qualificação completa do cessionário (art. 136, I, da Lei n. 9.279/96).

Poderá efetuar contrato de transferência e exploração de marca, pois a propriedade da marca, expressão ou sinal de propaganda poderá ser transferida por ato *inter vivos* ou *causa mortis*.

c) Licenciar seu uso (art. 130, II), sem que haja prejuízo de seu direito de controlar direta e efetivamente as especificações, a natureza e a qualidade dos produtos ou serviços. Esse contrato de licença, para produzir efeito *erga omnes*, deverá ser averbado no INPI (Lei n. 9.279/96, arts. 139 e 140).

Os *inventos* são patenteáveis desde que atendam aos requisitos da novidade, atividade inventiva e aplicação industrial (Lei n. 9.279/96, art. 8°). Também é patenteável como modelo de utilidade o objeto de uso prático, ou parte deste, suscetível de aplicação industrial, que apresente nova forma ou disposição envolvendo ato inventivo, que resulte em melhoria funcional no seu uso ou em sua fabricação (Lei n. 9.279/96, art. 9°). A *patente de invenção* vigorará pelo prazo de vinte anos e a de modelo de utilidade por quinze anos, contados da data do depósito (art. 40). Como a obtenção da patente requer processo administrativo junto ao INPI, que se inicia com o pedido da patente, a Lei n. 9.279/96, art. 40, parágrafo único, prevê prazo mínimo de dez anos (invenção) ou sete anos (modelo de utilidade) contado da vigência da data da concessão, para não lesar o titular em caso da ocorrência de atraso do INPI ou provocado por impugnação de terceiro, para se chegar à decisão final do pedido. Nesse lapso de tempo, o titular da patente pode produzir, usar, vender, importar e autorizar terceiros e será indenizado pelo uso não autorizado de seu direito.

---

responsabilidade limitada constituída para prestação de serviço tem direito à remuneração oriunda de cessão de marca de que seja detentor o seu titular (CC, art. 980-A, § 5°, inserido pela Lei n. 12.441/2011). *Vide* sobre: a) *e*-marcas — Resolução do INPI n. 26/2013; b) *e*-INPI — Resolução do INPI n. 25/2013; c) Manual do usuário do módulo *e*-marcas do *e*-INPI — Resolução do INPI n. 27/2013; d) Consolidação das regras gerais do exame substantivo dos pedidos de registro de marcas.

Enunciado 1. Decisão judicial que considera ser o nome empresarial violador do direito de marca não implica a anulação do respectivo registro no órgão próprio nem lhe retira os efeitos, preservado o direito de o empresário alterá-lo (aprovado na 1ª Jornada de Direito Comercial).

A patente é o título emitido pelo Poder Público, que concede a titularidade de direitos ao inventor e ao criador do modelo de utilidade, servindo de comprovante do direito de uso de exploração exclusiva da invenção ou do modelo de utilidade. O titular da patente tem o direito de impedir que qualquer pessoa, sem sua autorização, produza, use, coloque à venda, venda ou venha a importar o produto objeto de patente, o processo ou o produto obtido diretamente por processo patenteado.

Para tanto, o criador do invento ou do modelo de utilidade, ou alguém por eles (herdeiro, cessionário), deverá apresentar requerimento ao INPI, pleiteando a concessão da patente, juntando relatório descritivo, reivindicações, desenho, resumo e comprovante do pagamento da retribuição relativa ao depósito (Lei n. 9.279/96, art. 19).

Apresentado o *pedido* de patente, será ele publicado no órgão oficial do INPI, dentro do prazo de dezoito meses, contado do depósito daquele pedido (Lei n. 9.279/96, art. 30).

O INPI, após sessenta dias da publicação (Lei n. 9.279/96, art. 31, parágrafo único), analisará o pedido, efetuando *exame* das condições de patenteabilidade e averiguando as eventuais oposições apresentadas contra o depositante.

Se no INPI houver *decisão* deferindo o pedido, ter-se-á a expedição da *carta-patente*, que servirá de prova da existência dos direitos do requerente sobre a invenção ou o modelo de utilidade.

Pela Lei n. 9.279/96, art. 230, é admissível o depósito de pedido de patente relativo às substâncias, matérias ou produtos obtidos por meios ou processos químicos e às substâncias, matérias, misturas ou produtos alimentícios, químico-farmacêuticos e medicamentos de qualquer espécie, bem como aos respectivos processos de obtenção ou modificação por quem tenha proteção garantida em tratado ou convenção em vigência em nosso país, ficando assegurada a data do primeiro depósito no exterior, desde que seu objeto não tenha sido colocado em qualquer mercado, por iniciativa direta do titular ou por terceiro, com sua anuência, nem tenham sido realizados, por terceiros, no Brasil, sérios e efetivos preparativos para a exploração do objeto do pedido ou da patente.

Nada obsta a que o titular da patente ou do pedido da patente efetive contrato de licença para que terceiro explore sua invenção ou modelo de utilidade.

O contrato de licença para exploração exclusiva ou não exclusiva de patente tem por escopo autorizar a efetiva exploração, por terceiros, de patente regularmente depositada com pedido de exame ou concedida no Brasil, consubstanciando direito de propriedade industrial (Resolução n. 20/91, arts. 4º e 6º; Lei n. 9.279/96, art. 61) por prazo limitado ou até o final de sua validade, com ou sem remuneração.

O titular da patente pode requerer o cancelamento da licença, se o licenciado não der início à exploração efetiva dentro de um ano da concessão, interromper a exploração por prazo superior a um ano, ou, ainda, se não forem obedecidas as condições para a exploração (Lei n. 9.279/96, art. 67).

Pelo art. 78 da Lei n. 9.279/96, ter-se-á a extinção da patente: *a*) pela expiração do prazo de vigência; *b*) pela renúncia de seu titular, ressalvado o direito de terceiros; *c*) pela caducidade, de ofício ou a requerimento de qualquer interessado, se, após dois anos da concessão da primeira licença compulsória (Lei n. 9.279/96, arts. 68 a 74), esse prazo não tiver sido suficiente para prevenir ou sanar o abuso ou desuso, exceto se houver motivo justificável (art. 80). A patente caducará quando, na data do requerimento da caducidade ou da instauração de ofício do respectivo processo, não tiver sido iniciada a exploração (art. 80, § 1º); *d*) pela falta de pagamento da retribuição anual, nos prazos previstos; *e*) pela inexistência de procurador domiciliado no Brasil, se o titular tiver domicílio no exterior.

Com a extinção da patente, seu objeto cairá no domínio público[8].

As *criações de "arte aplicada à indústria"*, designadas invenções, desenhos ou modelos de utilidade, apesar de se situarem no setor da técnica por atenderem interesses que convergem para a obtenção de utilidades materiais, têm natureza intelectual e devem ser protegidas pelo direito autoral por também pertencerem à seara da estética.

O *ponto empresarial* (elemento do estabelecimento) é o local (espaço físico) onde o empresário (individual ou coletivo) fixa seu esta-

---

8. Rubens Requião, *Curso*, cit., v. 1, p. 312-41; Ricardo Negrão, *Curso*, cit., v. 1, p. 119-30; Fábio Ulhoa Coelho, *Curso*, cit., v. 1, p 149, 139-41, 164-66; Silva Pacheco, *Tratado de direito empresarial*, São Paulo, Saraiva, 1979, p. 558-65; Maria Helena Diniz, *Tratado*, cit., v. 3, p. 13-5.

belecimento para exercer sua atividade econômica organizada, voltada à produção e circulação de bens ou serviços e para o qual flui sua clientela.

Pouco importará se a titularidade da propriedade do imóvel é, ou não, do empresário, pois o ponto empresarial sempre lhe pertencerá, por ser *elemento* incorpóreo do *estabelecimento*, mas o direito de nele permanecer apenas teria sentido na hipótese em que o empresário é o locatário do imóvel onde o estabelecimento está localizado. Por tal razão, haverá proteção jurídica do valor acrescido ao prédio pela atividade do empresário, pelo art. 51 da Lei n. 8.245/91, que admite a renovação compulsória do contrato de locação não residencial, desde que atendidos certos requisitos legais, assegurando a permanência de sua atividade no local onde se estabeleceu.

Os *contratos* não constituem elementos do estabelecimento empresarial, mas os *créditos* deles oriundos são elementos incorpóreos do estabelecimento. As dívidas assumidas pelo empresário, para manter o estabelecimento, nele não se incluem, por onerarem o patrimônio, mas deverão ser pagas para que seja possível a venda ou a transferência do estabelecimento (CC, art. 1.145).

3. ATRIBUTOS DO ESTABELECIMENTO

O aviamento e a clientela constituem qualidades do estabelecimento, por serem instrumentos do exercício da atividade empresarial.

Aviamento[9] é o atributo do estabelecimento, por ser sua aptidão de dar lucros, ante a sua boa organização; localização; habilidade, competência e reputação do empresário; treinamento e eficiência de seus agentes; aperfeiçoamento de sua tecnologia; notoriedade da marca de seu produto ou serviço; criatividade no atendimento da clientela; técnica empregada na fabricação de seus produtos ou na prestação de seus serviços; aceitação de seu produto ou serviço por

---

9. Sérgio Campinho, *O direito de empresa*, cit., p. 317 e 318; Rubens Requião, *Curso*, cit., v. 1, p. 344 e 345; Modesto Carvalhosa, *Comentários*, cit., v. 13, p. 622; Fábio Ulhoa Coelho, *Curso*, cit., v. 1, p. 101; Sebastião José Roque, *Curso*, cit., p. 207-12; Ricardo Negrão, *Manual*, cit., v. 1, p. 85 e 86.

grande extensão do círculo de clientela; barateamento do custo dos seus produtos ou serviços; solidez de seu crédito; grau de eficiência na conjugação do capital e do trabalho etc.

Os bens corpóreos e incorpóreos, elementos integrantes do estabelecimento, constituem base para que haja lucratividade; logo, esta expectativa ou perspectiva de lucro líquido é o aviamento, que constitui o valor econômico agregado ao patrimônio empresarial. Aviamento ou fundo empresarial é, portanto, o sobrevalor ou valor superior atribuído aos bens do empresário individual ou coletivo que, organizados e aplicados em sua atividade econômica, integram o estabelecimento.

A *clientela*[10] é uma das manifestações externas do aviamento. Quanto maior a clientela, maior será o aviamento.

A clientela é um conjunto de pessoas que, de fato, ocasional e habitualmente, mantém com o estabelecimento (físico ou virtual) relações continuadas de procura de produtos e de serviços, para adquiri-los, em razão da sua qualidade e da reputação do empresário, criando certa fidelidade.

Há proteção legal ao "direito à clientela" do empresário, mediante repressão à concorrência desleal, visando ao não desvio da clientela (art. 195, I, II e III, da Lei n. 9.279/96).

4. Estabelecimento como objeto de direitos e de negócios jurídicos

O empresário tem livre disponibilidade do estabelecimento, por ser este negociável, estando *in commercium.*

O estabelecimento empresarial pode ser objeto unitário de direitos e de negócios jurídicos, translativos ou constitutivos, desde que sejam compatíveis com a sua natureza (CC, art. 1.143). Pode ser, por-

---

10. Sebastião José Roque, *Curso*, cit., p. 218-25; Ricardo Negrão, *Manual*, cit., v. 1, p. 87-97; Fábio Ulhoa Coelho, *Curso*, cit., v. 1, p. 101; Sérgio Campinho, *O direito de empresa*, cit., p. 300 e 319; Modesto Carvalhosa, *Comentários*, cit., p. 623; Rubens Requião, *Curso*, cit., v. 1, p. 345-63; Rui Barbosa, *Direito à clientela*, Rio de Janeiro, 1948; Vera Helena de Mello Franco, *Manual de direito comercial*, São Paulo, Revista dos Tribunais, 2004, v. 1, p. 140.

tanto, objeto de: trespasse, permuta, dação em pagamento, doação, arrendamento ou locação, usufruto, comodato, sucessão falencial, sucessão *causa mortis* (legítima ou testamentária) etc.

O contrato de compra e venda de estabelecimento empresarial, ou melhor, do complexo de bens materiais ou imateriais, utilizados na exploração de uma atividade econômica, denomina-se *trespasse*[11].

Sua eficácia *erga omnes* requer averbação do contrato à margem do registro do empresário individual ou coletivo e sua publicação na Imprensa Oficial (art. 1.144 do CC).

No trespasse do estabelecimento incluir-se-ão o título do estabelecimento, mas não o nome empresarial, e todos os seus elementos (corpóreos e incorpóreos) integrantes e os serviços.

A negociação do estabelecimento não poderá causar dano a terceiros, ou seja, aos credores do titular do estabelecimento. Por tal razão, o empresário ou sociedade empresária que não possuir bens suficientes para cobrir seu passivo só poderá alienar, eficazmente, o seu estabelecimento se: *a*) pagar todos os credores; ou *b*) obtiver o consentimento unânime, expresso ou tácito, de seus credores, dentro do prazo de trinta dias, contado da notificação (judicial ou extrajudicial) que lhes fez daquela sua pretensão (CC, art. 1.145).

O trespasse traz consequências jurídicas[12]:

a) Sucessão do adquirente na responsabilidade pelas dívidas de qualquer natureza; logo, terá responsabilidade pelo pagamento dos débitos pendentes, anteriores à transferência, ligados àquele estabelecimento, desde que estejam regularmente contabilizados em livros próprios (CC, art. 1.146, 1ª parte). Mas o alienante continuará, juntamente com o adquirente quanto aos créditos vencidos, responsável

---

11. Modesto Carvalhosa, *Comentários*, cit., v. 13, p. 637, 638 e 642; Rubens Requião, *Curso*, cit., v. 1, p. 284 e 285; Fábio Ulhoa Coelho, *Manual*, cit., p. 50 e 51; *Curso*, cit., v. 1, p. 111-8; Waldirio Bulgarelli, *Contratos mercantis*, São Paulo, Atlas, 1988, p. 164-84 e 195; Arnaldo Rizzardo, *Direito de empresa*, cit., p. 1043-5.

12. Modesto Carvalhosa, *Comentários*, cit., v. 13, p. 633, 645-8, 653-63; Sebastião José Roque, *Curso*, cit., p. 199-204; Fábio Ulhoa Coelho, *Curso*, cit., v. 1, p. 116-22; Paulo Checoli, *Direito de empresa*, cit., p. 309 e s.; Maria Helena Diniz, *Código*, cit., p. 903, 904 e 906.

solidariamente, pelo prazo de um ano, contado da publicação oficial do contrato de transferência do estabelecimento (CC, art. 1.152) e não do ato de arquivamento da alienação no Registro Público de Empresas Mercantis (CC, art. 1.144), e quanto aos vincendos, por igual lapso temporal, a partir da data do vencimento do título correspondente (CC, art. 1.146, 2ª parte).

b) Automática sub-rogação pessoal do adquirente nos contratos de exploração do estabelecimento. Assim sendo, havendo transferência do estabelecimento empresarial, exceto estipulação em sentido contrário, o adquirente sub-rogar-se-á em todos os direitos e deveres do alienante nos contratos por ele efetivados para fazer frente à exploração do estabelecimento, desde que não tenham caráter pessoal, ou melhor, desde que não sejam personalíssimos, por não terem sido firmados *intuitu personae* (CC, art. 1.148, 1ª parte).

c) Rescisão de contratos anteriores à transferência do estabelecimento empresarial por terceiros. Havendo justa causa, terceiros poderão rescindir contratos estipulados pelo alienante do estabelecimento comercial para o desenvolvimento de sua atividade econômica, dentro do prazo de noventa dias, contado da publicação da transferência (CC, art. 1.144), ressalvando-se, porém, a responsabilidade do alienante (CC, art. 1.148, 2ª parte).

d) Cessão de créditos relativos ao estabelecimento transferido (CC, arts. 286 a 292), desde que o contrato de alienação do estabelecimento contenha cláusula cedendo créditos do alienante alusivos ao estabelecimento alienado. Se o alienante veio a ceder os créditos contabilizados no ativo e referentes ao estabelecimento empresarial transferido, esta cessão terá eficácia em relação aos devedores no instante em que a transferência for publicada oficialmente (CC, art. 1.144); mas se algum devedor de boa-fé vier a solver seu débito, pagando-o, diretamente, ao cedente, e não ao cessionário, liberado estará de sua obrigação, caso em que o cessionário somente poderá voltar-se contra o cedente, procedendo à cobrança do que tem direito (CC, art. 1.149).

Para proteção do estabelecimento empresarial e do ponto:

a) o alienante, ocorrendo o trespasse, não poderá, durante os cinco anos subsequentes à transferência, restabelecer-se em idêntico (ou similar) ramo de atividade, na mesma praça, para fazer concorrência ao adquirente do estabelecimento, a não ser que haja autorização expressa (CC, art. 1.147, *caput*);

b) o locador, ou arrendador, e o nu-proprietário, por sua vez, também não poderão fazer concorrência ao locatário, ou arrendatário, e ao usufrutuário do estabelecimento empresarial, durante todo o prazo de vigência dos contratos (CC, art. 1.147, parágrafo único)[13].

5. Estabelecimento principal e os secundários

O empresário individual ou coletivo poderá ter mais de um estabelecimento, onde desenvolva suas atividades.

O *estabelecimento principal* (matriz) é a sede da administração, detentora do comando dos negócios empresariais e centro das decisões, das ordens, das instruções e da elaboração da contabilidade, se esta não for terceirizada, e do arquivo dos livros comerciais (obrigatórios e fiscais)[14].

Os *estabelecimentos empresariais secundários* são as filiais, sucursais ou agências. Mas, poder-se-á entender, em sentido estrito, como: *a) sucursal*, o estabelecimento secundário subordinado ao principal, pois foi criado para expandir seus negócios; por isso, seu gerente, apesar de gozar de alguma autonomia e organização própria, deverá seguir a orientação ou instrução dada pela matriz sobre os negócios mais importantes; *b) filial*, aquele estabelecimento secundário ligado à matriz da qual depende, com poder de representá-la, sob a direção de um preposto que exerce atividade econômica dentro das instruções dadas; logo, esse gerente não tem qualquer autonomia, estando totalmente vinculado à administração centralizada da matriz; e *c) agência* seria o estabelecimento secundário que representa o principal com o fim de efetivar negócios empresariais em outra praça.

---

13. Fábio Ulhoa Coelho, *Curso*, cit., v. 1, p. 117, 118, 123 e 124; Maria Helena Diniz, *Código*, cit., p. 905; Modesto Carvalhosa, *Comentários*, cit., v. 13, p. 649-53; Sérgio Campinho, *O direito de empresa*, cit., p. 321 e 322.

   Enunciado 8. A sub-rogação do adquirente nos contratos de exploração atinentes ao estabelecimento adquirido, desde que não possuam caráter pessoal, é a regra geral, incluindo o contrato de locação (aprovado na 1ª Jornada de Direito Comercial).

14. Pela Súmula 451 do STJ: "É legítima a penhora da sede do estabelecimento comercial".

Capítulo V
Nome empresarial

O empresário individual e o coletivo possuem nome empresarial que os identifica e os apresenta em suas relações jurídicas, diferenciando-os dos demais (CC, art. 1.163) perante a clientela. Compreende, como gênero, a *firma do empresário*, a *firma social* e a *denominação*.

O *nome empresarial* individualiza o empresário individual ou coletivo e a atividade por ele exercida, protegendo-o no âmbito estadual, com o arquivamento do ato constitutivo no Registro Público de Empresas Mercantis, mas os efeitos de seu registro são nacionais (CC, art. 1.166).

Ter-se-á sua tutela em todo o território nacional, se houver o arquivamento de pedido de proteção ao nome empresarial, nas Juntas Comerciais dos demais Estados-membros da Federação (CC, art. 1.166, parágrafo único). Enquanto o empresário estiver em atividade, terá direito ao nome, pois somente a ocorrência de declaração de sua inatividade poderá extinguir sua firma ou denominação (Lei n. 8.934/94, art. 60, § 1º, *in fine*). Logo, o nome empresarial tem duração por prazo indeterminado e constitui direito da personalidade do empresário e como tal é inalienável (CC, art. 1.164).

O nome empresarial é regido pelos princípios da veracidade e da novidade (Lei n. 8.934/94, art. 34; CC, arts. 1.163 a 1.165, e IN n. 116/2011 do DNRC, de 30-4-2007, arts. 5º e 6º)[1].

---

1. Modesto Carvalhosa, *Comentários*, cit., v. 13, p. 707 e 708; Sérgio Campinho, *O direito de*

O *princípio da veracidade* ou da *autenticidade* requer que a firma individual contenha o nome do empresário e a social, o nome, pelo menos, de um dos sócios da sociedade empresária, revelando, tanto como firma ou denominação, seus sócios, sua responsabilidade, a atividade prevista no contrato social e a estrutura empresarial. Esse princípio requer que não mais se conserve na firma social nome civil de sócio falecido, excluído ou retirante (CC, art. 1.165; IN n. 116/2011 do DNRC, arts. 4º e 5º).

Pelo *princípio da novidade* ou da *originalidade*, o nome empresarial deverá ser novo, ou seja, não poderá ter sido antes assentado no Cartório Civil de Pessoas Jurídicas (sociedade simples) ou no Registro Público de Empresas Mercantis (sociedade empresária ou empresário individual), nem poderá existir outro homógrafo ou homófono (CC, arts. 1.163 e 1.166). "Se firma ou denominação for idêntica ou semelhante à de outra empresa já registrada, deverá ser modificada ou acrescida de designação que a distinga. Será admitido o uso da expressão de fantasia incomum, desde que expressamente autorizada pelos sócios da sociedade anteriormente registrada" (IN n. 116/2011 do DNRC, arts. 4º e 6º, §§ 1º e 2º).

Assim, o nome empresarial deve ser verdadeiro e novo, distinguindo-se de todos os registrados na Junta Comercial do Estado onde o empresário, seu titular, exerce sua atividade econômica. Daí observarem Marino Pazzaglini Filho e Andrea Di Fuccio Catanese que a alteração do nome empresarial será obrigatória se houver: "*a*) coexistência do nome registrado com outro inscrito anteriormente, idêntico ou semelhante, que detém o direito de exclusividade, cabendo ao titular daquele sanar o erro do registro, promovendo alteração capaz de evitar confusão ou engano entre ambos, ficando sujeito, se omitir essa providência, à alteração compulsória e responsabilização por perdas e danos; *b*) exclusão, retirada ou morte de empresário individual ou de sócio (sociedade empresária), cujo nome civil conste da firma individual ou social e, enquanto não promovida a mudança, permanece ilimitada a

---

empresa, cit., p. 328 e 329; Ricardo Negrão, *Manual*, cit., v. 1, p. 200; Fábio Ulhoa Coelho, *Manual*, cit., p. 68, 79-81; Marino Pazzaglini Filho, Andrea Di Fuccio Catanese, *Direito de empresa*, cit., p. 27.

responsabilidade do ex-sócio ou do espólio do sócio morto (arts. 1.157, parágrafo único, e 1.165); *c*) alienação do estabelecimento, permitindo, expressamente, com autorização contratual do uso do nome do alienante (firma individual), que acarreta a modificação do nome empresarial, em respeito ao princípio da veracidade, com a mantença daquele, mas precedido do nome próprio do adquirente, com a qualificação de sucessor (art. 1.164 e parágrafo único); *d*) transformação, incorporação, fusão e cisão da sociedade, com o registro, quando for o caso, do novo nome empresarial e/ou do cancelamento do extinto (arts. 1.113, 1.119 e 1.168, 1ª parte); *e*) mudança de tipo jurídico de sociedade empresária ou de graduação de responsabilidade nos casos de firma individual ou social, permanecendo a situação jurídica anterior enquanto não for efetivada a alteração de seu nome empresarial". Fábio Ulhoa Coelho acrescenta, ainda, a esses casos de modificação obrigatória de nome, a ocorrência de alteração da categoria do sócio, quanto à sua responsabilidade pelas obrigações sociais, se o seu nome civil integrava o nome empresarial: se, p. ex., sócio comanditado de sociedade em comandita simples, torna-se comanditário. Tal sócio, contudo, continuará responsável pelas obrigações sociais até que se proceda à mudança do nome empresarial (CC, art. 1.157).

A *firma* poderá ser individual ou social.

O empresário individual só poderá adotar firma baseada em seu nome civil, completo ou abreviado, acrescentada, ou não, de designação mais precisa de sua pessoa ou do gênero da sua atividade econômica (CC, art. 1.156). P. ex., "Joaquim Antunes Vieira"; "J. A. Vieira"; "Antunes Vieira"; "A. Vieira — Joias".

Se se modificar o nome do titular da *firma individual* (p. ex., em virtude de casamento, adoção), dever-se-á não só averbá-lo no Registro Civil da Pessoa Natural, como também na Junta Comercial, pois houve alteração do nome empresarial[2].

Firma social é o nome empresarial adotado pela sociedade empresária para identificá-la no exercício de sua atividade econômica organizada,

---

2. Arnaldo Rizzardo, *Direito de empresa*, cit., p. 1065; Modesto Carvalhosa, *Comentários*, cit., v. 13, p. 713; Maria Helena Diniz, *Código Civil anotado*, cit., p. 912.

em cuja composição se empregam nomes civis, de forma completa ou abreviada, de um, alguns ou todos os seus sócios, aditando-se expressões indicativas do tipo societário ou da existência de sócios que não figuram na firma[3]. P. ex., "Júlio Caio Lara & Cia."; "Ricardo Alves, José Augusto Souza & David Soares"; "Silveira, Ferreira & Souza Limitada".

Denominação[4] é modalidade de nome empresarial que pode constituir-se por qualquer expressão linguística, seja, ou não, o nome civil de sócio da sociedade, podendo, portanto, adotar "elemento de fantasia" (criado pela imaginação).

A sociedade limitada pode adotar firma social ou denominação, mas geralmente sua opção recai sobre a denominação. P. ex., "Perfumaria Água de Cheiro Ltda".

A sociedade cooperativa deverá adotar denominação integrada pela palavra "cooperativa" (CC, art. 1.159) e se quiser poderá inseri-la antes ou depois da especificação de sua atividade ou objeto. P. ex.: "Cooperativa Agropecuária de Barretos", "Agrícola Santamarense — Cooperativa".

A sociedade anônima apenas poderá exercer suas atividades sob denominação designativa do objeto social, embora nela possa constar não só o nome de fantasia, como também o nome civil do fundador, acionista ou pessoa que contribuiu para o bom êxito da sua formação (CC, art. 1.160 e parágrafo único; Lei n. 6.404/76, art. 3º, § 1º), como um meio de prestar-lhe homenagem. A palavra "Cia." deverá vir no início e não no final do nome empresarial. Como exemplos de denominação de S/A temos: "Araucária — Cia. de Comércio e Indústria de Malhas"; "Companhia Editora Jurídico Forense"; "Livraria Setúbal S/A".

A sociedade em comandita por ações poderá, ao compor seu nome empresarial, utilizar *firma* ou *denominação*, identificando seu tipo societário pela expressão "comandita por ações" (CC, art. 1.161). P. ex., "Augusto Schelling e Cia., comandita por ações"; "Confeitaria Flor de Portugal, C. A." etc.

---

[3]. Ricardo Negrão, *Manual*, cit., v. 1, p. 193 e 194.

[4]. Fábio Ulhoa Coelho, *Curso*, cit., v. 1, p. 179; Sebastião José Roque, *Curso*, cit., p. 159 e 160; Arnaldo Rizzardo, *Direito de empresa*, cit., p. 1068, 1069 e 1071; Modesto Carvalhosa, *Comentários*, cit., v. 13, p. 719 a 725; Paulo Checoli, *Direito de empresa*, cit., p. 333; Amador Paes de Almeida, *Direito de empresa*, cit., p. 216 e 217.

O nome empresarial da *empresa individual de responsabilidade limitada* deverá ser formado pela inclusão do termo *EIRELI* após sua firma ou denominação social, podendo conter o nome do titular, quando este for pessoa física (CC, art. 980-A, § 1º, acrescentado pela Lei n. 12.441/2011; IN do DNRC n. 116/2011, arts. 2º, 3º e 5º, III, *d*). As *microempresas* e *empresas de pequeno porte* acrescentarão à sua firma ou denominação as expressões "Microempresa" ou "Empresa de Pequeno Porte", ou suas respectivas abreviações "ME" ou "EPP" (IN do DNRC n. 116/2011, art. 14).

Para a empresa individual de responsabilidade limitada, microempresa ou empresa de pequeno porte é facultativa a inclusão do objeto da sociedade na sua denominação (IN n. 116/2011, art. 5º, III, *e*).

E se houver desenquadramento da empresa individual de responsabilidade limitada, da microempresa ou da empresa de pequeno porte, será obrigatória a inclusão do objeto respectivo no nome empresarial, mediante arquivamento da correspondente alteração do ato constitutivo ou alteração contratual (IN n. 116/2011, art. 5º, III, *f*).

Se houver modificação do nome civil de empresário ou do titular de empresa individual de responsabilidade limitada, averbada no competente Registro Civil das Pessoas Naturais, deverá ser arquivada alteração com a nova qualificação do empresário ou do titular da empresa individual de responsabilidade limitada, devendo ser, também, modificado o nome empresarial (IN do DNRC n. 116/2011, art. 12, §1º).

Aos nomes das Empresas Binacionais Brasileiro-Argentinas deverão ser aditadas "Empresa Binacional Brasileiro-Argentina", "EBBA" ou "EBAB", e as sociedades estrangeiras autorizadas a funcionar no Brasil poderão acrescentar os termos "do Brasil" ou "para o Brasil" aos seus nomes de origem (IN do DNRC n. 116/2011, art. 15).

A lei veda, em algumas hipóteses, registro de nome empresarial, se[5]:

a) requerido por pessoa natural, empresário individual, apesar de designar a sociedade (CC, arts 1.156, 1.157, 1.158 a 1.161);

---

5. Arnaldo Rizzardo, *Direito de empresa*, cit., p. 1070-2; Fábio Ulhoa Coelho, *Manual*, cit., p. 70, 72 e 83; Modesto Carvalhosa, *Comentários*, cit., v. 13, p. 728-30.

b) criado para designar sociedade em conta de participação, por sua natureza secreta e por ser uma sociedade não personificada (CC, arts. 991 a 996);

c) contiver patronímico que não pode ser utilizado, legitimamente, pelo requerente (CC, art. 1.156);

d) apresentar palavra ou expressão que seja atentatória à moral e aos bons costumes (IN n. 116/2011 do DNRC, art. 4º, parágrafo único);

e) incluir ou reproduzir, em sua composição, siglas ou denominações de órgãos públicos da administração direta ou indireta e de organismos internacionais e aquelas consagradas em lei e atos regulamentares emanados do Poder Público (IN n. 116/2011 do DNRC, art. 7º);

f) contiver expressão ou palavra indicativa de atividade não prevista no objeto social (CC, arts. 1.156, 1.158, § 2º, 1.160 e 1.161; IN n. 116/2011 do DNRC, art. 5º, § 2º);

g) não atender ao princípio da veracidade (CC, arts. 1.156, 1.157, 1.158, §§ 1º e 2º, 1.160, 1.161 e 1.165; IN n. 116/2011 do DNRC, art. 5º, I a III, § 1º);

h) nele constar apelidos ou pseudônimos de empresário ou de sócio, pois, pelo art. 1.156 do Código Civil, só se pode incluir nome civil;

i) inscrito, anteriormente, por outro empresário individual ou coletivo (CC, art. 1.163).

A proteção ao nome empresarial decorre de comando legal por ser ele um dos direitos da personalidade do empresário individual ou coletivo. Sua proteção visa tutelar sua clientela e seu crédito, na praça em que exerce sua atividade econômica, coibindo-se a concorrência desleal, oriunda de confusão provocada no público consumidor por identidade ou similitude de firma ou denominação, e evitando-se dano à imagem-atributo e à honra objetiva da sociedade, em virtude de publicidade de protesto ou de falência de empresário portador de nome igual ou semelhante ao seu. Tal proteção compete ao Registro Público de Empresas Mercantis, a cargo das Juntas Comerciais das unidades da Federação (Lei n. 8.934/94, art. 13; CC, art. 1.166 e parágrafo único). A inscrição do empresário assegura a exclusividade do uso de seu nome empresarial nos limites do respectivo Estado e, também, em todo o território nacional, apenas se houver registro na forma de lei especial.

Pelo art. 5º, XXIX, da CF e art. 8º da Convenção Unionista de Paris, a proteção ao nome empresarial, limitada ao Estado-membro para efeito administrativo, estende-se a todo o território nacional (Enunciado n. 490 da V Jornada de Direito Civil).

Pelo princípio da novidade não poderão, portanto, coexistir, na mesma unidade federativa, dois nomes empresariais idênticos ou semelhantes (CC, art. 1.166 e parágrafo único; IN n. 116/2011 do DNRC, art. 6º).

Se houver transferência de sede ou abertura de filial de empresa com sede em outra unidade federativa, havendo identidade ou semelhança entre nomes empresariais, a Junta Comercial não poderá arquivar o ato, exceto se: *a*) na transferência de sede, a empresa proceder ao arquivamento, na Junta Comercial da unidade federativa de destino, do ato de modificação de seu nome empresarial; *b*) na abertura da filial, arquivar, concomitantemente, alteração de mudança do nome empresarial, na Junta Comercial da unidade federativa onde estiver localizada a sede (IN do DNRC n. 116/2011, art. 10, I e II).

Pela Instrução Normativa do DNRC n. 116/2011, art. 11, §§ 1º e 2º, a proteção ao nome empresarial decorre, automaticamente, não só do ato de inscrição de empresário ou do arquivamento do ato constitutivo de empresa individual de responsabilidade limitada ou de sociedade empresária, como também de sua alteração, e circunscreve-se à unidade federativa de jurisdição da Junta Comercial que o tiver procedido. A tutela do nome empresarial na jurisdição de outra Junta Comercial advém da abertura de filial nela registrada ou do arquivamento de pedido específico, instruído com certidão da Junta Comercial da unidade federativa em que está localizada a sede da empresa interessada. Uma vez arquivado o pedido de proteção ao nome empresarial, dever-se-á comunicar o fato à Junta Comercial do Estado da localização da sede empresarial.

Competirá à Junta Comercial e aos órgãos integrantes do Sistema Nacional de Registro de Empresas Mercantis (**SINREM**) a prévia averiguação da existência, ou não, de nome empresarial igual ou semelhante ao que se pretende registrar, com base nos critérios indicados no art. 8º, I e II, *a* e *b*, da IN n. 116/2011 do DNRC. Se não tiver essa cautela e fizer registro indevido, ter-se-á nulidade do ato registrário, mediante requerimento do empresário que sofreu o prejuízo (CC, art. 1.167).

Realmente, sendo o nome empresarial um direito da personalidade, por identificar o empresário e a sociedade no exercício de suas atividades, o lesado, ante a violação do seu direito de exclusividade, pelo seu uso indevido, poderá, a qualquer tempo, propor ação contra a Junta Comercial (Lei n. 8.934/94, arts. 44 a 51) para anular sua inscrição, se feita com violação de lei ou de contrato. Se anulada for a inscrição do nome do ofensor, este deverá aditar outro, acrescido de designação distintiva (CC, art. 1.163). Mas nada obsta, ainda, que o prejudicado pleiteie ação de indenização de reparação de perdas e danos oriundos de utilização indevida de seu nome, que prescreve dentro de três anos (CC, arts. 186, 927 e 206, § 3º e V; Lei n. 9.279/96, art. 209, § 1º).

E, somente, tutelar-se-á o nome empresarial em todo o território brasileiro, havendo registro especial unificado de abrangência nacional em órgão próprio, que, ainda, não foi regulamentado normativamente, desde que a sociedade esteja devidamente inscrita em algum Estado da Federação.

Urge esclarecer que a inscrição e a averbação em registro próprio não garantem o direito ao uso exclusivo do nome empresarial fora dos limites da unidade federativa em que foram feitas. A exclusividade do nome empresarial em todo o território brasileiro operar-se-á se requerida for à Junta Comercial de cada Estado da Federação (Dec. n. 1.800/96, art. 61; Lei n. 8.934/94, art. 33), enquanto não se tiver regulamentação daquele registro especial unificado[6].

O nome empresarial (firma ou denominação) não poderá ser objeto de alienação, que, por ser personalíssimo, fica integrado na personalidade do empresário ou da sociedade. Mas nada impede que, havendo alienação do estabelecimento, haja cessão do direito de usar o nome empresarial em adição ao nome do adquirente, visto ser o nome elemento incorpóreo do estabelecimento (CC, art. 1.164).

Se assim é, o adquirente de estabelecimento poderá, apenas se houver expressa permissão contratual, utilizar o nome empresarial do alie-

---

6. Matiello, *Código Civil*, cit., p. 723; Sérgio Campinho, *O direito de empresa*, cit., p. 330-4; Amador Paes de Almeida, *Direito de empresa*, cit., p. 221; Modesto Carvalhosa, *Comentários*, cit., v. 13, p. 734-9; Arnaldo Rizzardo, *Direito de empresa*, cit., p. 1072 e 1073. Maria Helena Diniz, *Curso*, cit., v. 8, p. 808-9.

nante, precedido do seu próprio, com a qualificação de sucessor (CC, art. 1.164, parágrafo único). P. ex., "Carvalho, Campos, Moreira e Cia.", sucessores de "Alves Pereira e Cia.".

Se se tratar de caso de cessão de todas as quotas de sócios para outras pessoas, não há alienação de nome empresarial, embora com elas seja transferida a denominação. Nenhuma consequência prejudicial haverá em se manter a denominação "Artesanatos Sol da Terra Ltda.", com a cessão total das quotas de seus sócios. Mas, se a sociedade, cujas quotas foram cedidas totalmente, possuir firma, que é composta com o nome de um ou mais sócios (CC, art. 1.158, § 1º), esta, ante o princípio da veracidade, deverá ser alterada pelo adquirente. Assim sendo, se, na sociedade "Sullivan & Schmidt Ltda.", houver cessão total das quotas de Augusto Sullivan e de Guilherme Schmidt para Arthur Andersen e René Duverger, a nova firma social deverá ser "Andersen & Duverger Ltda."[7].

Qualquer interessado poderá requerer o cancelamento da inscrição do nome empresarial, perante o Registro Público de Empresas Mercantis, se se tratar de empresário individual e se a sociedade for empresária, ou o Registro Civil das Pessoas Jurídicas, se simples, quando (CC, art. 1.168) houver: *a*) cessação do exercício da atividade econômica do empresário individual ou coletivo, reconhecida judicial ou administrativamente; *b*) término da liquidação da sociedade, na ocorrência dos casos previstos nos arts. 1.033, I a V e parágrafo único, com a redação da Lei n. 12.441/2011, e 1.044 do Código Civil[8].

---

[7]. Arnaldo Rizzardo, *Direito de empresa*, cit., p. 1074 e 1075; Paulo Checoli, *Direito de empresa*, cit., p. 340 e 341; Modesto Carvalhosa, *Comentários*, cit., v. 13, p. 730-3.

[8]. Modesto Carvalhosa, *Comentários*, cit., v. 13, p. 739-41.

Capítulo VI

Prepostos

O empresário individual ou coletivo, para o bom desempenho da atividade econômica, conta com auxiliares técnicos ou jurídicos (prepostos) a ele vinculados por contrato de trabalho, por cessão de mão de obra, por prestação de serviço terceirizado etc.

A *preposição* é o contrato pelo qual empresário ou sociedade (preponente) admite, permanente ou temporariamente, alguém (preposto), havendo, ou não, vínculo empregatício em seu estabelecimento, para gerir seus negócios, cumprir determinadas obrigações, praticar atos negociais e assumir certo cargo em seu nome, por sua conta e sob suas ordens. O contrato de preposição poderá abranger: gerente; contabilista; balconista; advogado interno; agentes de segurança etc. Ao lado do preponente, ter-se-á:

a) preposto dependente, ligado ao empresário (individual ou coletivo) por contrato de trabalho, sendo por isso assalariado e subordinado, hierarquicamente, em sua tarefa realizada no âmbito interno ou externo do estabelecimento;

b) preposto independente, que não se subordina ao empresário por não haver vínculo empregatício e por atuar como profissional autônomo.

Esse contrato produz as seguintes consequências jurídicas:

A) Em relação ao *preposto* que:

a) Dirigirá e praticará negócio empresarial por incumbência de outrem, que é o preponente (empresário ou sociedade), responsável por todos os atos praticados pelo preposto no estabelecimento, dentro de suas atribuições.

b) Será o auxiliar dependente da "empresa" por estar em relação de subordinação hierárquica relativamente ao preponente, que lhe confere poderes para desempenhar atividades de direção empresarial ou para substituir empresário em suas relações com terceiros. O preposto, portanto, investir-se-á, por obra do preponente, de: 1) um *poder de direção* ou comando no desempenho das atividades no âmbito interno do estabelecimento empresarial; ou 2) um *poder de representação* para substituir a sociedade em suas relações com terceiros.

c) Não poderá, sem autorização escrita do preponente, fazer-se substituir por outrem, no desempenho de atos especificados na preposição, sob pena de responder pessoalmente pelos atos do substituto e pelas obrigações por ele assumidas (CC, art. 1.169).

d) Estará impedido, sem expressa autorização do preponente, de efetuar negócios por sua própria conta ou de terceiro, em nome da sociedade e de participar, ainda que indiretamente, de atos do mesmo gênero dos que lhe foram cometidos pelo preponente sob pena de pagar indenização pelas perdas e danos, e os lucros da operação, obtidos pelo preposto, serão retidos pelo preponente (CC, art. 1.170).

e) Será perfeita e válida a entrega de papéis, bens ou valores ao preposto que, para isso, foi incumbido pelo preponente, se os recebeu sem protesto imediato contra qualquer irregularidade (p. ex., falta de documentação), a não ser nos casos em que houver prazo contratual ou legal para reclamação, como, p. ex., o do art. 445 do Código Civil relativo a vício redibitório (CC, art. 1.171).

f) Deverá exercer, com diligência, as funções que lhe foram conferidas por contrato e guardar sigilo de tudo que estiver relacionado à atividade empresarial.

B) Quanto ao *preponente* que terá responsabilidade perante terceiros pelos atos de quaisquer prepostos (CC, art. 1.178 e parágrafo único):

a) Praticados no estabelecimento empresarial (p. ex., por gerente, caixa, mandatário etc.) e relativos à atividade da sociedade, mesmo que não os tenha autorizado por escrito. Isso é assim em razão da *aparência de representação* de que se reveste o preposto em atividade praticada *dentro do estabelecimento* e da necessidade de proteger terceiro de boa-fé ante a *presunção da existência daquela autorização*.

b) Praticados fora do estabelecimento (p. ex., pracista, vendedor etc.), apenas dentro dos limites dos poderes conferidos por escrito, comprovados pelo próprio instrumento da preposição ou, na falta deste, por certidão do órgão competente (se foi registrado) ou cópia autêntica de seu conteúdo. Logo, se tais atos forem além dos limites de seus poderes, o preponente não poderá ser demandado, pois a responsabilidade pelos danos causados a terceiro é do preposto. Se o ato se deu *fora do estabelecimento*, há *presunção de inexistência de autorização dada ao preposto*, mesmo para ato do giro normal do negócio, pois o preponente não poderá fiscalizar o preposto; logo, o terceiro deverá ter a cautela de certificar-se da existência de efetivos poderes daquele. Por isso, se o ato exceder aos poderes outorgados, a responsabilidade será do preposto. É a lição de Modesto Carvalhosa[1].

Gerente é o preposto permanente que, por vínculo empregatício, administra e exerce atividade econômica da sociedade, na sede desta, ou em sua sucursal, filial ou agência (CC, art. 1.172), sob subordinação do administrador ou do empresário.

O gerente é um preposto de alto cargo, em razão da *permanência* de sua atuação no exercício da "empresa" e da *abrangência* dos poderes, que lhe são outorgados para o exercício da "empresa" (CC, art. 1.172, c/c o art. 966), como[2]:

---

1. Modesto Carvalhosa, *Comentários*, cit., v. 13, p. 741-70; Amador Paes de Almeida, *Direito de empresa*, cit., p. 226, 229 e 231; Rubens Requião, *Curso*, cit., v. 1, p. 190-5; Arnaldo Rizzardo, *Direito de empresa*, cit., p. 1077-9; Sérgio Campinho, *O direito de empresa*, cit., p. 349-51.

   A palavra *preposto* vem do latim *proepositus* (designação de alguém para dirigir algum serviço), indicando o que se apresenta em lugar de outro. Logo, preposto é o que representa o preponente (Láudio Camargo Fabretti, *Direito de empresa*, São Paulo, Atlas, 2003, p. 73).

2. Matiello, *Código Civil*, cit., p. 728; Modesto Carvalhosa, *Comentários*, cit., v. 13, p. 751-6, 758-62; Sebastião José Roque, *Curso*, cit., p. 131; Rubens Requião, *Curso*, cit., v. 1, p. 196; Arnaldo Rizzardo, *Direito de empresa*, cit., p. 1080-2; Paulo Checoli, *Direito de empresa*, cit., p. 349 e 350; Sérgio Campinho, *O direito de empresa*, cit., p. 351.

a) O poder de gestão dos negócios ordinários da sociedade, auxiliando o preponente empregador a administrá-los. Enfim, está ele autorizado, como mandatário, a praticar todos os atos que forem imprescindíveis para exercer a gerência e os poderes que lhe foram outorgados para a gestão dos negócios ordinários da sociedade (art. 1.173 do CC).

Se houver limitações no ato de concessão de poderes ao gerente (p. ex., permissão para avalizar, mas não para emissão de títulos), estas só poderão ser opostas a terceiros, se o instrumento de preposição que as contiver for arquivado e averbado no Registro Público de Empresas Mercantis, exceto se se puder comprovar que aquelas restrições eram do conhecimento da pessoa que tratou com o gerente (CC, art. 1.174). Com muita propriedade, observa Modesto Carvalhosa que o art. 1.174 do Código Civil deve ser analisado juntamente com o art. 1.178 para proteger terceiro de boa-fé que venha a contratar com o gerente *dentro do estabelecimento*, na presunção de que este tem amplos poderes para obrigar a sociedade. Nessa hipótese, quanto ao ato praticado pelo gerente, exorbitando os poderes outorgados, o preponente por ele responderá (CC, art. 1.178, *caput*). Mas se a contratação se deu *fora do estabelecimento* (CC, art. 1.178, parágrafo único), exigir-se-á do terceiro o dever de se certificar dos poderes do gerente, prevalecendo o art. 1.174 do Código Civil.

Qualquer modificação ou revogação do mandato (instrumento de preposição) para produzir efeito *erga omnes* deverá ser arquivada e averbada no Registro Público de Empresas Mercantis, salvo se ficar provado que terceiro que veio a negociar com gerente tinha conhecimento daquele ato revocatório ou modificativo do mandato (CC, art. 1.174, parágrafo único).

b) O poder de representação do preponente em juízo, mesmo que não haja poderes expressos para tanto, desde que prove sua qualidade de preposto (gerente) do preponente. Portanto, o gerente poderá *representar, ativa* e *passivamente, em juízo*, o preponente (empresário ou sociedade), agindo em nome deste, apenas nas ações que versarem sobre as obrigações (deveres) assumidas no exercício de sua função gerencial (CC, art. 1.176), dentro dos limites dos poderes que lhe foram outorgados pelo mandato, ou melhor, pelo instrumento de preposição.

Havendo dois ou mais gerentes, na falta de estipulação em sentido contrário, os poderes conferidos a eles considerar-se-ão solidários (CC, art. 1.173, parágrafo único).

O preponente responderá, juntamente com o gerente, pelos atos que, à sua custa, este vier a praticar em seu próprio nome (CC, art. 1.175).

O *contabilista* é o preposto auxiliar encarregado da escrituração contábil (CC, art. 1.182; Resolução CFC 803/96, que aprova o Código de Ética Profissional de Contabilista, com alterações da Resolução CFC 1.307/2010). Trata-se de um técnico em contabilidade, legalmente habilitado e regularmente inscrito em órgão profissional.

Como é dever do empresário e da sociedade (preponente) escriturar regularmente seus livros ou fichas, os assentos, neles lançados pelo contabilista (CC, art. 1.182; Dec.-Lei n. 806/69 e Dec. n. 66.408/70), que é o preposto incumbido da escrituração, produzirão, salvo se houver má-fé, os mesmos efeitos como se o fossem por aquele (CC, art. 1.177).

O contabilista (preposto) e qualquer outro auxiliar da escrituração de livros e fichas, no exercício de suas funções escriturárias, perante (CC, art. 1.177, parágrafo único)[3]:

a) o preponente, serão pessoalmente responsáveis pelos atos que, por culpa sua, vierem a lhe causar prejuízo, reparando as perdas e danos;

b) terceiros, responderão, solidariamente, com o preponente, pelos *atos dolosos*.

---

[3]. Walter A. Bernegozzi Junior, A responsabilidade do contador no novo Código Civil, *Jornal Síntese*, n. 101, p. 14; Arnaldo Rizzardo, *Direito de empresa*, cit., p. 1084; Fran Martins, *Curso de direito comercial*, Rio de Janeiro, Forense, 2001, p. 100.

Capítulo VII

Escrituração

1. Deveres comuns a todos os empresários individuais e coletivos

Todos os empresários e sociedades empresárias, com exceção dos pequenos empresários, são obrigados[1]:

a) A escriturar, ou seja, a seguir um sistema de contabilidade, mecanizado ou não, com base na escrituração uniforme de seus livros, em correspondência, com a documentação respectiva (CC, art. 1.179, 1ª parte). O número e a espécie de livros ficarão, salvo o disposto no art. 1.180, a critério dos interessados (CC, art. 1.179, § 1º).

b) A levantar anualmente o balanço patrimonial, contendo o ativo e o passivo, e o de resultado econômico indicativo dos lucros e prejuízos (CC, art. 1.179, 2ª parte).

2. Escrituração

A. Conceituação, necessidade, funções e princípios da escrituração

A escrituração[2] é o processo metódico e sistemático, pelo qual em livros próprios, obrigatório ou auxiliar, se lançam cronologicamente as

---

1. Modesto Carvalhosa, *Comentários*, cit., v. 13, p. 770-883; Fábio Ulhoa Coelho, *Curso*, cit., v. 1, p. 70 a 82 e 94; Ricardo Negrão, *Manual*, cit., v. 1, p. 212 e 213; Rubens Requião, *Curso*, cit., v. 1, p. 162 e 163.
2. Matiello, *Código*, cit., p. 729; Modesto Carvalhosa, *Comentários*, cit., v. 13, p. 777-9.

contas e todas as operações de um estabelecimento empresarial, fazendo um balanço geral do seu ativo e passivo, demonstrativo do histórico integral da empresa.

A escrituração empresarial está disciplinada nos arts. 1.179 a 1.194 do Código Civil, que também, pelo art. 1.195, aplicar-se-ão às sucursais, filiais ou agências, que atuem no Brasil, do empresário ou sociedade com sede no exterior (CC, arts. 1.134 a 1.141), que aqui tenha atividade mediante autorização governamental.

A escrituração contábil exerce relevante:

a) Função fiscal, por conter, nos lançamentos, dados informativos sobre a atividade econômica do empresário, que possibilitam a fiscalização da incidência e recolhimento de tributos.

b) Função gerencial ou administrativa, por ser imprescindível para que o empresário ou administrador possa controlar e avaliar o empreendimento feito, registrando todas as suas atividades, os negócios efetuados, as obrigações assumidas, os créditos concedidos, as dívidas contraídas, os valores recebidos e despendidos, e, com base nela, tomar decisões administrativas, financeiras e empresariais.

c) Função documental, visto que, pelo critério uniforme, constitui, pelas suas informações, um registro demonstrativo dos resultados da "empresa" para os sócios, interessados na repartição de lucros, ou terceiros (investidores, credores, órgão público).

Servem de diretrizes para a escrituração os seguintes *princípios*[3]:

a) O da *uniformidade temporal da contabilidade* (CC, art. 1.179, *caput*), que preconiza a inalterabilidade dos critérios contábeis adotados, possibilitando uma segura avaliação do empreendimento empresarial ao longo do tempo, mediante comparação dos lançamentos feitos em diferentes períodos.

b) O da *individuação* da *escrituração*, pois o lançamento contábil deverá ser correspondente ao conteúdo dos documentos que lhe deram suporte.

---

3. Ricardo Negrão, *Manual*, cit., v. 1, p. 208-11; Modesto Carvalhosa, *Comentários*, cit., v. 13, p. 778, 779, 815-7; Sérgio Campinho, *O direito de empresa*, cit., p. 355; Arnaldo Rizzardo, *Direito de empresa*, cit., p. 1102-4; Fábio Ulhoa Coelho, *Manual*, cit., p. 44.

c) O da *fidelidade*, uma vez que deverá demonstrar, com clareza, a real situação do empresário individual ou coletivo.

d) O do *sigilo dos livros empresariais* (CC, arts. 1.190 e 1.191), garantindo sua inviolabilidade para que se evite concorrência desleal e haja bom andamento da atividade econômica do empresário individual ou coletivo, uma vez que neles está toda a história da vida mercantil por revelar estratégia de vendas, desenvolvimento de crédito, custos, lucros, perdas etc.

e) O da *liberdade* de escolha do sistema de contabilidade e da quantidade e da espécie de livros necessários para o cumprimento do dever de escriturar (CC, art. 1.179 e § 1º), excepcionando-se o livro Diário (CC, art. 1.180), que é obrigatório.

A *contabilidade* é a ciência da escrituração empresarial, por ser um sistema de registro contábil de todos os fatos econômicos da empresa, apreciáveis monetariamente, suscetível de apontar a real situação patrimonial do empresário[4]. Por isso, a escrituração deverá ficar sob a responsabilidade de contabilista legalmente habilitado, exceto se, na localidade, não houver nenhum (CC, art. 1.182), hipótese em que poderá ser feita pelo próprio empresário ou por outro profissional.

A participação de contabilista legalmente habilitado traz segurança à escrituração, por isso, salvo a exceção do art. 1.182, *in fine*, do Código Civil, o Registro Público somente autenticará livros empresariais visados por contabilista.

A escrituração far-se-á em *livros* próprios, mas se for mecanizada (datilografada) ou eletrônica (informatizada), ter-se-á adoção de *fichas* ou folhas avulsas, que, contudo, não dispensará o uso de livro apropriado para o lançamento manual do balanço patrimonial e do de resultado econômico (CC, art. 1.180 e parágrafo único).

Os livros obrigatórios e as fichas, salvo disposição de lei em contrário, deverão preencher um requisito extrínseco formal, ou seja,

---

4. Sebastião José Roque, *Curso*, cit., p. 117 e 118; Modesto Carvalhosa, *Comentários*, cit., v. 13, p. 777-8.

antes de sua utilização pelo empresário ou sociedade empresária, deverão ser autenticados no Registro Público de Empresas Mercantis, desde que nele esteja inscrito o titular da atividade empresarial (CC, art. 1.181 e parágrafo único).

Nada impede a que também se providencie a autenticação dos livros não obrigatórios para que possam servir como prova subsidiária para a defesa dos interesses do empresário, se houver, por fato alheio à vontade do responsável, perda ou extravio de outros livros.

A técnica apropriada para elaborar e uniformizar escrituração requer o preenchimento de alguns *requisitos intrínsecos* (CC, art. 1.183):

a) uso de idioma nacional;

b) emprego da moeda corrente nacional, que é o real;

c) forma contábil;

d) individuação, ou seja, consignação expressa dos principais caracteres dos documentos que dão sustentação ao lançamento;

e) clareza e obediência à ordem cronológica de dia, mês e ano, conforme o momento da efetivação dos atos escriturados;

f) ausência de intervalos em branco, entrelinhas, borrões, rasuras, emendas ou transportes para as margens. Urge não olvidar que, pelo § 2º do art. 2º do Decreto-Lei n. 486/69, poderão os erros havidos na escrituração ser corrigidos, mediante lançamento de estorno.

Para que haja regularidade da contabilidade e escrituração, o empresário utilizar-se-á de livros.

Esses *livros* poderão ser[5]:

A) *Obrigatórios*, se reclamados por lei e que devem ser escriturados, sob pena de sanção criminal, administrativa ou processual, e devidamente autenticados. Podem ser: *a.1) comuns* a todos os empresários ou *a.2) especiais*, exigidos por lei para certos empresários ou so-

---

5. Mônica Gusmão, *Curso*, cit., p. 36 e 37; Rubens Requião, *Curso*, cit., v. 1, p. 170-6; Fábio Ulhoa Coelho, *Manual*, cit., p. 48 e 49; *Curso*, cit., v. 1, p. 81-4; Ricardo Negrão, *Manual*, cit., v. 1, p. 214-9; Amador Paes de Almeida, *Direito de empresa*, cit., p. 238-40.

ciedades em atenção ao ramo de atividade, à sua condição especial, ao registro de seus atos de administração, à documentação de determinadas operações etc., p. ex., para a sociedade anônima, ter-se-ão: Livro de Transferência de Ações Nominativas; Livro de Registro de Partes Beneficiárias Nominativas etc.

Temos, ainda, os *livros obrigatórios não empresariais*, que poderão ser, facultativamente, assentados na Junta Comercial, como os: *a) fiscais*, se utilizados na atividade empresarial por exigência do Fisco, por constituir elemento hábil para fiscalização do pagamento dos tributos. P. ex.: Livro de Registro de Entradas; Livro de Registro de Saídas; Livro de Registro de Apuração de IPI; Livro de Registro de Apuração de ICMS; e *b)* os *trabalhistas* ou *previdenciários*: o de Registro de Empregados; o de Inspeção do Trabalho.

B) *Facultativos* ou *auxiliares*, se não forem obrigatoriamente exigidos por lei, sendo usados voluntariamente pelo empresário para controlar suas atividades gerenciais, embora sejam: *b.1) dispensáveis*, p. ex. o Caixa, o Conta-Corrente, o de Registro dos Títulos a Vencer etc.; *b.2) necessários* ou *indispensáveis*, que apesar de serem facultativos, não exigidos legalmente, são imprescindíveis para a efetivação de certos fins empresariais. Dentre eles temos: o Livro Razão; o Obrigações a Pagar; o Obrigações a Receber etc.

Nada impede, ainda, que o empresário crie, para bem desempenhar suas atividades, novos livros facultativos, visto que o art. 1.179, § 2º, do Código Civil prescreve que "o número e espécie de livros ficam a critério do interessado".

O *Diário*[6] é o livro empresarial obrigatório comum a todos os empresários, onde serão lançadas, diariamente, por escrita direta ou reprodução, em ordem cronológica de sua ocorrência, todas as operações relativas ao exercício da empresa, consignando-se, expressamente, os principais caracteres dos documentos autênticos, que preenchem todos os requisitos legais. Os fatos econômicos que alteram o patrimônio empresarial também são narrados no Diário de forma se-

---

6. Fábio Ulhoa Coelho, *Curso*, cit., v. 1, p. 77; Maria Helena Diniz, *Código*, cit., p. 927 e 930; Sebastião José Roque, *Curso*, cit., p. 119; Láudio C. Fabretti, *Direito de empresa*, cit., p. 80.

quencial. A simples leitura de tal narração, porém, não possibilitará a obtenção de informações sobre a situação de cada conta, visto que isso competirá ao Livro Razão.

O Livro Razão possibilitará averiguar, de imediato, a posição de cada elemento do patrimônio do empresário e de suas modificações, por classificá-lo por conta de ativo, de passivo, de receita e de despesa. Com o saldo de cada conta do Livro Razão, poder-se-ão levantar balancetes diários, balanço patrimonial e de demonstração do resultado econômico. Por tal motivo, o Livro Razão é auxiliar do Diário.

No Diário também serão lançados o balanço patrimonial e o de resultado econômico, subscritos pelo contabilista, ou técnico em ciências contábeis, legalmente habilitado (CC, art. 1.182), e pelo empresário ou representante da sociedade empresária (CC, art. 1.184, *caput*, e § 2º).

Poderá haver, pelo art. 1.184, § 1º, do Código Civil, *escrituração resumida do Diário*, com totais não excedentes a trinta dias, no que disser respeito a contas cujas operações sejam numerosas ou realizadas fora da sede do estabelecimento, desde que: *a)* se utilizem, para tanto, livros auxiliares regularmente autenticados pela Junta Comercial, para registro individualizado de operações; e *b)* os documentos, que serviram de suporte ao lançamento, sejam conservados, permitindo, assim, a sua perfeita verificação por quem de direito.

Se o empresário, ou a sociedade empresária, vier a adotar para a escrituração de sua contabilidade o sistema de fichas de lançamentos, por ter preferido o processo mecânico ou eletrônico — *computer output microfilm* — *COM* (CC, art. 1.180), que permite a totalização diária das contas do ativo e do passivo da empresa, poderá substituir o Diário pelo Livro *Balancetes Diários e Balanços*[7], desde que observe todas as formalidades extrínsecas exigidas para aquele (CC, art. 1.185), que são: organização ordenada ou encadernação das fichas; lavratura do termo de abertura e encerramento e autenticação pelo Registro Público de Empresas Mercantis.

---

7. Arnaldo Rizzardo, *Direito de empresa*, cit., p. 1095 e 1096; Modesto Carvalhosa, *Comentários*, cit., v. 13, p. 794; Sebastião José Roque, *Curso*, cit., p. 120.

No livro Balancetes Diários e Balanços deverão ser registrados (CC, art. 1.186): *a*) a posição diária de cada uma das contas, ou títulos contábeis, pelo respectivo saldo, em forma de balancetes diários; e *b*) o balanço patrimonial e o de resultado econômico, no encerramento do exercício financeiro, correspondente ao final do ano-calendário.

O magistrado apenas poderá autorizar a *exibição total* dos livros e papéis de escrituração em determinadas ações para resolver certas questões, advindas de situações especiais, como as relativas à sucessão, à comunhão ou à sociedade, à administração ou gestão mercantil à conta de outrem, à falência, à liquidação da sociedade (CC, art. 1.191; CPC, art. 381).

Se o empresário, ou a sociedade empresária, se recusar a exibir, totalmente, seus livros, mediante ordem judicial, ter-se-á a sua apreensão judicial (CC, art. 1.192, 1ª parte).

Em qualquer ação, a *exibição parcial* de livros empresariais escriturados poderá ser ordenada judicialmente.

Na *exibição parcial*, o titular (empresário) apenas deverá apresentar os livros, na audiência, para exame em juízo, sem deles ser desapossado (CPC, art. 382), para que seja periciada apenas a parte que for necessária para esclarecer a questão. O juiz, ou tribunal, que conhecer da medida cautelar (Súmula 390 do STF) ou da ação, poderá, de ofício ou a requerimento dos interessados, ordenar que os livros de qualquer das partes, ou de ambas, sejam examinados, por um perito por ele nomeado, na presença do empresário, ou da sociedade empresária a que pertencerem, ou de pessoas por estes nomeadas, extraindo deles tudo que puder solucionar a controvérsia (CC, art. 1.191, § 1º; CPC, art. 382), permitindo-se, portanto, reprodução autenticada das partes dos livros que interessarem à demanda.

Se houver *recusa* da *exibição parcial* dos livros em medida cautelar, ou ação, considerar-se-á como verdadeiro o fato alegado pela parte contrária que, por meio daqueles livros, pretendia comprovar (CC, art. 1.192, 2ª parte). Mas tal presunção de confissão ficta resultante daquela recusa não é absoluta, pois poderá ser destruída mediante apresentação de hábil prova documental em contrário (CC, art. 1.192, parágrafo único), demonstrando a não veracidade daquele fato[8].

Pelo disposto no art. 1.193 do Código Civil, as restrições legais acima mencionadas, relativas ao exame da escrituração, em parte ou por inteiro, não são aplicáveis à autoridade fazendária, no exercício da fiscalização do pagamento de impostos ou tributos, nos termos do art. 195 do Código Tributário Nacional.

O Código Civil, nos arts. 1.180 e 1.181, admite, ante a evolução dos sistemas mecanizados ou eletrônicos de contabilidade, que vem dinamizando e simplificando a técnica de lançamento e de registros contábeis, o uso de *fichas* devidamente autenticadas no Registro Público de Empresas Mercantis (RPEM), sem contudo dispensar a utilização de livro apropriado para o lançamento do balanço patrimonial e do resultado econômico. Logo, o empresário que optar pelo processo de fichas deverá possuir livro próprio, autenticado no RPEM, para inscrição dos balanços, balancetes e demonstrações contábeis dos resultados do exercício social.

Permitida está a escrituração mercantil pelo sistema mecanizado ou de processamento eletrônico, em formulários contínuos, numerados sequencial e tipograficamente, que depois de impressos serão destacados e encadernados em forma de livro, que, após a lavratura dos termos de abertura e encerramento, será autenticado no RPEM.

A lei impõe à sociedade empresária e ao empresário o dever de guarda e conservação de seus livros e de toda documentação, e estende às suas sucursais, filiais ou agências, inclusive, se sediadas no exterior, as disposições alusivas à escrituração e a sua conservação.

Pelo art. 1.194 do Código Civil, o empresário e a sociedade empresária têm a obrigação de guardar e conservar em ordem, mantendo em boas condições, os livros de escrituração, a correspondência, os documentos ou papéis concernentes à sua atividade econômica ou a operações negociais que possam alterar sua situação patrimonial, en-

---

8. Fábio Ulhoa Coelho, *Curso*, cit., v. 1, p. 82, 84-6; *Manual*, cit., p. 53-5; Rubens Requião, *Curso*, cit., v. 1, p. 182-8; Modesto Carvalhosa, *Comentários*, cit., v. 13, p. 817-28.

quanto não vencidos os prazos prescricionais ou decadenciais relativos aos atos neles consignados.

3. INVENTÁRIO DE BENS E BALANÇOS

Como todo empresário, ao término de cada exercício social, deve levantar, anualmente, balanços, haverá necessidade, para efetuá-los, não só de se levantar e registrar inventários de bens, utilizados na exploração da atividade econômica, como também de se seguirem critérios legais de avaliação dos dados a serem coletados.

O *inventário* efetuar-se-á mediante registro, no Livro de Inventários, das mercadorias, dos produtos manufaturados ou dos em processo de fabricação, das matérias-primas etc.

Para elaboração do inventário, na coleta dos elementos a serem nele lançados, deverão ser seguidos alguns critérios avaliativos (CC, art. 1.187, I, II, III e IV):

a) Os bens destinados à exploração da atividade econômica deverão ser avaliados pelo *custo de sua aquisição*, atendendo-se, se houve desgaste pelo decurso de tempo ou depreciação pelo uso, à desvalorização sofrida, criando fundos de amortização para assegurar a substituição ou a conservação do seu valor.

b) Os valores mobiliários, matérias-primas, bens destinados à alienação, ou produtos da indústria ou comércio da empresa deverão ser estimados pelo *custo de sua aquisição ou fabricação*, ou, então, pelo *preço corrente* ou valor de mercado, se for inferior ao de custo. Se o preço corrente de mercado ou venal estiver acima do valor do custo de aquisição ou fabricação, e os bens forem avaliados pelo preço corrente, a diferença entre este e o de custo não será considerada para distribuição de lucros, nem para as percentagens relativas a *fundos de reserva*, que são as *contas de reserva de lucros*.

c) O valor das ações e dos títulos de renda fixa poderá ser o da *cotação da Bolsa de Valores*, sendo que os títulos *não cotados* na Bolsa de Valores e as *participações não acionárias* (p. ex., a participação em sociedade limitada) serão estimados pelo *valor de sua aquisição*.

d) Os créditos (valores a receber) serão apurados pelo *presumível valor de realização*, que se dá pelo ágio ou deságio, sem considerar os prescritos e os de difícil liquidação, a não ser que, na última hipótese, haja alguma previsão equivalente.

Entre os valores ativos a serem lançados, desde que, anualmente, amortizados, podem figurar (CC, art. 1.187, parágrafo único, I, II e III):

a) As *despesas de instalação* da sociedade até o limite correspondente a 10% do capital social.

b) Os *juros iniciais* pagos aos acionistas da sociedade anônima, no período que antecedeu ao início das operações sociais, à taxa não superior a 12% ao ano, estipulada estatutariamente.

c) A *quantia* efetivamente *paga a título de aviamento* do estabelecimento adquirido pelo empresário ou sociedade empresária[9].

Todos os empresários (individuais ou coletivos), com exceção do microempresário e o de pequeno porte, têm o dever legal (CC, art. 1.179) de fechar os *balanços anuais: patrimonial e de resultado*. Somente as sociedades anônimas (Lei n. 6.404, art. 204) e as instituições financeiras (Lei n. 4.595/64, art. 31), por distribuírem, semestralmente, os dividendos, terão a obrigação de levantar seus balanços a cada semestre. Segundo Waldo Fazzio Júnior, o balanço é uma síntese ordenada do inventário, que expressa não só o estado econômico do empresário e da sociedade empresária, como também os resultados de seus negócios, em determinado momento[10].

Balanço patrimonial é, segundo o art. 1.188 e parágrafo único do Código Civil, aquele que, feito, anual ou semestralmente, exprime, no final de cada exercício social, com fidelidade e clareza, a situação real do patrimônio empresarial, indicando, distintamente, o ativo e o passivo, abrangendo todos os bens (móveis, imóveis ou semoventes), cré-

---

9. Arnaldo Rizzardo, *Direito de empresa*, cit., p. 1096-9; Paulo Checoli, *Direito de empresa*, cit., p. 366-8; Modesto Carvalhosa, *Comentários*, cit., v. 13, p. 796-809.
10. Waldo Fazzio Júnior, *Sociedades limitadas*, São Paulo, Atlas, 2003, p. 223-5; Arnaldo Rizzardo, *Direito de empresa*, cit., p. 1099 a 1101; Fábio Ulhoa Coelho, *Curso*, cit., v. 1, p. 94-5.

ditos e débitos, atendendo sempre às peculiaridades do tipo da empresa, inclusive se coligadas, caso em que se deverão observar as disposições contidas em leis especiais (Lei n. 6.404/76, arts. 247 a 250), para assegurar a integridade do capital social de cada uma delas. Entretanto, se ocorrerem situações antes do término do exercício social ou no transcurso do período (anual ou semestral) que reclamarem a apuração do valor do patrimônio líquido da sociedade num dado momento, levantar-se-á, então: o *balanço especial*, seguindo-se os mesmos critérios do balanço ordinário, não se efetuando reavaliação de ativo ou passivo, mas apenas uma atualização do balanço, levando em conta fatos contábeis verificados desde o término do último exercício social até a data do seu levantamento, ou o *balanço de determinação*, caso em que se alterarão os critérios de apropriação de contas e de avaliação dos bens e direitos adotados pelo balanço ordinário, com o escopo de atender necessidade específica da sociedade, como a de apuração de haveres de sócio excluído, dissidente ou falecido. Reavaliar-se-ão os bens do ativo e do passivo, tendo-se por parâmetro o preço mercadológico.

O *balanço de resultado econômico* (CC, arts. 1.189, 1.179, 1.180 e 1.184) é o que contém a demonstração exata da conta de lucros e perdas, constando o crédito e o débito apurados no desenvolvimento da atividade econômico-empresarial, na forma da lei especial (Lei n. 6.404/76, art. 176, II e III) e que acompanha, por isso, o balanço patrimonial, integrando-o.

O balanço do resultado econômico dá um panorama geral do lucro ou da perda ocorrida no exercício social.

Capítulo VIII

Direito falimentar

1. Estado de crise empresarial e a insolvência do empresário devedor na nova Lei de Recuperação e Falência

A *crise* empresarial[1] poderá ser: *econômica*, se as vendas de produtos ou serviços do empresário (pessoa natural ou jurídica) forem inferiores à quantidade oferecida, provocando queda de faturamento; *financeira*, se a sociedade empresária ou o empresário individual não tiver dinheiro em caixa para saldar as obrigações assumidas; *patrimonial*, se o empresário apresentar estado de insolvência.

A nova Lei de Recuperação e Falência procurou criar mecanismos jurídicos para a superação da crise empresarial, buscando soluções de mercado, incluindo dentre elas, se viável for, a recuperação da empresa, antes de se decretar sua falência, possibilitando a continuação das atividades, a manutenção de empregos e o recolhimento de tributos. Assim, a solução da insolvência estaria norteada pelo *princípio da viabilidade da empresa*, pois, se for economicamente viável, a recuperação (LRE, arts. 47 e 161) será o mecanismo apropriado; se inviável, a falência será o remédio mais eficiente. A Lei n. 11.101/2005 regula a recuperação judicial, a extrajudicial e a falência do empresário e da socieda-

---

1. Fábio Ulhoa Coelho, *Curso*, cit., v. 3, p. 215-9; Waldo Fazzio Júnior, *Nova Lei de Falência e Recuperação de Empresas*, São Paulo, Atlas, 2005, p. 133-6; Manoel Justino Bezerra Filho, *Nova Lei de Recuperação e Falências comentada*, São Paulo, Revista dos Tribunais, 2005, p. 42-8.

de empresária, trazendo novas diretrizes ao regime jurídico brasileiro em caso de crise empresarial, substituindo a concordata (preventiva e suspensiva) pela recuperação, por evitar demora no andamento procedimental e manter o empresário (pessoa natural ou jurídica) em sua atividade econômica, assegurando-lhe sobrevida útil; criando novos órgãos deliberativos e administrativos no concurso creditório; reduzindo fases procedimentais da liquidação falimentar.

Pelo art. 1º da Lei n. 11.101/2005, a sociedade empresária e o empresário individual poderão, se devedores, obter recuperação judicial ordinária (arts. 47 a 69) ou extrajudicial (arts. 161 a 167) ou incorrer em falência (arts. 75 a 160).

A Lei n. 11.101/2005 estabelece, nos arts. 70 a 72, recuperação judicial especial de microempresas e empresas de pequeno porte (LC n. 123/2006, com as alterações da LC n. 139/2011), cujo plano deverá ser apresentado dentro do prazo improrrogável de sessenta dias da publicação da decisão que deferiu a medida, desde que preenchidas as seguintes condições: abrangência exclusiva de créditos quirografários; proposta de parcelamento do passivo em até trinta e seis prestações mensais iguais e sucessivas atualizadas monetariamente (Lei n. 10.192/2001, art. 2º, § 1º) e acrescidas de juros de 12% ao ano; efetivação do pagamento da primeira parcela no prazo máximo de cento e oitenta dias, contado da distribuição do pedido de recuperação judicial; autorização do juiz, ouvindo-se o administrador judicial e o Comitê de Credores para que o devedor possa aumentar despesas ou contratar empregados.

2. ADMINISTRADOR JUDICIAL, COMITÊ DE CREDORES E ASSEMBLEIA GERAL DE CREDORES[2]

O *administrador judicial* é a pessoa incumbida da gestão, comando e direção dos bens de uma massa, maximizando-os, para aumentar recursos, com o escopo de atender ao interesse dos credores.

---

2. Manoel Justino Bezerra Filho, *Nova lei*, cit., p. 83-127; Maria Odete D. Bertasi, Administrador judicial, comitê e assembleia de credores na Lei de Recuperação de Empresas e Falência, in *Comentários à nova Lei de Falências e Recuperação de Empresas* (coord. Rubens Approbato Machado), São Paulo, Quartier Latin, 2005, p. 121-54; Waldo Fazzio Júnior, *Nova Lei*, cit., p. 325-38; Maria Helena Diniz, *Curso*, cit., v. 8, p. 615-8.

O *administrador judicial*, auxiliar qualificado do juiz, será por ele nomeado na sentença que decretar a falência (art. 99, IX) ou no despacho que indeferir a recuperação judicial (art. 52, I). Deverá ser profissional idôneo ou pessoa jurídica especializada, hipótese em que se declarará o nome do profissional responsável pela condução do processo falimentar ou do de recuperação judicial, que não poderá ser substituído sem autorização do juiz (art. 21 e parágrafo único).

Com sua nomeação, o administrador judicial receberá intimação para assinar, dentro de quarenta e oito horas, termo de compromisso de bom desempenho do cargo e de assunção das responsabilidades, sob pena de o juiz nomear outro administrador judicial.

O juiz, *ex officio* ou a requerimento do interessado, poderá destituir o administrador por desobediência aos preceitos da Lei n. 11.101/2005, por descumprimento de deveres, omissão, negligência ou prática de ato lesivo às atividades do devedor ou a terceiros (art. 31).

O administrador judicial: a) terá responsabilidade pelos prejuízos que, dolosa ou culposamente, causar à massa falida, ao devedor ou aos credores (art. 32) e pelo quadro geral de credores, devendo verificar, com o auxílio de profissionais ou empresas especializadas, os créditos, tendo por base os livros contábeis, documentos empresariais e fiscais do empresário devedor e documentos apresentados pelos credores (art. 7º); b) não é representante da massa falida, pois esta não tem personalidade jurídica, e tem por deveres os arrolados no art. 22, I, *a* a *i* (na recuperação judicial e na falência), II, *a* a *d* (na recuperação judicial), e III, *a* a *r* (na falência). Em regra, na recuperação judicial, seu papel é de fiscalização da atividade do devedor (art. 22, II), e, na falência, tem funções mais amplas (art. 22, III), como as de arrecadação, avaliação, representação ativa e passiva da massa; e c) fará jus a uma remuneração estipulada pelo magistrado, que, para tanto, considerará a capacidade de pagamento do devedor empresário ou da massa falida (art. 25), o valor mercadológico, as dificuldades e a qualidade do trabalho (art. 24), sem contudo ultrapassar 5% do valor a ser pago aos credores (art. 24, § 1º). Perderá o administrador judicial o direito a essa remuneração, havendo: renúncia imotivada; descumprimento dos deveres legais; destituição do cargo; desaprovação da prestação de contas (art. 24, § 3º).

O *Comitê de Credores*, órgão fiscalizatório, poderá ser criado por deliberação assemblear de qualquer das classes de credores (art. 26), para que tenham uma participação mais atuante nos processos de falência e recuperação judicial, exerçam a fiscalização da gestão do administrador judicial e acompanhem todas as atividades relativas à defesa do direito dos credores de receber o crédito.

As atribuições do Comitê de Credores estão previstas legalmente, sendo, na *recuperação judicial e na falência*, no art. 27, I, *a* a *f*, as de: fiscalizar e examinar as contas do administrador judicial; zelar pelo bom andamento do processo e pelo cumprimento da lei; comunicar ao juiz as violações dos direitos e o prejuízo aos interesses dos credores; apurar e emitir pareceres sobre reclamações dos interessados; requerer ao juiz a convocação da assembleia geral de credores; e, na *recuperação judicial*, no art. 27, II, *a* a *c* e §§ 1º e 2º, compete-lhe: fiscalizar a administração das atividades do devedor e a execução do plano de recuperação judicial e submeter a alienação dos bens do ativo permanente e a constituição de ônus reais e de outras garantias à autorização judicial.

Pelo art. 29, os seus membros não terão sua remuneração custeada pelo devedor ou pela massa falida, mas as despesas realizadas para a prática de atos de sua atribuição, se comprovadas e autorizadas pelo juiz, serão ressarcidas conforme as disponibilidades de caixa.

A *assembleia geral de credores*, colegiado obrigatório na recuperação judicial e facultativo no processo falimentar, visa à proteção dos interesses dos credores, dos trabalhadores e dos sócios. É convocada, por meio de edital, pelo magistrado ou a requerimento de credores que representem 25% do valor total dos créditos de uma classe (art. 36) e é presidida pelo administrador judicial que designará, dentre os credores presentes, um deles para exercer as funções de secretário (art. 37). O credor poderá nela ser representado por procurador ou representante legal. As deliberações, em regra, são tomadas por maioria simples dos presentes, com exceção das relativas ao plano de recuperação judicial em que todas as classes deverão aprovar a proposta (art. 42). Pelo art. 35, I e II, da Lei n. 11.101/2005 terá atribuição de deliberar: *a) na recuperação judicial* sobre: aprovação, rejeição ou modificação do plano de recuperação judicial apresentado pelo empresário devedor; constituição do Comitê de Credores; escolha de seus membros e sua substituição; pedido de desistência do devedor (art. 52, § 4º); nome do gestor judicial, quando houver afastamento do devedor; matéria que possa atingir interesses dos credores; *b*) na *falência* sobre: constituição do Comitê de Credores; escolha de seus membros e sua substituição; adoção de modalidade de realização do ativo (art. 145); matéria que possa afetar interesses dos credores.

Importante é seu papel, pois: *a*) pelo art. 73, I, o juiz decretará a falência durante o processo de recuperação judicial por deliberação da assembleia geral de credores que representem mais da metade do valor total dos créditos nela presentes; *b*) pelo art. 145, o juiz apenas homologará modalidade alternativa de realização do ativo, havendo aprovação da assembleia geral de credores.

3. RECUPERAÇÃO EMPRESARIAL

Antes que o descumprimento do dever de pagar gere a presunção e a certeza da insolvência do empresário devedor, a norma jurídica lhe concede a chance de pedir sua recuperação e de provar que pode sair da má situação em que, temporariamente, se encontra.

Esse pedido de oportunidade de recuperação poderá ser feito diretamente aos credores (extrajudicial), instaurando o concurso de observação, definindo o plano de recuperação que, sendo aprovado pelos credores, será homologado pelo juiz.

Na *recuperação extrajudicial*, haverá participação ativa dos credores, pois o concurso de observação decorre de um convênio entre empresário devedor e seus credores, sob mediação judicial[3].

Para propor recuperação extrajudicial, o empresário devedor deverá preencher alguns requisitos legais (LRE, art. 161 c/c o art. 48): *a*)

---

3. É a lição de Waldo Fazzio Júnior, *Nova Lei*, cit., p. 97-113; Maria Helena Diniz, *Curso*, cit., v. 8, p. 621-4.

exercício regular de atividade econômica há mais de dois anos; *b)* não sujeição à falência; *c)* não obtenção de concessão de recuperação judicial há menos de cinco anos ou há menos de oito anos com base no plano especial alusivo às microempresas e empresas de pequeno porte (arts. 70 a 72); *d)* não condenação por crime falimentar e inexistência de administrador ou sócio controlador condenado por tal delito.

O plano, devidamente justificado e documentado (LRE, art. 163, § 6º), aprovado, será apresentado judicialmente para ser homologado, desde que haja anuência de credores que representem mais de 3/5 de todos os créditos de cada espécie.

O credor que não o aprovar não estará sujeito à proposta feita. Mas tal plano, devidamente homologado, poderá ser obrigatório aos credores dissidentes se aprovado for por credores que representem mais de 3/5 de todos os créditos de cada espécie por ele abrangidos (LRE, art. 163). Se apenas conseguir a aprovação de 3/5 dos credores de só uma das classes, o plano não vinculará a minoria de qualquer das classes.

Apresentado o plano para ser homologado, todos os credores deverão ser ouvidos sobre as suas cláusulas e condições, verificando se são apropriadas e se não lhes são prejudiciais e tendo prazo de trinta dias (art. 164) para impugnação do pedido feito pelo devedor. Apresentada a impugnação, dar-se-á prazo de cinco dias para manifestação do devedor. Afastadas as impugnações, o juiz homologará o plano por sentença.

Da sentença homologatória caberá apelação sem efeito suspensivo (art. 164, § 7º).

Com a homologação, o plano de recuperação extrajudicial produzirá efeitos (art. 165), mas poderá retroagir *ex tunc* em relação à modificação de valor ou de forma de pagamento dos credores signatários (art. 165, §§ 1º e 2º).

A *recuperação judicial* é a possibilidade de superação da crise econômico-financeira do empresário, permitindo-lhe a continuidade de seu empreendimento, por meio de uma ação judicial.

Permite preservar empresa economicamente viável, apesar das dificuldades em que se encontra, mediante participação dos credores, com intervenção do Poder Judiciário e, em certos casos, do órgão do Ministério Público (CF, art. 127; LRE, arts. 8º, 52, V, e 59, § 2º).

Para que o empresário devedor (pessoa natural ou jurídica) possa requerer em juízo a recuperação judicial, deverá, além de comprovar documentalmente sua condição de empresário, atender aos seguintes *requisitos legais* (art. 48): exercer regularmente sua atividade há mais de dois anos; não ser falido e, se o for, deverão as responsabilidades oriundas da falência estar extintas por meio de sentença transitada em julgado; não ter obtido concessão de recuperação judicial, há menos de cinco anos, ou há menos de oito anos, com base no plano especial para microempresas e empresas de pequeno porte, modalidade facultativa de recuperação judicial, limitada apenas aos créditos quirografários (art. 71); não ter sido condenado ou não ser, como administrador ou sócio controlador, pessoa condenada por crime falimentar.

Requisitos mínimos para o deferimento pelo magistrado do pedido de recuperação judicial são: nomeação de um administrador judicial, constituição do Comitê de Credores e aprovação do plano pela assembleia geral de credores.

O art. 50, I a XVI, da Lei n. 11.101/2005 enumera algumas formas possíveis de recuperação judicial, que poderão ser usadas, tais como: concessão de prazos e condições especiais para pagamento das obrigações vencidas ou vincendas; cisão, incorporação, fusão ou transformação de sociedade; alteração do controle societário; substituição total ou parcial dos administradores do devedor ou modificação de seus órgãos administrativos: trespasse; redução salarial, compensação de horários e redução da jornada, mediante acordo ou convenção coletiva; dação em pagamento ou novação de dívidas do passivo; venda parcial dos bens; emissão de valores mobiliários etc.

A recuperação judicial traz *consequências jurídicas* em relação[4]:

1) *Aos credores*: a) sujeição de todos os créditos existentes na data do pedido, mesmo os não vencidos, à recuperação judicial (art. 49, *caput*); b) exclusão do plano de recuperação judicial não só de créditos

---

4. Waldo Fazzio Júnior, *Nova Lei*, cit., p. 140-2; Manoel Justino Bezerra Filho, *Nova Lei*, cit., p. 127-88, 133; Maria Helena Diniz, *Curso*, cit., v. 8, p. 625-34.

(art. 49, § 3º) de: credor com garantia fiduciária de móveis ou imóveis; arrendador mercantil; proprietário ou promitente vendedor de imóvel cujos contratos contenham cláusula de irretratabilidade; proprietário em contrato de venda com reserva de domínio, com a dilação de cento e oitenta dias (art. 6º, § 4º), mas também de: débitos tributários (art. 57); bens dados em garantia real (art. 50, § 1º); ações que demandem quantia líquida, ações trabalhistas e execuções fiscais (art. 52, III, c/c o art. 6º); obrigações a título gratuito etc.; *c*) conservação dos direitos e privilégios dos credores do devedor contra os coobrigados, fiadores e obrigados de regresso (art. 49, § 1º); *d*) concessão de prerrogativas especiais não apenas a créditos trabalhistas ou oriundos de acidente de trabalho (art. 54) já vencidos até a data do pedido de recuperação judicial, pois deverão ser pagos dentro do prazo de um ano, como também a créditos de natureza salarial, vencidos nos três meses anteriores àquele pedido, pois o plano não poderá prever prazo superior a trinta dias para seu pagamento até o limite de cinco salários mínimos por trabalhador (art. 54, parágrafo único).

2) *Ao empresário devedor:* **a)** inalterabilidade das obrigações anteriores à recuperação judicial; *b*) suspensão provisória, pelo prazo de cento e oitenta dias, computados do deferimento do processamento de recuperação, do curso da prescrição e de todas as ações e execuções contra o devedor, inclusive as dos credores particulares de sócio solidário, salvo as ações que demandarem quantia ilíquida, as execuções fiscais e as ações trabalhistas; *c*) exigibilidade de multas contratuais e de penas pecuniárias por infração às normas penais e administrativas; *d*) inclusão após o nome empresarial, em todos os atos, contratos e documentos firmados pelo devedor (empresário, empresa individual de responsabilidade limitada e sociedade empresária), sujeito ao procedimento de recuperação judicial, da expressão "em Recuperação Judicial" (art. 69; IN n. 116/2011 do DNRC, art. 17); *e*) anotação da situação da empresa em recuperação judicial no Registro Público de Empresas Mercantis, por determinação judicial (art. 69, parágrafo único); *f*) comunicação feita pelo empresário devedor ao magistrado das ações que forem propostas após a citação; *g*) proibição do devedor de alienar bens ou direitos de seu ativo permanente; *h*) consideração de que os débitos, do devedor, contraídos pelo administrador judicial ou pelo Comitê de Credores, durante processo de recuperação judicial, com autorização dos magistrados, são extraconcursais, havendo convolação em falência; *i*) permanência do devedor na posse de seus ativos, na administração de seus negócios e na gestão empresarial, que deverá mensalmente prestar contas, sob fiscalização do Comitê de Credores ou do administrador judicial.

O processo de recuperação judicial envolve um conjunto de atos e se desenvolve em *duas fases*: a do processamento e a de execução do plano.

A *abertura do processamento* é de exclusiva iniciativa do empresário devedor, com a formulação de seu pedido de recuperação judicial acompanhado dos seguintes documentos instrutórios obrigatórios, arrolados no art. 51, I a IX, da Lei n. 11.101/2005.

Esses documentos de escrituração contábil e demais relatórios auxiliares ficarão à disposição do Juízo, do administrador judicial e, mediante autorização judicial, de qualquer interessado, mesmo credor (art. 51, § 1º). E o magistrado poderá determinar o depósito da escrituração contábil em cartório (art. 51, § 3º).

Formulado o pedido, estando em ordem a documentação, o juiz, em despacho, procederá ao deferimento do *processamento da recuperação judicial*, e no mesmo ato: *a*) suspenderá a realização do ativo; *b*) nomeará o administrador judicial; *c*) dispensará a apresentação de certidões negativas; *d*) ordenará a suspensão das ações ou execuções contra o devedor pelo prazo de cento e oitenta dias, contado daquele deferimento (Enunciado 42. O prazo de suspensão previsto no art. 6º, § 4º, da Lei n. 11.101/2005 pode excepcionalmente ser prorrogado, se o retardamento do feito não puder ser imputado ao devedor – aprovado na 1ª Jornada de Direito Comercial. Enunciado 43. A suspensão das ações e execuções previstas no art. 6º da Lei n. 11.101/2005 não se estende aos coobrigados do devedor – aprovado na 1ª Jornada de Direito Comercial); *e*) determinará ao devedor a apresentação de contas demonstrativas mensais; *f*) ordenará a intimação do Ministério Público e a comunicação por carta às Fazendas Públicas Federal e de todos os Estados e Municípios em que o devedor tiver estabelecimento; *g*) determinará a publicação de edital convocatório de credores para se manifestarem sobre o valor do crédito declarado pelo administrador judicial, apresentando eventuais impugnações (art. 52, I a V e § 1º), dentro de quinze dias.

Verificados os créditos e elaborado o quadro geral de credores pelo administrador judicial, dar-se-á o prazo de dez dias para que o Comitê de Credores, qualquer credor, devedor, sócio do devedor ou Ministério Público possam impugnar ao juiz contra a relação de credores. Os credores, cujos créditos forem impugnados, terão cinco dias para contestar a impugnação.

Apresentação do plano de recuperação judicial pelo devedor, em juízo, dentro de sessenta dias, contados da publicação do deferimento, sob pena de convolação da recuperação judicial em falência (art. 53), contendo: *a*) discriminação pormenorizada e resumo dos meios de recuperação a serem utilizados; *b*) demonstração de sua viabilidade econômica; *c*) laudo econômico-financeiro e de avaliação dos bens e ativos do devedor, subscrito por profissional legalmente habilitado ou empresa especializada (art. 53, I e III).

Enunciado 53. A assembleia geral de credores para deliberar sobre o plano de recuperação judicial é una, podendo ser realizada em uma ou mais sessões, das quais participarão ou serão considerados presentes apenas os credores que firmaram a lista de presença encerrada na sessão em que instalada a assembleia geral (aprovado na 1ª Jornada de Direito Comercial).

Enunciado 57. O plano de recuperação judicial deve prever tratamento igualitário para os membros da mesma classe de credores que possuam interesses homogêneos, sejam estes delineados em função da natureza do crédito, da importância do crédito ou de outro critério de similitude justificado pelo proponente do plano e homologado pelo magistrado (aprovado na 1ª Jornada de Direito Comercial).

Determinação judicial de publicação de edital, avisando credores sobre o recebimento do plano e fixando prazo de trinta dias para apresentação de objeções (art. 53, parágrafo único), contado da publicação da relação de credores ofertada pelo devedor.

O magistrado, ocorrendo impugnação do plano por qualquer credor, determinará *convocação da assembleia geral de credores* para deliberar sobre ela, aprovando o plano, alterando a proposta, propondo plano alternativo, com anuência expressa do devedor, desde que não haja qualquer dano aos interesses de credores ausentes, ou ainda rejeitando o plano, hipótese em que o juiz decretará falência do devedor (art. 56, §§ 2º a 4º). A realização dessa assembleia dar-

-se-á dentro de 150 dias do processamento da recuperação judicial (art. 56, § 1º).

Cumpridas todas as exigências legais, ter-se-á a *concessão judicial da recuperação*, na ausência de objeção do credor ou, mesmo havendo impugnação, com aprovação da proposta pela assembleia geral de credores (art. 58).

Enunciado 45. O magistrado pode desconsiderar o voto de credores ou a manifestação de vontade do devedor, em razão de abuso de direito (aprovado na 1ª Jornada de Direito Comercial).

Enunciado 46. Não compete ao juiz deixar de conceder a recuperação judicial ou de homologar a extrajudicial com fundamento na análise econômico-financeira do plano de recuperação aprovado pelos credores (aprovado na 1ª Jornada de Direito Comercial).

Enunciado 44. A homologação de plano de recuperação judicial aprovado pelos credores está sujeita ao controle judicial de legalidade (aprovado na 1ª Jornada de Direito Comercial).

Enunciado 54. O deferimento do processamento da recuperação judicial não enseja o cancelamento da negativação do nome do devedor nos órgãos de proteção ao crédito e nos tabelionatos de protestos (aprovado na 1ª Jornada de Direito Comercial).

Enunciado 52. A decisão que defere o processamento da recuperação judicial desafia agravo de instrumento (aprovado na 1ª Jornada de Direito Comercial).

Para a *execução do plano de recuperação judicial* aprovado, o devedor terá o prazo de até dois anos da concessão para cumprir todas as obrigações integrantes daquele plano (art. 61), sob pena de decretação judicial da falência (art. 73, IV).

Havendo pagamento de todas as obrigações, o devedor poderá requerer ao juiz a prolatação da *sentença de encerramento da recuperação judicial*[5].

---

5. Waldo Fazzio Júnior, *Nova Lei*, cit., p. 153-86; Manoel Justino Bezerra Filho, *Nova Lei*, cit., p. 163-85; Lídia V. Marzagão, A recuperação judicial, *Comentários à Lei de Falências*, São Paulo, Quartier Latin, 2005, p. 75-120. Súmula 480. O juízo da recuperação judicial não é competente para decidir sobre a constrição de bens não abrangidos pelo plano de recuperação da empresa.

Durante o processo de recuperação judicial, o magistrado poderá decretar a falência, desde que haja ocorrência das seguintes hipóteses: *a*) deliberação da assembleia geral de credores (art. 73, I) e, ainda, sua rejeição do plano de recuperação judicial apresentado pelo devedor (art. 73, III); *b*) não apresentação, em juízo, pelo devedor do plano de recuperação judicial, no prazo de sessenta dias, contado do despacho de deferimento do processamento do seu pedido (art. 73, II); *c*) descumprimento de qualquer obrigação assumida no plano, dentro do prazo de dois anos da concessão da recuperação (art. 73, IV); *d*) inadimplemento de obrigação não sujeita à recuperação judicial (art. 73, parágrafo único, c/c o art. 94, I, II e III)[6].

4. FALÊNCIA

Falência é estado de crise econômico-financeira, declarada judicialmente, do empresário que, estando com títulos enviados a protesto, não cumpriu suas obrigações líquidas, certas e vencidas, nem tem condições de pagar as vincendas. É o reconhecimento judicial da inviabilidade da continuidade do empresário devedor no exercício de suas atividades, ante a insuscetibilidade de recuperação (judicial ou extrajudicial), possibilitando o concurso de credores sobre o seu ativo remanescente, fazendo com que todos participem na concorrência sobre os bens liquidados, atendo-se à proporcionalidade no tratamento de seus créditos[7].

São requisitos legais para a decretação da falência[8]:

---

6. Manoel Justino Bezerra Filho, *Nova Lei*, cit., p. 186-8. Enunciado 47. Nas alienações realizadas nos termos do art. 60 da Lei n. 11.101/2005, não há sucessão do adquirente nas dívidas do devedor, inclusive nas de natureza tributária, trabalhista e decorrentes de acidentes de trabalho (aprovado na 1ª Jornada de Direito Comercial). Enunciado 51. O saldo do crédito não coberto pelo valor do bem e/ou da garantia dos contratos previstos no § 3º do art. 49 da Lei n. 11.101/2005 é crédito quirografário, sujeito à recuperação judicial (aprovado na 1ª Jornada de Direito Comercial). Enunciado 55. O parcelamento do crédito tributário na recuperação judicial é um direito do contribuinte, e não uma faculdade da Fazenda Pública, e, enquanto não for editada lei específica, não é cabível a aplicação do disposto no art. 57 da Lei n. 11.101/2005 e no art. 191-A do CTN (aprovado na 1ª Jornada de Direito Comercial).

7. Manoel Justino Bezerra Filho, *Nova Lei*, cit., p. 189 e 190; Waldo Fazzio Jr., *Nova Lei*, cit., p. 187-8.

8. Andréa M. R. Spinelli, Falência – disposições gerais – inovações e procedimentos, in *Comentários à nova Lei de Falência e Recuperação de Empresas* (coord. Rubens Approbato Machado), São Paulo, Quartier Latin, 2005, p. 187-92.

a) Impontualidade injustificada do empresário devedor.

b) Execução frustrada, considerando-se que o devedor executado por quantia líquida não a paga, no seu vencimento, ao credor exequente, nem a deposita e nem nomeia à penhora bens suficientes dentro do prazo legal (art. 94, II), indicando insuficiência de bens para atender o passivo, caracterizando sua insolvência e, com isso, possível será a declaração de sua falência.

c) Prática de atos sintomáticos de insolvência pelo empresário devedor. P. ex., simulação de transferência de seu principal estabelecimento; abandono de estabelecimento etc.

d) Descumprimento da recuperação judicial.

e) Confissão de insolvência pelo próprio empresário devedor.

A falência é um estado jurídico-processual decorrente de uma decisão judicial, provocada pelo pedido do interessado.

Pelo art. 97, I a IV, tem legitimação ativa para ingressar, em juízo, com o pedido de falência[9]:

a) O próprio *devedor*, requerendo sua *autofalência* (arts. 105 a 107), devendo expor as razões impeditivas da continuidade de suas atividades empresariais e instruir regularmente seu pedido.

b) Por qualquer *credor*, hipótese em que se tem a *liquidação involuntária*, desde que prove sua qualidade na ocorrência de qualquer caso do art. 94 (I a III), exibindo título exigível, devidamente protestado, de valor superior a quarenta salários mínimos ou certidão de execução frustrada ou apresentando descrição e prova de ato sintomático de insolvência praticado pelo devedor.

c) Pelo *cônjuge sobrevivente*, *herdeiros* do devedor (empresário individual) ou, ainda, pelo *inventariante* (representante do espólio insolvente), configurando-se a *liquidação póstuma*.

---

9. Waldo Fazzio Júnior, *Nova Lei*, cit., p. 196, 245-54; Andréa M. R. Spinelli, Falência, cit., p. 186 e 195; Manoel Justino Bezerra Filho, *Nova Lei*, cit., p. 244-6, 266-8; Maria Helena Diniz, *Curso*, cit., v. 8, p. 637-63.

Enunciado 56. A Fazenda Pública não possui legitimidade ou interesse de agir para requerer a falência do devedor empresário (aprovado na 1ª Jornada de Direito Comercial).

d) Pelo *sócio (quotista ou acionista) do devedor*. Havendo morte ou retirada de sócio, o sócio remanescente poderá postular a falência da sociedade empresária, confessando sua insolvência e inviabilidade, caso em que se terá *liquidação residual*.

e) Pelo *liquidante extrajudicial da sociedade* (CC, art. 1.103, VII), pois poderá, comprovando seu estado de insolvência insolúvel, confessar a falência da sociedade e até mesmo, havendo viabilidade de solução da crise econômico-financeira, pedir sua recuperação, de acordo com as formalidades prescritas para o tipo de sociedade liquidanda, hipótese em que também se configurará a *liquidação residual*.

O *processo falimentar* apresenta *duas fases*: a *cognitiva*, que tem por objetivo a constituição do estado falencial, tendo início com o pedido de falência, terminando com a decretação desta, e a *executiva*, liquidação dos ativos do devedor, iniciando-se com o decreto judicial do estado de insolvência, introduzindo a execução concursal universal.

Apresentado o pedido, o juiz, no *despacho liminar*, deverá providenciar a *citação* do réu e, conforme o caso, dos sócios, ou dos administradores, ou, ainda, do gerente de filial instalada no Brasil.

O interessado será, portanto, citado para apresentar *defesa* no pedido de falência e poderá até mesmo requerer recuperação judicial (art. 95).

O devedor *citado* poderá, então, se, p. ex., a falência for motivada por impontualidade ou execução frustrada: *a)* depositar, dentro de dez dias, a quantia exigida, correspondente ao valor total de crédito, apresentando, ainda, em sua defesa, fundamentadas oposições ao pedido feito; *b)* apresentar, sem efetuar depósito elisivo, sua contestação, no prazo de dez dias contado da citação; *c)* ficar em silêncio, o que acarretará a falência; *d)* efetivar, no prazo de dez dias, o depósito elisivo da falência, abrangendo débito, correção monetária, juros, honorários advocatícios e custas processuais, sem apresentação de defesa, caso em que, ante a solvabilidade do devedor, visto possuir ativos suficientes para superar o passivo indicado na exordial, não haverá decretação do estado falimentar, mas sim mero exame da legitimidade do crédito reclamado, e a ação falimentar converter-se-á em medida judicial de cobrança, uma vez que impossível será instaurar o concurso universal de credores, e haverá condenação do devedor aos ônus sucumbenciais.

Deverá o magistrado *dar vista dos autos ao representante do Ministério Público*, antes de prolatar a sentença.

O juiz proferirá *a sentença* (Lei n. 11.101/2005, art. 99, I a XIII), decretando a quebra do empresário devedor que dará início à execução coletiva incidente sobre o patrimônio do devedor.

Contra a decisão declaratória de falência será cabível a interposição de agravo de instrumento (CPC, arts. 522 a 529, e Lei n. 11.101/2005, art. 100, 1ª parte), visto que não põe fim ao processo falimentar (CPC, art. 162, § 1º), mas o inicia.

Por outro lado, poderá ocorrer a prolatação de *sentença denegatória da falência*, baseada na realização do depósito elisivo (art. 98, parágrafo único), a procedência das alegações apresentadas pelo empresário devedor em sua defesa (art. 96), provando sua solvabilidade e a inocorrência das hipóteses arroladas no art. 94 da Lei n. 11.101/2005.

Como a sentença que não decreta a falência põe termo ao processo, o sucumbente poderá fazer uso do recurso da apelação (CPC, arts. 513 e s. e Lei n. 11.101/2005, art. 100, 2ª parte), que será recebido em seu duplo efeito.

A sentença decretatória de falência inaugura a execução concursal, voltada à liquidação de ativos do falido.

Procedimento liquidatório inicia-se com a sentença de procedência do pedido de decretação da quebra, tendo-se:

a) Nomeação pelo juiz do administrador judicial da massa falida, pois o falido não mais terá o direito de administrar seus bens (art. 99, X).

b) Imediata arrecadação dos bens (art. 108) pelo administrador judicial, após a assinatura do termo de compromisso (art. 33), para tutelar interesses creditórios, evitando dissipação dos bens do falido. O administrador judicial, então, deverá proceder à elaboração do *auto de arrecadação*, contendo: *inventário* e *laudo de avaliação* dos bens, em separado ou em bloco, subscrito pelo administrador judicial, falido, ou seu representante e por aqueles que prestaram auxílio ou presenciaram o ato.

c) Realização do ativo, que se dá após a arrecadação dos bens, com a juntada do respectivo auto ao processo falimentar. A realização do ativo é a conversão dos bens e dos direitos (arrecadados e avaliados) do falido em dinheiro, mediante venda para sua distribuição entre credores, fazendo com que o pagamento de seu passivo seja possível.

d) Pagamento dos credores (arts. 149 a 153) conforme a natureza dos créditos, a ordem de sua classificação (art. 83) e as forças da massa falida.

e) Encerramento da falência, feito pelo juiz, após a realização do ativo, pagamento do passivo e julgamento por sentença (art. 154, § 4º) das contas prestadas pelo administrador judicial, de forma objetiva, detalhada e justificada por documentos comprobatórios, dentro de trinta dias (art. 154 e § 1º), cujas impugnações feitas pelos interessados, no prazo de dez dias, já tenham sido resolvidas, por meio de apuração de fatos, ouvindo-se o administrador judicial e o Ministério Público (art. 154, §§ 2º e 3º).

Com a aprovação judicial das suas contas, o administrador deverá oferecer, no prazo de dez dias, o *relatório final* de falência, indicando o valor do ativo e o do produto de sua realização; o valor do passivo e o dos pagamentos feitos aos credores e especificando, de modo justificado, as responsabilidades remanescentes do falido (art. 155), que perdurarão apenas até as obrigações serem julgadas extintas (art. 159).

Com a apresentação desse relatório final, o juiz, por sentença, encerrará a falência (art. 156). Tal sentença tem caráter processual homologatório, e por isso o falido continuará sendo responsável pelos débitos; mas se requereu a extinção de suas obrigações antes do encerramento da falência, o magistrado as declarará extintas na sentença de encerramento (art. 159, § 3º, 2ª parte).

Essa sentença de encerramento será publicada por edital e poderá ser interposto contra ela o recurso de apelação (art. 156, parágrafo único), recebido nos efeitos devolutivo e suspensivo.

O prazo prescricional alusivo às obrigações do falido, que estava suspenso, recomeçará a correr no dia do trânsito em julgado da sentença do encerramento da falência (art. 157) e pelo tempo que faltava no momento em que se deu a decretação da falência.

Enunciado 49. Os deveres impostos pela Lei n. 11.101/2005 ao falido, sociedade limitada, recaem apenas sobre os administradores, não sendo cabível nenhuma restrição à pessoa dos sócios não administradores (aprovado na 1ª Jornada de Direito Comercial).

Enunciado 50. A extensão dos efeitos da quebra a outras pessoas jurídicas e físicas confere legitimidade à massa falida para figurar nos polos ativo e passivo das ações nas quais figurem aqueles atingidos pela falência (aprovado na 1ª Jornada de Direito Comercial).

Capítulo IX

Contratos empresariais

1. CONTRATO SOCIAL: ASPECTOS COMUNS

O contrato de sociedade é a convenção por via da qual duas ou mais pessoas (naturais ou jurídicas) se obrigam a conjugar seus esforços ou recursos ou a contribuir com bens ou serviços para a consecução de fim comum, ou seja, para o exercício de atividade econômica e a partilha, entre si, dos resultados (CC, art. 981)[1].

---

1. Orlando Gomes, *Contratos*, 7. ed., Rio de Janeiro, Forense, 1979, p. 477; Silvio Rodrigues, Contrato de sociedade, in *Enciclopédia Saraiva do Direito*, v. 19, p. 513 e 514; W. Barros Monteiro, *Curso de direito civil*, 17. ed., São Paulo, Saraiva, v. 5, 1982, p. 305 e 306.

Pelos Enunciados:

a) 20. Não se aplica o Código de Defesa do Consumidor aos contratos celebrados entre empresários em que um dos contratantes tenha por objetivo suprir-se de insumos para sua atividade de produção, comércio ou prestação de serviços (aprovado na 1ª Jornada de Direito Comercial);

b) 21. Nos contratos empresariais, o dirigismo contratual deve ser mitigado, tendo em vista a simetria natural das relações interempresariais (aprovado na 1ª Jornada de Direito Comercial);

c) 23. Em contratos empresariais, é lícito às partes contratantes estabelecer parâmetros objetivos para a interpretação dos requisitos de revisão e/ou resolução do pacto contratual (aprovado na 1ª Jornada de Direito Comercial);

d) 24. Os contratos empresariais coligados, concretamente formados por unidade de interesses econômicos, permitem a arguição da exceção de contrato não cumprido, salvo quando a obrigação inadimplida for de escassa importância (aprovado na 1ª Jornada de Direito Comercial);

O interesse dos sócios é idêntico; por isso todos, com capitais ou atividades, se unem para lograr uma finalidade econômica, restringida à realização de um ou mais negócios determinados (CC, art. 981, parágrafo único) e partilhar, entre si, os resultados, sejam eles positivos ou negativos. Por isso, na sociedade simples, é nula a estipulação contratual que exclua qualquer sócio de participar dos lucros e das perdas (CC, art. 1.008). Todavia, pelo art. 1.007, sendo sociedade simples aquele que só contribuir com serviços, somente participará dos lucros na proporção da média do valor das quotas. Isto é assim porque ele entra apenas com o próprio trabalho.

O contrato de sociedade é[2]:

a) Plurilateral, pois duas ou mais pessoas se obrigam reciprocamente, associando-se para a realização de um benefício comum, salvo nas hipóteses excepcionais previstas em lei (Lei n. 6.404/76, arts.

---

e) 25. A revisão do contrato por onerosidade excessiva fundada no Código Civil deve levar em conta a natureza do objeto do contrato. Nas relações empresariais, deve-se presumir a sofisticação dos contratantes e observar a alocação de riscos por eles acordada (aprovado na 1ª Jornada de Direito Comercial);

f) 26. O contrato empresarial cumpre sua função social quando não acarreta prejuízo a direitos ou interesses, difusos ou coletivos, de titularidade de sujeitos não participantes da relação negocial (aprovado na 1ª Jornada de Direito Comercial);

g) 27. Não se presume violação à boa-fé objetiva se o empresário, durante as negociações do contrato empresarial, preservar segredo de empresa ou administrar a prestação de informações reservadas, confidenciais ou estratégicas, com o objetivo de não colocar em risco a competitividade de sua atividade (aprovado na 1ª Jornada de Direito Comercial);

h) 28. Em razão do profissionalismo com que os empresários devem exercer sua atividade, os contratos empresariais não podem ser anulados pelo vício da lesão fundada na inexperiência (aprovado na 1ª Jornada de Direito Comercial);

i) 29. Aplicam-se aos negócios jurídicos entre empresários a função social do contrato e a boa-fé objetiva (arts. 421 e 422 do Código Civil), em conformidade com as especificidades dos contratos empresariais (aprovado na 1ª Jornada de Direito Comercial);

j) 35. Não haverá revisão ou resolução dos contratos de derivativos por imprevisibilidade e onerosidade excessiva (arts. 317 e 478 a 480 do Código Civil) (aprovado na 1ª Jornada de Direito Comercial).

2. Orlando Gomes, *Contratos*, cit., p. 479; Serpa Lopes, *Curso de direito civil*, 4. ed., Rio de Janeiro, Freitas Bastos, 1964, v. 4, p. 487-97; Carvalho de Mendonça, *Contratos no direito civil brasileiro*, Rio de Janeiro, 1911, v. 2, n. 261; Maria Helena Diniz, *Tratado*, cit., v. 4, p. 109-12; Fabrício Z. Matiello, *Código Civil*, cit., p. 616 e s.

206, I, d, e 251; CC, arts. 44, VI, 980-A, §§ 1º a 6º, e 1.033, parágrafo único, acrescentados pela Lei n. 12.441/2011).

b) *Oneroso*, porque os sócios contraem obrigações recíprocas e adquirem direitos.

c) *Consensual*, por bastar o consentimento das partes para a sua formação, embora, p. ex., para formação da sociedade simples se exija contrato escrito, particular ou público (CC, art. 997).

d) *Comutativo*, pois o valor das prestações será fixado definitivamente, possibilitando perceber, desde logo, as vantagens e os ônus que poderão advir para cada sócio.

Os elementos imprescindíveis para a configuração do contrato social são[3]:

1º) *Existência de duas ou mais pessoas*, pois, pelos arts. 997, 981, 1.033, III, e 1.051, II, em regra, não há possibilidade legal de sociedade unipessoal.

Há uma certa tolerância, na legislação (Lei n. 6.404/76, art. 206, I, *d*), à unipessoalidade, pois sociedade anônima poderá subsistir com um único acionista, até a assembleia geral ordinária do ano seguinte, quando o número de dois sócios deverá ser reconstituído. Trata-se da *sociedade unipessoal incidental*. E o Código Civil (arts. 1.033, IV, e 1.051, II) similarmente estipula que se dissolverá a sociedade por falta de pluralidade de sócios, em razão de morte ou renúncia etc., não reconstituída pelo único sócio remanescente no prazo de 180 dias contado da data da redução do quadro societário, gerando unipessoalidade. Todavia, pelo art. 1.033, parágrafo único, do Código Civil, mesmo em caso de inexistência de pluralidade de sócios, não se terá a dissolução societária se o sócio remanescente, inclusive na hipótese de concentração de todas as cotas sociais sob sua titularidade, vier, mediante requerimento

---

3. Serpa Lopes, *Curso*, cit., p. 497-501; W. Barros Monteiro, *Curso*, cit., p. 299, 307 e 308; Orlando Gomes, *Contratos*, cit., p. 480; Caio M. S. Pereira, *Instituições*, cit., v. 3, p. 394 e 395; Cunha Gonçalves, *Tratado de direito civil*, 2. ed., São Paulo, Max Limonad, v. 6, n. 911; Amador Paes de Almeida, *Manual*, cit., p. 12, 15, 53; Fábio Ulhoa Coelho, *Manual*, cit., p. 133; Ricardo Negrão, *Manual*, cit., v. 1, p. 287 e 293; Rubens Requião, *Curso*, cit., v. 1, p. 400-5 e 386.

ao Registro Público de Empresas Mercantis, a solicitar a transformação do registro da sociedade para o de empresário individual ou para empresa individual de responsabilidade limitada, observando, no que couber, os arts. 1.113 a 1.115 do Código Civil e a Instrução Normativa n. 118/2011 do DNRC.

Mas o art. 251 da Lei n. 6.404/76 admite a *sociedade unipessoal originária*, afirma Amador Paes de Almeida, ao dispor que "a companhia pode ser constituída, mediante escritura pública, tendo como único acionista a sociedade brasileira. Trata-se da chamada *subsidiária integral*.

Outro tipo de sociedade de um único acionista é a empresa pública, da qual só o Estado é detentor de suas ações.

2º) *Contribuição de cada sócio para o capital social e o fundo social*, com bens ou com prestação de serviços. O *capital social* (patrimônio inicial da sociedade), formado pela contribuição de bens que saem do patrimônio particular dos sócios, passando para o da sociedade, permanece nominal, na soma declarada no contrato social. O *fundo social* (patrimônio social) crescerá se a sociedade tiver êxito, ou diminuirá se ela não prosperar; logo, ele é que gerará os lucros e as perdas a serem partilhadas entre os sócios.

3º) *Obtenção do fim comum pela cooperação dos sócios*, por constituir a razão determinante desse contrato, pois o contrato de sociedade é um negócio jurídico que tem por escopo alcançar um objetivo, patrimonial ou não, perseguido por todos os sócios, que poderá visar ao proveito de terceiros, como, p. ex., a proteção de um orfanato; porém, se se beneficiar um só dos sócios, não se terá sociedade, mas sim doação. Todos os sócios cooperam para atingir certo fim, pondo em comum recursos ou serviços a que se obrigaram.

Há uma convergência de vontade, unindo capital e esforço, para um fim comum. Os interesses são convergentes; as vontades dos sócios visam ao objetivo comum.

4º) *Participação nos lucros e nos prejuízos* (CC, art. 997, VII), se se tratar de sociedade destinada a fins lucrativos. Se o contrato não declarar a parte cabível a cada sócio nos lucros e perdas, entender-se-á proporcionada, quanto aos sócios de sociedade simples, p. ex., à quota com que entraram (CC, art. 1.007). Poderá haver, portanto, distribuição diferenciada de lucros; logo, poderá não ser igualitária. Quanto ao sócio de sociedade simples guardar-se-á o disposto no art. 1.007 do Código Civil, isto é, exceto se houver estipulação em contrário, participará dos lucros e das perdas, na proporção das respectivas quotas, mas aquele cuja contribuição consiste em serviços somente participará dos lucros na proporção média do valor das quotas.

5º) *"Affectio societatis"*, ou seja, intenção de cooperar como sócio ou de submeter-se ao regime societário. É, portanto, um vínculo de colaboração ativa (direta ou indireta), em que o trabalho de um aproveitará a todos. Hodiernamente, toma-se a subjetividade singular da *affectio societatis*, acrescentando-se ao *intuitu personae*, próprio da sociedade de pessoas, um especial *intuitu pecuniae*, peculiar à sociedade de capital, dando-se uma tônica à *comunhão*. *Comunhão* ou reunião de pessoas com *intuitu personae* e/ou *intuitu pecuniae* (moderno sentido de *affectio societatis*) é o elemento para a configuração do contrato social.

O contrato de sociedade reclama, para a sua constituição, o preenchimento de *requisitos*[4]:

1º) *Subjetivos*: porque cria direitos e impõe obrigações, exige que os contratantes tenham a capacidade genérica para praticar os atos da vida civil, necessitando, por isso, os absoluta ou relativamente incapazes serem representados ou assistidos por seus representantes legais, sob pena de nulidade ou anulabilidade do contrato; mas pelo Código Civil, art. 974, será necessária, para tanto, autorização judicial e, ainda, o preenchimento dos seguintes requisitos: não exercício da administração da sociedade pelo incapaz e integralização total do capital social (§§ 1º a 3º, com a redação da Lei n. 12.399/2011). Esse tipo de contrato reclama, ainda, habilitação para dispor de bens, visto que requer deslocamento patrimonial para compor a quota social.

2º) *Objetivos*: é necessário que seu objeto seja lícito e possível, isto é, deve haver liceidade e possibilidade dos fins comuns almejados pelos sócios, sob pena de nulidade.

---

4. Caio M. S. Pereira, *Instituições*, cit., p. 392-4; W. Barros Monteiro, *Curso*, cit., p. 303-5; Orlando Gomes, *Contratos*, cit., p. 481; Serpa Lopes, *Curso*, cit., p. 503-24; Maria Helena Diniz, *Tratado*, cit., v. 4, p. 114-22; Ricardo Negrão, *Manual*, cit., v. 1, p. 287; Fábio Ulhoa Coelho, *Manual*, cit., p. 137 e 138.

3ª) *Formais*: embora não requeira forma especial para a sua constituição, por ser contrato consensual, que pode ser feito oralmente ou por escrito (CC, art. 992), a forma escrita (pública ou particular) é, indiretamente, de grande importância, pois a *personalidade jurídica* surgirá com o registro desse contrato (CC, arts. 45, 46, 985, 988, §§ 1º e 2º, 997 e 1.150; Lei n. 6.015/73, arts. 114, 121, com a redação da Lei n. 9.042/95, e 126; Leis n. 8.934/94 e 9.042/95; Instruções Normativas n. 50, ora revogada, 55/96 e 71/98 do DNRC).

Será feito por instrumento público se: *a*) a sociedade objetivar bem imóvel (CC, art. 108); *b*) se tratar de sociedade anônima, que não foi constituída em assembleia geral (Lei n. 6.404/76, art. 88; CC, art. 1.089); *c*) se cuidar de sociedade formada entre corretor de Bolsa e seus auxiliares (Dec.-Lei n. 1.344/39, art. 32, § 1º). O contrato social poderá ser provado por qualquer meio probatório admitido juridicamente, como depoimento testemunhal, documentos (cartas, inclusive), perícia etc.

2. COMPRA E VENDA MERCANTIL

A compra e venda mercantil[5] pode recair em coisas móveis ou semoventes e há uma tendência nos tempos atuais de se admitir que recaia sobre imóveis, desde que sua circulação seja possível por meio de títulos representativos e contratos em massa. Os imóveis poderão fazer parte de fundo de comércio, e como tal serão regidos pelos arts. 1.142 a 1.149 do Código Civil. A compra e venda mercantil poderá recair sobre coisa incerta, p. ex., lucro futuro. A compra e venda mercantil de efeitos móveis ou semoventes — que poderão ser revendidos em grosso ou a retalho, na mesma espécie ou manufaturados, ou destinados a aluguel do seu uso (compreendem-se na classe dos primeiros a moeda metálica e o papel-moeda, títulos de fundos públicos, ações de companhias e papéis de crédito comerciais) — requer que, nas referidas negociações, o comprador ou o vendedor seja comerciante.

---

5. Maria Helena Diniz, *Tratado*, cit., v. 1, p. 423-5; Waldirio Bulgarelli, *Contratos mercantis*, São Paulo, Atlas, 1998, p. 173 e s.

A comercialidade do contrato de compra e venda decorrerá de três elementos: *a)* participação de um empresário individual ou coletivo como comprador ou vendedor; *b)* referência a coisa móvel, semovente ou a imóvel; *c)* intenção de revenda ou de aluguel. A compra e venda mercantil é ato de especulação por visar à revenda em grosso ou a retalho. A venda em grosso ou por atacado é relativa a mercadorias negociadas entre empresas, e a venda a retalho ou a varejo é a feita ao consumidor, em pequenas porções. Poderá ser à vista, com pagamento de todo preço, ou em prestações, se parcelado, hipótese em que se terá a reserva de domínio (CC, arts. 521 a 528) ou alienação fiduciária em garantia.

Convém lembrar que:

a) A venda de coisa alheia, pelo fato do contrato não transferir propriedade, ocorre com frequência no meio mercantil, na Bolsa, nas operações a descoberto, no contrato estimatório etc.

b) A compra e venda de coisa imaterial, como crédito, direito e ação, é considerada *cessão*, e a venda de estabelecimento empresarial é denominada *trespasse* (CC, arts. 1.143 a 1.148).

c) O contrato de compra e venda mercantil é consensual, bastando acordo no preço e na coisa para que ele se torne obrigatório. Na fase da *puntuazione* que antecede a conclusão do contrato, muitas vezes atuam os agentes auxiliares do comércio (corretores nas operações de Bolsa; representantes comerciais; agentes; distribuidores etc.). O início da negociação mercantil ocorrerá com o pedido. Haverá preenchimento de um formulário, relativo às mercadorias, ao preço, às condições de entrega, ao pagamento etc., pelo futuro adquirente, ou pelo vendedor, que constituirá a aceitação da proposta, ficando concluído o contrato no momento em que o vendedor fizer chegar ao comprador esse documento devidamente assinado. Esse pedido e a fatura servirão de prova da compra e venda mercantil. A fatura consiste num resumo das mercadorias entregues, com as indicações básicas de quantidade, qualidade e preço, que conjuntamente com o recibo de entrega da mercadoria (canhoto) ou outra prova da entrega (como o conhecimento de transporte), fará prova plena do contrato.

O vendedor deverá entregar a coisa vendida no prazo avençado, sob pena de responder por perdas e danos, salvo se, entre o ato da venda e a efetiva entrega, o comprador mudar de estado, por ter sido requerida sua falência, por ter pedido recuperação, ou por ter seus títulos protestados, não oferecendo garantia (fiança) idônea.

d) A tradição da coisa vendida na falta de estipulação expressa deverá ser feita no local em que se encontrar ao tempo da venda; assim, em regra, a entrega será feita na loja, fábrica ou armazém do vendedor. Se se tratar de praças diferentes, há cláusulas-tipos inseridas no contrato, indicativas do lugar em que se efetivará a entrega da mercadoria, das obrigações aceitas pelos comerciantes. Trata-se dos *Incoterms (International Commercial Terms)*, que constituem uma modalidade de súmula dos costumes internacionais atinentes a compra e venda, reduzidos a siglas, p. ex.: EXW *(Ex Works)*, que possibilitará ao vendedor colocar, na data avençada, à disposição do comprador, que assumirá todos os custos, a mercadoria vendida em suas próprias dependências; FOR *(Free On Rail)*, indicando que a mercadoria deverá ser entregue na estrada de ferro e colocada no vagão; FOB *(Free On Board)*, pela qual o vendedor, por sua conta e risco, entregará a mercadoria a bordo do navio indicado no porto de embarque; FAS *(Free Alongside Ship)*, pela qual o vendedor deverá entregar a mercadoria junto ao navio, em condições de ser embarcada no porto, ficando o comprador com as despesas com o carregamento da mercadoria para a embarcação e com as de obtenção da licença de exportação etc.; FCA *(Free Carrier)*, pela qual o comprador assume os gastos e riscos da mercadoria no instante em que for entregue, ficando ao vendedor o encargo do desembaraço aduaneiro; CIF *(Cost Insurance And Freight)*, pela qual o vendedor se encarregará de embarcar a mercadoria vendida, pagando, a expensas do adquirente, o custo do seguro marítimo e do frete e assumindo despesas com o transporte e com desembaraço para a exportação; CPT *(Freight Or Carriage Paid to)*, cláusula utilizada para transporte não marítimo, pela qual o vendedor deverá despachar a mercadoria até o local avençado, ficando sob sua responsabilidade o pagamento das despesas de carregamento e transporte, bem como as taxas de exportação. Mas os dispêndios, relativos a perda ou deterioração da mercadoria, ficarão por conta do comprador; CFR ou C&F *(Cost and Freight)*, pela qual o seguro ficará a cargo do comprador, sendo que o vendedor se responsabilizará pelo custo e pelo frete, pelo transporte, embarque e desembaraço para a exportação; CIP *(Carriage And Insurance Paid to...)*, pela qual o vendedor pagará as despesas de transporte de mercadoria até certo local, incluindo as de perda ou deterioração durante o transporte; DAF *(Delivered At Frontier)*, pela qual o vendedor cumprirá seu dever de entrega quando a mercadoria for colocada à disposição do comprador, livre e desembaraçada para exportação no local da fronteira indicado; DES *(Delivered Ex Ship)*, segundo a qual o vendedor coloca a mercadoria, não desembaraçada, a bordo do navio, no porto de destino, à disposição do comprador, que arcará com os custos do desembarque e com os de desembaraço para importação; DEQ *(Delivered Ex Quay)* indica que o vendedor deve entregar a mercadoria desembaraçada ao comprador no cais do porto de destino, assumindo a responsabilidade pelas despesas, riscos e perdas; DDU *(Delivered Duty Unpaid)*, pela qual o vendedor arcará com os encargos de transporte de mercadoria até certa localidade no país de importação, sendo que ao comprador competirá o pagamento de tributos e o desembaraço aduaneiro; DDP *(Delivered Duty Paid)*, indicando que o vendedor colocará a mercadoria à disponibilidade de comprador no local designado, no país de importação, respondendo pelas despesas de transporte, seguro e desembaraço para exportação e importação e pelos riscos de dano ou perda.

Os *incoterms* sofreram alterações em 2010, que não excluíram as versões anteriores, desde que expressas contratualmente, mas buscaram, em razão da proliferação de atos terroristas, mais segurança da carga. Suprimidas foram as cláusulas DES, DEQ, DDU e DAF e para substituí-las foram criadas a DAT (*Delivery at Terminal*) e a DAP (*Delivery at Place*). As cláusulas CIF, CFR e FOB foram mantidas, mas o ponto crítico deixou de ser o *costado do navio* (por não ser mais consentânea com a *práxis* comercial com modal de transporte aquaviário), passando a ser o *"a bordo do navio"*.

Se não houver local para a entrega, utilizar-se-á o uso da praça ou o lugar onde ela se encontrava por ocasião da venda (CC, art. 493). Pelo art. 490 c/c o art. 494 do Código Civil, as despesas com a tradição da coisa ficarão por conta do vendedor e as com o recebimento da coisa, a cargo do comprador, se não houver convenção a respeito.

3. Comissão

A *comissão*[6] é o contrato pelo qual uma pessoa (comissário) adquire ou vende bens, em seu próprio nome e responsabilidade, mas por ordem e por conta de outrem (comitente), em troca de certa remuneração, obrigando-se para com terceiros com quem contrata (CC, art. 693).

O comissário contratará diretamente com terceiros em seu nome vinculando-se obrigacionalmente; logo, as pessoas com quem contratar não poderão acionar o comitente, que também não poderá acioná-las, a não ser que o comissário tenha cedido seus direitos a qualquer das partes (ao comitente ou àqueles com quem efetivou o negócio). Se isso ocorrer, o cessionário sub-rogar-se-á nos direitos e deveres do comissário (cedente), podendo ser demandado (CC, art. 694).

O comissário, pessoa natural ou jurídica, deverá ser o empresário que, segundo as instruções recebidas do comitente, efetuará negócios em seu próprio nome, porém em favor e por conta do comitente. Apresenta-se, no dizer de alguns autores, sob a feição de mandato sem representação. Há, na verdade, uma representação indireta ou imperfeita, visto que o comissário não é representante direto do comitente. Produz efeitos análogos aos do mandato, distinguindo-se dele pela maneira de agir do representante. No mandato, o representante age em nome do representado, ao passo que, na comissão, o comissário deve negociar em nome próprio, porém em favor e por conta do comitente, cujas instruções deve seguir, apresentando, por isso, essa figura contratual as vantagens de: dispensar a exibição de documento formal que habilite o representante perante as pessoas com quem tratar; afastar o risco do excesso de poderes do representante; permitir o segredo das operações do representado, para evitar que os concorrentes conheçam

---

6. Fran Martins, *Contratos e obrigações comerciais*, 5. ed., Rio de Janeiro, Forense, 1977, p. 353-6; Orlando Gomes, *Contratos*, cit., p. 437-41; Waldirio Bulgarelli, Comissão mercantil, in *Enciclopédia Saraiva do Direito*, v. 16, p. 208-21; Waldemar Ferreira, Aspectos econômicos e financeiros do contrato de comissão mercantil, *RDM*, (2):287 e s., ano 3, 1953; Adalberto Simão Filho, *Comentários ao Código Civil* (coord. Camillo, Talavera, Fujita e Scavone Jr.), São Paulo, Revista dos Tribunais, 2006, p. 602-6; Luiz Edson Fachin, O contrato de comissão: breve exame de aspectos relevantes, in *O novo Código Civil – estudos em homenagem ao Prof. Miguel Reale*, São Paulo, LTr, 2003, p. 641 e s.

a marcha de seus negócios; utilizar o crédito do comissário na praça onde se estabelece; facilitar as informações das remessas e da guarda das mercadorias em praças distantes.

Pela própria natureza do contrato de comissão, o comissário não responderá pela solvência das pessoas com quem negociar, cabendo, então, esse risco ao comitente (CC, art. 697). Entretanto, nada obsta a que o comissário, espontaneamente, resolva assumir a garantia da solvência dessas pessoas, mediante ajuste prévio entre ele e o comitente, firmado por ocasião da formação do contrato de comissão, recebendo uma remuneração mais elevada como compensação do risco pela solvabilidade de terceiro. A comissão *del credere* constitui o comissário garante solidário ao comitente. Prescreve, nesse sentido, o art. 698 do novo Código Civil: "Se do contrato de comissão constar a cláusula *del credere*, responderá o comissário solidariamente com as pessoas com que houver tratado em nome do comitente, caso em que, salvo estipulação em contrário, o comissário tem direito a remuneração mais elevada, para compensar o ônus assumido".

O *comissário* terá o *direito* de:

1º) exigir uma remuneração pelo cumprimento dos encargos que lhe foram cometidos. Estipulada no contrato, e, na falta de convenção, regulada por arbitramento judicial na base do que for estabelecido pelos usos da praça em que se executar o contrato (CC, art. 701);

2º) pedir ao comitente os fundos necessários para realizar os negócios de que for incumbido;

3º) reembolsar-se não só das despesas que efetuou com a negociação, com os juros, desde a data do desembolso, feito para execução de ordens do comitente (CC, art. 706), mas também dos prejuízos que vier a sofrer com o desempenho da comissão;

4º) reter bens e valores pertencentes ao comitente não só para reembolsar-se das despesas feitas com os encargos que lhe foram cometidos, quando o comitente não fornecer fundos suficientes para tal, mas também para servir de garantia ao pagamento de sua remuneração. O comissário, havendo concurso creditório, é credor privilegiado na falência ou na insolvência do comitente, pelas comissões a que tem direito ou reembolsos das despesas feitas com as negociações desempenhadas no interesse do comitente (CC, arts. 707 e 708).

Mas, por outro lado, assumirá *obrigações*:

1ª) Em relação ao comitente, pois deverá:

a) concluir o negócio em seu próprio nome, agindo no interesse do comitente (CC, art. 693), e, por isso, deverá seguir as novas instruções, que regerão os negócios futuros e os pendentes (CC, art. 704);

b) cumprir o contrato, seguindo as ordens e instruções recebidas do comitente. Se porventura não as recebeu, não podendo pedi-las a tempo, deverá executar o contrato, agindo, com zelo, como se se tratasse de negócio próprio, de acordo com os usos em caso semelhante (CC, art. 695), sob pena de responder por perdas e danos. Tal não ocorrerá se existirem causas que justifiquem o seu afastamento das instruções ou o excesso da comissão, tais como: em caso de vantagem proporcionada ao comitente; se a operação a ser realizada não admitir demora ou se de sua expedição puder resultar dano. O comissário presumir-se-á autorizado para conceder dilação do prazo para pagamento, conforme o uso do lugar onde se realizar o negócio (CC, art. 699), sempre que não tiver instrução ou ordem em contrário do comitente, devendo comunicar-lhe o fato;

c) responsabilizar-se, subjetivamente, pela guarda e conservação dos bens do comitente, quer lhe tenham sido consignados, quer os tenha comprado. No desempenho de suas incumbências, o comissário, agindo como se o negócio fosse seu, deverá obrar com cuidado e diligência para evitar qualquer prejuízo ao comitente e para lhe proporcionar o lucro que razoavelmente se podia esperar do negócio (CC, art. 696);

d) responder, se empregar em operações diversas daquelas a que foram destinadas as importâncias que lhe entregar o comitente, não só pelos juros a datar do dia em que as recebeu, mas também pelos prejuízos resultantes do não cumprimento das instruções ou ordens do comitente (CC, art. 695), estando, ainda, se tais danos foram provocados culposamente, por ato omissivo ou comissivo, sujeito às ações de responsabilidade civil (CC, art. 696 e parágrafo único);

e) ressarcir os prejuízos que causar ao comitente por ter feito negociação a preço e condições mais onerosas que as correntes, ao tempo da transação, na praça em que ela se verificou, pois deve proporcionar-lhe lucro que razoavelmente se podia esperar do negócio (CC, art. 696);

f) indenizar os danos resultantes do não cumprimento de ordem do comitente (CC, art. 695);

g) prestar contas ao comitente do encargo recebido, visto que realiza negócios no interesse dele;

h) pagar juros moratórios ao comitente pela demora ou atraso na entrega dos fundos que lhe pertencem (CC, art. 706), segundo a taxa estipulada convencionalmente ou determinada pelo critério legal previsto no art. 406 do Código Civil.

2ª) Em relação aos terceiros, uma vez que deverá:

a) responder pelas obrigações assumidas, por contratar em seu próprio nome, se bem que sob as ordens e por conta do comitente (CC, art. 693);

b) responsabilizar-se pela perda ou extravio de dinheiro, metais preciosos de terceiros, que se encontrarem em seu poder, ainda que o dano provenha de caso fortuito ou de força maior, a não ser que consiga provar que empregou, na sua guarda, a diligência necessária[7].

O *comitente* terá o *direito* de:

1º) opor todas as exceções que pode opor o comissário, porém jamais poderá alegar a incapacidade deste para anular os efeitos das obrigações por ele assumidas;

2º) exigir que o comissário responda pelos prejuízos causados com sua dispensa motivada (CC, art. 703, *in fine*) e com o fato de não tê-lo avisado, ao receber as mercadorias ou bens, das avarias, diminuição ou mudança de estado e pague pelos ju-

---

7. Quanto aos direitos e obrigações do comissário, consulte: Fran Martins, op. cit., p. 358-63; Orlando Gomes, *Contratos*, cit., p. 441-4; Adalberto Simão Filho, *Comentários*, cit., p. 602-6.

ros moratórios pela demora na entrega dos fundos que lhe pertencem (CC, art. 706, 2ª parte);

3º) reivindicar, em caso de falência do comissário, as mercadorias que estiverem em seu poder, e receber dos terceiros adquirentes os preços ainda não pagos das mercadorias vendidas pelo comissário;

4º) não responder, perante terceiros, pelas obrigações assumidas pelo comissário, pois este age em seu próprio nome;

5º) acionar terceiros, se houver sub-rogação nos direitos assumidos pelo comissário;

6º) alterar, salvo disposição em contrário, a qualquer tempo, as instruções dadas ao comissário, entendendo-se por elas regidos também os negócios pendentes (CC, art. 704) e os futuros.

O *comitente*, como sucede com o comissário, terá certos *deveres*, como os de:

1º) pagar ao comissário a remuneração a que ele tem direito pelo desempenho dos encargos que lhe foram cometidos (CC, art. 701), inclusive no caso de tê-lo dispensado motivada (CC, art. 703) ou imotivadamente (CC, art. 705);

2º) fornecer fundos suficientes para que o comissário possa levar a efeito as negociações de que foi incumbido;

3º) indenizar o comissário das despesas que foram feitas às suas expensas por adiantamento, pagando os respectivos juros (CC, art. 706);

4º) assumir os riscos oriundos da devolução de fundos em poder do comissário, exceto se o comissário se desviar das instruções emanadas do comitente ou fizer a devolução por meios diversos dos comumente usados no local da remessa[8];

5º) ressarcir o comissário despedido, sem justa causa, pelas perdas e danos, abrangendo no *quantum* indenizatório não

---

8. Orlando Gomes, *Contratos*, cit., p. 444-6; Fran Martins, op. cit., p. 363 e 364; Waldirio Bulgarelli, *Comissão mercantil*, cit., p. 219-21; Maria Helena Diniz, *Curso*, cit., v. 3, p. 404-15.

só os gastos com a execução do serviço, mas também os lucros cessantes (CC, art. 705);

6º) pagar remuneração proporcional ao trabalho realizado em caso de força maior impeditiva da conclusão do negócio ou de morte do comissário (CC, art. 702); hipótese em que constituirá um crédito do espólio.

4. AGÊNCIA E DISTRIBUIÇÃO

A agência e a distribuição são contratos muito comuns na seara comercial. Por constituírem institutos bastante similares, nada obsta que sejam regidas pelos mesmos dispositivos normativos, aplicáveis tanto ao agente simples como ao agente distribuidor (CC, arts. 710, 713, 714, 715 e 721).

A *agência* ou *representação comercial*[9] vem a ser o contrato pelo qual uma pessoa se obriga, mediante retribuição, a realizar certos negócios, em zona determinada, com caráter de habitualidade, em favor e por conta de outrem, sem subordinação hierárquica (CC, art. 710, 1ª parte; Lei n. 4.886/65, com alteração da Lei n. 8.420/92, art. 1º).

A pessoa que se obriga a agenciar propostas ou pedidos em favor de outra recebe a denominação de *agente* ou *representante comercial* e aquela em prol de quem os negócios são agenciados, a de *representado*.

Há na *agência* uma atividade de intermediação exercida profissionalmente pelo representante comercial, sem qualquer dependência hierárquica, mas de conformidade com instruções dadas pelo representado, tendo por finalidade recolher ou agendar propostas para transmiti-las ao representado.

---

9. Caio M. S. Pereira, *Instituições*, cit., p. 345; Fran Martins, op. cit., p. 337; Ripert, op. cit., n. 2.339; Maria Helena Diniz, *Tratado teórico e prático dos contratos*, São Paulo, Saraiva, 1999, v. 3, p. 457 a 465; Silva Pacheco, *Tratado de direito empresarial* – empresário: pessoa e patrimônio, São Paulo, Saraiva, 1979, v. 1, p. 347; Orlando Gomes, *Contratos*, cit., p. 447; José Augusto Delgado, Do contrato de agência e distribuição no Código Civil de 2002, in *O novo Código Civil – estudos em homenagem ao Prof. Miguel Reale*, São Paulo, LTr, 2003, p. 657 e s.; Humberto Theodoro Júnior, Do contrato de agência e distribuição no novo Código Civil, *RT, 812*:22.

O contrato de *representação comercial* pertence ao gênero *contratos de intermediação,* do qual o mais peculiar é a corretagem, com o qual não se confunde, visto que enquanto a corretagem é uma atividade eventual em relação ao comitente, agindo o corretor no interesse das duas partes, o representante comercial age, permanente, profissional e habitualmente, em prol da empresa representada. Quem praticar ato isolado ou esporádico de representação comercial poderá ser considerado simples corretor de mercadorias, mas nunca representante comercial, não tendo, portanto, direito à proteção legal na cobrança de seu eventual crédito (*JB, 141*:133).

Caracterizam a agência ou representação comercial os seguintes *elementos*[10]:

1º) *Contratualidade,* pois reclama o acordo de vontades do representante e do representado. É contrato bilateral, oneroso, *intuitu personae* e consensual.

2º) *Obrigação do agente de promover a conclusão do contrato por conta do proponente.*

3º) *Profissionalidade do representante,* pois este deverá ter como profissão o agenciamento de negócios, por meio de propostas ou pedidos, encaminhados aos representados, de pessoas que pretendam com eles comerciar.

Os representantes comerciais, para poderem exercer sua profissão, gozando dos benefícios legais, deverão ser registrados nos Conselhos Regionais dos Representantes, órgãos que fiscalizarão sua atuação, podendo, até mesmo, impor-lhes penalidades (Lei n. 4.886/65, arts. 2º a 12, 18 e 19).

4º) *Autonomia na prestação de serviço,* não existindo vínculo de subordinação hierárquica entre representante e representado, haverá uma subordinação do representante às ordens do representado, pois deverá, no desempenho do que lhe foi co-

---

10. Fran Martins, op. cit., p. 337; W. Bulgarelli, *Contratos mercantis,* cit., p. 470-5; Rubens Requião, *Do representante comercial,* Rio de Janeiro, Forense, 1993; Agência, *Enciclopédia Saraiva do Direito,* v. 5, p. 160-81.

metido, agir com toda diligência, atendo-se às instruções recebidas do proponente (CC, art. 712), a quem deverá prestar contas de sua atividade.

5º) *Habitualidade do serviço.* Realmente, estatui o Código Civil, no art. 710, 1ª alínea, que o representante assumirá, em caráter não eventual, a obrigação de promover a realização de certos negócios.

6º) *Delimitação da zona onde deverá ser desenvolvida a atividade do representante* (CC, art. 710, *in fine*) em cláusula contratual.

7º) *Exclusividade recíproca da representação*, pois pelo Código Civil, art. 711, o proponente não poderá constituir, salvo ajuste em contrário, ao mesmo tempo, mais de um agente, na mesma zona, com idêntica incumbência, nem tampouco poderá o agente assumir o encargo de nela tratar de negócio do mesmo gênero, à conta de outros proponentes.

8º) *Retribuição do representante pelo agenciamento* que poderá ser: *a) variável*, calculada na base de percentagem sobre o valor do negócio concluído. Salvo ajuste, o agente terá direito à remuneração correspondente aos negócios concluídos dentro de sua zona, ainda que sem a sua interferência (CC, art. 714). A remuneração também lhe será devida quando o negócio deixar de se realizar por fato imputável ao proponente (CC, art. 716). Se sua execução for parcial, reduzir-se-á a remuneração proporcionalmente ao serviço prestado. Assim, se ele não puder executar o trabalho por motivo de força maior, terá direito à remuneração correspondente ao serviço realizado, cabendo esse direito aos herdeiros em caso de morte do agente, visto ser crédito do espólio (CC, art. 719). Mesmo se for dispensado por justa causa, o agente terá direito a ser remunerado na proporção dos serviços úteis que efetivamente prestou ao proponente, dentro dos limites estabelecidos contratualmente, sem embargo de haver este perdas e danos pelos prejuízos sofridos (CC, art. 717) em razão da atividade executada culposamente por aquele. Se a dispensa se der sem culpa do representante, ele terá direito à remuneração até então devida, e à relativa aos negócios pendentes, além das indenizações previstas em lei especial (Lei n. 4.886/65, art. 27, *j*, c/c o art. 34) alusivas ao valor de sua atuação na execução contratual, trazendo vantagens como captação de clientela (CC, art. 718); *b) fixa*, se o agente perceber determinada remuneração para promover certo número de operações.

O contrato de agenciamento produz uma série de consequências jurídicas, tais como:

1ª) *Direitos do agente* de: *a)* exclusividade, *b)* remuneração (CC, arts. 714, 716, 717, 718 e 719); *c)* ver atendidos os seus pedidos para que possa exercer profissionalmente a sua atividade; *d)* liberdade de ação, se no contrato não estiver previsto o número de negócios que deve promover; porém, não poderá, obviamente, realizá-los em número que ultrapasse a capacidade produtiva do proponente. Poderá organizar sua atividade como lhe convier, empregando seu tempo como quiser; *e)* admitir, sob sua responsabilidade, subagentes, que trabalhem sob sua direção; *f)* ressarcir-se de prejuízos causados por inadimplemento do proponente, como, p. ex., se este, sem justa causa, cessar os fornecimentos, não mais atendendo às propostas ou reduzi-los de tal forma que se torne antieconômica a manutenção do contrato (CC, art. 715); *g)* exercer os poderes, similares aos decorrentes do mandato, que lhe foram conferidos pelo proponente para representá-lo na conclusão dos contratos oriundos de convenção com terceiros, para que melhor possa conduzir a negociação, ultimando os atos pretendidos (CC, art. 710, parágrafo único).

2ª) *Obrigações do representante* de: *a)* exercer, diligentemente, sua atividade e seguir, com fidelidade, as instruções recebidas do representado a respeito das condições de venda, fixação do preço das mercadorias e forma de pagamento, sob pena de rescisão contratual com eventuais perdas e danos (CC, art. 712); *b)* conseguir negócios em favor do representado, mediante pedidos e propostas, conforme as condições do mercado, a qualidade das mercadorias colocadas à venda, de modo que o representante não poderá obrigar-se a enviar ao representado número certo de pedidos. Mas, se se tratar de mercadoria de fácil consumo e de excepcional qualidade, o contrato poderá conter cláusula que estipule um mínimo de produção por parte do representante; *c)* informar o representado das condições do mercado dentro de sua zona, perspectivas de vendas, situação da clientela, atuação dos concorrentes e andamento dos negócios a seu cargo; *d)* diligenciar para que os clientes recebam com regularidade as mercadorias compradas, pois será ele que, na qualidade de representante do proponente, receberá as reclamações concernentes ao inadimplemento contratual, total ou parcial, e as relativas aos vícios que porventura apresentarem as mercadorias recebidas; *e)* manter sigilo sobre as atividades da representação, podendo ser punido pelo Conselho Regional dos Representantes, se quebrar segredo profissional (Lei n. 4.886/65, art. 19, *d*); *f)* pagar todas as despesas, viagem, estada, transporte de mercadorias, encargos fiscais decorrentes do exercício de sua profissão, incluídas as de propaganda do produto, salvo estipulação expressa em contrário (CC, art. 713); *g)* prestar contas ao representado do produto de suas atividades ou dos documentos recebidos daquele (Lei n. 4.886/65, art. 19, *e*).

3ª) *Deveres do representado* de: *a)* pagar a remuneração dos serviços prestados pelo representante (CC, arts. 714, 716, 717, 718 e 719); *b)* não constituir, ao mesmo tempo, mais de um agente na mesma zona, com idêntica incumbência, salvo estipulação em contrário (CC, art. 711).

4ª) *Direitos do representado* de: *a)* reter o pagamento do representante nos casos em que o contrato for rescindido por culpa dele, para garantir a indenização dos danos sofridos com a rescisão; *b)* conferir poderes ao agente, para que este o represente na conclusão dos contratos (CC, art. 710, parágrafo único).

O contrato de agência extinguir-se-á[11]:

1º) pelo *decurso do prazo* previsto para a sua duração;

---

11. Orlando Gomes, *Contratos*, cit., p. 458-60; Fran Martins, op. cit., p. 345; Caio M. S. Pereira, *Instituições*, cit., v. 3, p. 346.

2º) pela *resilição unilateral*, se não houver prazo estipulado para a sua duração, mas o agente estará adstrito a respeitar um prazo razoável para que o outro contraente tome as devidas providências, seja da parte do agente quanto à conclusão dos negócios encetados, seja da parte do representado para a cobertura da zona por outro agente. A resilição unilateral de contrato por tempo indeterminado, portanto, somente operar-se-á se: *a*) houver aviso prévio de noventa dias; *b*) desde a celebração do contrato até o dia em que se deu o aviso prévio decorreu prazo compatível com a natureza e o vulto de investimento exigido do agente, para evitar que alta quantia seja investida, sem que haja tempo suficiente para a obtenção de seu retorno. Havendo divergência entre as partes, o órgão judicante deverá decidir sobre a razoabilidade do prazo da contratação transcorrido até a data em que se deu o aviso prévio e do valor devido pelo proponente ao agente até o momento da ruptura contratual (CC, art. 720 e parágrafo único);

3º) pela *resolução por inexecução do contrato* por uma das partes ou por fato imputável ao representado ou ao representante;

4º) pelo *distrato*;

5º) pela *força maior* ou *caso fortuito* (CC, art. 719);

6º) pela *morte* do agente, caso em que seus herdeiros perceberão a remuneração proporcional ao trabalho de agenciamento levado a efeito pelo *de cujus*, constituindo um crédito do espólio.

A *distribuição* é uma espécie mais genérica de concessão mercantil. Seria a distribuição a concessão comercial *lato sensu*, diversa da concessão comercial *stricto sensu*. A distribuição admite a subdistribuição. A concessão não comportará rede de subconcessionários para que o concessionário promova a colocação do produto no mercado consumidor. Isto é assim porque a relação entre concedente e concessionário possui caráter *intuitu personae*, visto que as condições pessoais do concessionário são essenciais ao contrato, de tal sorte que a concessão comercial ocorrerá sob condição de exclusividade, tanto de aprovisionamento, em benefício do concedente, quanto de área geográfica em prol do concessionário (art. 5º, I e II, § 1º, da Lei n. 6.729/79, com alteração da Lei n. 8.132/90)¹².

O distribuidor recebe, salvo estipulação diversa, uma retribuição, correspondente aos serviços prestados e negócios concluídos dentro de sua zona de atuação, mesmo sem sua interferência (CC, art. 714), baseada no lucro obtido com a revenda do produto, que é de certo modo prefixado por força de tabelamento do preço e tem direito à indenização se o proponente, sem justa causa, cessar os fornecimentos, não mais atendendo às propostas ou vier a reduzi-los de modo a tornar antieconômica a continuação do contrato (CC, art. 715).

No contrato de distribuição, uma pessoa assume a obrigação de revender, com exclusividade e por conta própria, mediante retribuição, mercadorias de certo fabricante, em zona determinada. Tem os caracteres da bilateralidade, onerosidade, comutatividade, consensualidade, sendo, ainda, *intuitu personae*.

O *concedente* (produtor ou vendedor) terá o dever de:

a) não efetuar vendas diretas, salvo nos casos previstos legalmente, p. ex., art. 15 da Lei n. 6.729/79;

b) respeitar a exclusividade reservada do distribuidor, não podendo nomear um segundo na mesma zona; se o fizer deverá compelir o último a fechar o estabelecimento;

c) promover propaganda ou publicidade dos produtos a serem revendidos e dos serviços prestados pelo distribuidor;

d) não exigir o pagamento antes do faturamento, salvo ajuste diverso entre o concedente e a rede de distribuição, mas, se o pagamento da mercadoria se der antes da saída, o concedente deverá efe-

---

12. Maria Helena Diniz, *Tratado*, cit., v. 3, p. 373 e s.; Claudineu de Melo, *Contrato de distribuição*, São Paulo, Saraiva, 1987, p. 29, 41-3.

Enunciado 31. O contrato de distribuição previsto no art. 710 do Código Civil é uma modalidade de agência em que o agente atua como mediador ou mandatário do proponente e faz jus à remuneração devida por este, correspondente aos negócios concluídos em sua zona. No contrato de distribuição autêntico, o distribuidor comercializa diretamente o produto recebido do fabricante ou fornecedor, e seu lucro resulta das vendas que faz por sua conta e risco (aprovado na 1ª Jornada de Direito Comercial).

tuar a entrega até o sexto dia subsequente ao referido pagamento (art. 11 da Lei n. 6.729/79);

e) cumprir o disposto no art. 24, I a IV, se rescindir o contrato de prazo indeterminado, e o art. 25, se o contrato for de prazo determinado.

O *distribuidor* (concessionário ou revendedor exclusivo) por sua vez terá a obrigação de:

a) vender os produtos fornecidos pela indústria, mediante normas estabelecidas contratualmente;

b) submeter-se à fiscalização da concedente e à imposição, por ela, de normas relativas ao preço dos produtos, à assistência técnica a ser prestada, aos acessórios que deverão ser colocados à venda, à revisão que deverá preceder à entrega do produto, ao número de bens que deverão ser necessariamente vendidos;

c) ter uma reserva de estoque;

d) aparelhar adequadamente suas instalações, com oficinas de reparo, salas para escritório e atendimento de clientela, loja de vendas de peças e acessórios;

e) dirigir a publicidade dentro das diretrizes gerais;

f) facilitar a realização de inspeções técnicas por profissionais da concedente, para controlar o estoque para reposições, e verificar os métodos de trabalho do pessoal da distribuidora;

g) organizar cursos de aperfeiçoamento para aprimorar a técnica dos mecânicos ou dos demais funcionários;

h) ter uma oficina especializada e qualificada para reparos e reposição de peças;

i) dar garantia do produto à clientela, sub-rogando-se na obrigação do fabricante por prazo fixado para todos os concessionários;

j) pagar cinco por cento do valor total das mercadorias que adquiriu nos últimos quatro meses do contrato, se der causa à rescisão do contrato (art. 26 da Lei n. 6.729/79), dentro de sessenta dias da data da extinção da distribuição ou da concessão (art. 27);

k) arcar com as despesas decorrentes da execução do contrato de distribuição feitas, p. ex., com o transporte de mercadorias, encargos fiscais, propaganda do produto, viagem, estada, a não ser que haja convenção em contrário permitindo o reembolso (CC, art. 713).

Extinguir-se-á o contrato de distribuição por[13]:

a) vencimento do prazo contratual;

b) denúncia justificada de uma parte à outra, se o contrato for celebrado por tempo indeterminado;

c) inadimplemento contratual, mediante notificação rescisória;

d) extinção do sistema de distribuição pela adoção de outro sistema de comercialização pelo fabricante;

e) distrato;

f) resilição unilateral do fabricante;

g) força maior ou caso fortuito.

5. CORRETAGEM

O *contrato de corretagem* é a convenção pela qual uma pessoa, não ligada a outra em virtude de mandato, prestação de serviços ou por qualquer relação de dependência, imprescindível para que haja imparcialidade na intermediação, se obriga, mediante remuneração, a obter para outrem um ou mais negócios, conforme as instruções recebidas, ou a fornecer-lhe as informações necessárias para a celebração de contrato[14] (CC, art. 722).

---

13. W. Bulgarelli, *Contratos mercantis*, cit., p. 417; Claudineu de Melo, *Contrato de distribuição*, cit., p. 94-6 e 115-37; Maria Helena Diniz, *Tratado*, cit., v. 3, p. 435 a 443.

14. Sobre corretagem: Antônio Chaves, Corretagem, in *Enciclopédia Saraiva do Direito*, v. 21, p. 1; Elcir Castello Branco, Corretor de seguros, in *Enciclopédia Saraiva do Direito*, v. 21, p. 35; Pedro Arruda França, *Contratos atípicos*, Rio de Janeiro, Forense, 1989, p. 145-7; Orlando Gomes, *Contratos*, cit., p. 461; Arnoldo Wald, A remuneração do corretor, in *Digesto econômico*, 1981, n. 286, p. 35, *RT* 247:672; Moacyr de Oliveira, Contrato de corretagem, in *Enciclopédia Saraiva do Direito*, v. 19, p. 271; Fabrício Z. Matiello, *Código*, cit., p. 452 e s.; Adalberto Simão Filho, *Comentários*, cit., p. 610-2; Antonio Carlos M. Coltro, Contrato de mediação ou corretagem, in *Contratos nominados* (coord. Cahali), São Paulo, Saraiva, 1995, p. 47-80; Gustavo Tepedino, Questões controvertidas sobre o contrato de corretagem, *Temas atuais de direito civil*, Rio de Janeiro, Renovar, 1999, p. 113-35; Sebastião de O. Castro Filho,

Duas são as categorias de corretores. Poderão ser[15]:

1º) *Oficiais*, se gozarem das prerrogativas de fé pública inerente ao ofício disciplinado por lei. P. ex., podem ser: de *mercadorias*, se se encarregarem da compra e venda de qualquer gênero ou mercadoria, determinando o valor dos respectivos produtos; de navios, de seguros, de *valores*, cujas atividades se dão na Bolsa de Valores etc.

2º) *Livres*, se exercerem o ofício de intermediadores continuadamente, sem designação oficial. Há corretores livres de espetáculos públicos; de esportistas profissionais; de bens imóveis etc.

Efetivado o contrato de corretagem, o corretor terá o *direito* de:

1º) *Receber uma remuneração*, normalmente em dinheiro, designada *comissão*. Se a remuneração do corretor não estiver fixada em lei, nem for ajustada entre as partes, será arbitrada judicialmente segundo a natureza do negócio e os usos locais, considerando-se o tempo despendido, a qualidade do trabalho, o esforço empregado etc. (CC, art. 724 c/c o art. 596; *RT, 136*:762). Enunciado 36. O pagamento da comissão, no contrato de corretagem celebrado entre empresários, pode ser condicionado à celebração do negócio previsto no contrato ou à mediação útil ao cliente, conforme os entendimentos prévios entre as partes. Na ausência de ajuste ou previsão contratual, o cabimento da comissão deve ser analisado no caso concreto, à luz da boa-fé objetiva e da vedação ao enriquecimento sem causa, sendo devida se o negócio não vier a se concretizar por fato atribuível exclusivamente a uma das partes (aprovado na 1ª Jornada de Direito Comercial). Só fará jus à remuneração se aproximou as partes e elas acordaram no negócio, mesmo que

---

Da corretagem ou mediação, in *O novo Código Civil – estudos em homenagem ao Prof. Miguel Reale*, São Paulo, LTr, 2003, p. 711 e s.; Caio M. S. Pereira, *Instituições*, cit., v. 3, p. 339.

15. Antônio Chaves (Corretagem, cit., p. 2-11), que aqui reproduzimos. *Vide* ainda: Caio M. S. Pereira, *Instituições*, cit., p. 339 e 340; Orlando Gomes, *Contratos*, cit., p. 462, 466 e 467; Fran Martins, Corretor, in *Enciclopédia Saraiva do Direito*, v. 21, p. 22-7.

posteriormente se modifiquem as condições ou o negócio venha a ser rescindido ou desfeito (*RT, 590:*101, *680:202, 554:*184, *712:220*). A esse respeito reza o Código Civil, no art. 725, que: "A remuneração é devida ao corretor uma vez que tenha conseguido o resultado previsto no contrato de mediação, ou, ainda que este não se efetive em virtude de arrependimento das partes". Se assim é, se o negócio não se realizar por outra razão, p. ex., por falta de alguma documentação, por discordância quanto à maneira de efetuar o pagamento, por desentendimento do comitente com o eventual contratante, o corretor não fará jus à comissão, pois, apesar de ter aproximado as partes, não houve acordo entre elas.

Porém, se se ajustar por escrito a corretagem com exclusividade, terá ele direito à remuneração integral, ainda que realizado o negócio sem a sua mediação, salvo se comprovada a sua inércia, ociosidade ou ausência de atividade laborativa, por revelar descaso, desinteresse e omissão culposa no exercício de sua função, e, além disso, justo não seria premiar a desídia ou a negligência (CC, art. 726).

Se, por não haver prazo determinado, o dono do negócio dispensar o corretor, e o negócio se realizar posteriormente, como fruto de sua mediação, a corretagem lhe será devida em razão de sua eficaz atividade, responsável pelo êxito do negócio. Se sua intermediação, devidamente comprovada, foi a causa do ato negocial, não há como retirar-lhe o direito à remuneração (*RT, 219:229*). Igual solução se adotará se o negócio se realizar após a decorrência do prazo contratual, mas por efeito dos trabalhos do corretor (CC, art. 727).

Se a mediação for conjunta, todos os corretores que nela intervierem terão direito cada um à comissão, que lhes será paga, em partes iguais (CC, art. 728), se entraram diretamente em contato com os interessados (*RT, 561:223*), salvo ajuste em contrário, estabelecendo percentagens conforme a participação de cada um.

2º) Intervir em convenções, transações e operações mercantis.

3º) Tratar, por si, por seus agentes e caixeiros, suas negociações e as de seus comitentes.

4º) Promover, para outrem, vendedores e compradores, desde que tal intervenção seja gratuita.

5º) Traduzir os manifestos e documentos que os mestres de embarcações estrangeiras tiverem de apresentar para despacho nas alfândegas, se for corretor de navios.

6º) Dar certidão, se corretor oficial, do que constar do seu protocolo relativamente aos negócios do seu ofício, por despacho de autoridade competente.

7º) Não ser responsabilizado pela conclusão ou execução do negócio; logo, se com sua ação facilitar negociações preliminares que, posteriormente, se frustrarem, nenhuma responsabilidade poderá ser-lhe imputada, exceto se não revelar o nome do outro contratante, hipótese em que se obrigará pessoalmente, sem, contudo, deixar de ser intermediário.

Terá, por outro lado, a *obrigação* de:

1º) Matricular-se no Tribunal do Comércio do seu domicílio, se for corretor oficial.

2º) Prestar fiança, se corretor oficial.

3º) Envidar esforços no sentido de encontrar o negócio a que visa o comitente.

4º) Executar a mediação com diligência e prudência (CC, art. 723, 1ª parte), sem propiciar a realização de contratos nulos ou anuláveis.

5º) Informar o cliente sobre o andamento do negócio, esclarecendo não só sobre as condições, a segurança ou o risco do ato negocial, mas também a respeito das alterações de valores e de tudo o que possa influir nos resultados da incumbência (CC, art. 723), sob pena de responder por perdas e danos (CC, arts. 402 a 404).

6º) Fazer assento exato e metódico de todas as operações em que intervier, tomando nota de cada uma que for concluída em um caderno manual paginado. Se os livros do corretor oficial forem achados sem as regularidades e formalidades exigidas por lei, ele deverá indenizar as partes dos prejuízos que daí lhes resultarem, além de ser multado na quantia correspondente à quarta parte da fiança e suspenso de três a seis meses, sendo punido, no caso de reincidência, com multa correspondente à metade da fiança, além de perder o ofício.

7º) Assistir à entrega das coisas vendidas por seu intermédio, se alguma das partes o exigir, sob pena de uma multa correspondente a 5% da fiança e de responder por perdas e danos.

8º) Garantir a entrega material do título ao tomador e do valor ao cedente, responsabilizando-se pela veracidade da última firma de todos e quaisquer papéis de crédito negociados por sua intervenção, e pela identidade das pessoas que intervierem nos contratos celebrados por seu intermédio.

9º) Guardar sigilo absoluto nas negociações de que se encarregar.

10º) Não usar de fraude, cavilação ou engano, sob pena de sofrer punição prevista normativamente.

11º) Dar a cada uma das partes contraentes cópia fiel do assento da mesma transação, por ele assinada, dentro do prazo de quarenta e oito horas úteis, sob pena de perder o direito à remuneração e de indenizar as partes de todos os danos que dessa falta lhes resultar.

12º) Não negociar sob seu nome ou no de outrem; nem encarregar-se de cobranças ou pagamentos por conta alheia, sob pena de perda do ofício; e nem mesmo adquirir, para si ou para parente seu, coisa cuja venda lhe for incumbida[16].

São *modos extintivos* da corretagem[17]:

---

16. Orlando Gomes, *Contratos*, cit., p. 463-5; Antônio Chaves, Corretagem, cit., p. 15-21; Caio M. S. Pereira, *Instituições*, cit., p. 340-2; Vivante, *Trattato di diritto commerciale*, 4. ed., Milano, Vallardi, v. 1, n. 240; Luigi Carraro, Mediazone e mediatore, in *Novissimo Digesto Italiano*, cit., v. 10, p. 476-83; Jones Figueirêdo Alves, *Novo Código*, cit., p. 658; Adalberto Simão Filho, *Comentários*, cit., p. 611.
17. Antônio Chaves, Corretagem, cit., p. 21; Orlando Gomes, *Contratos*, cit., p. 465 e 466; Caio M. S. Pereira, *Instituições*, cit., p. 343; Giselda Mª F. Novaes Hironaka, Contrato de mediação ou corretagem, *Estudos de Direito Civil*, Belo Horizonte, Del Rey, 2000, p. 145-50.

1º) conclusão do negócio;

2º) expiração do prazo, se a corretagem foi estipulada por tempo determinado, sem que o corretor tenha encontrado comprador;

3º) distrato;

4º) impossibilidade de sua realização devido a força maior ou caso fortuito;

5º) nulidade do negócio;

6º) renúncia do corretor;

7º) revogação;

8º) morte do corretor e do comitente;

9º) incapacidade do corretor;

10º) falência.

6. Transporte

O contrato de transporte é aquele em que uma pessoa ou empresa se obriga, mediante retribuição, a transportar, de um local para outro, pessoas ou coisas animadas ou inanimadas (CC, art. 730). A empresa de transporte, pessoa natural ou jurídica, está apta à oferta e à prestação de serviços de deslocamento de pessoas e de mercadorias por via terrestre, aquaviária, ferroviária e aérea, mediante contratos celebrados com os respectivos usuários, revestindo-se para tanto de forma empresarial, quer em nome individual, quer em nome coletivo, e assumindo os riscos decorrentes desse empreendimento[18].

---

18. Caio M. S. Pereira, *Instituições*, cit., p. 291; Fran Martins, op. cit., p. 247 e 252; Maria Helena Diniz, *Tratado*, cit., v. 4, p. 311-77; Orlando Gomes, *Contratos*, cit., p. 370-2; Miguel Pupo Correia, Empresa de transportes, in *Enciclopédia Saraiva do Direito*, v. 31, p. 345-52; Rui Celso Reali Fragoso, O contrato de transporte, in *O novo Código Civil – estudos em homenagem ao Prof. Miguel Reale*, São Paulo, LTr, 2003, p. 720 e s.

Enunciado 37. Aos contratos de transporte aéreo internacional celebrados por empresários aplicam-se as disposições da Convenção de Montreal e a regra da indenização tarifada nela prevista (art. 22 do Decreto n. 5.910/2006) (aprovado na 1ª Jornada de Direito Comercial).

No *transporte de coisas*, a mercadoria a ser transportada será entregue ao condutor ou transportador, que emitirá como prova do recebimento da coisa um documento designado *conhecimento de frete* (CC, art. 744).

A entrega deverá ser feita ao destinatário ou a pessoa a quem o conhecimento tiver sido endossado. Se dúvidas surgirem a respeito de quem deverá recebê-la, o transportador deverá, em certos casos, depositá-la em juízo, se não lhe for possível obter instruções do remetente. Se a demora puder ocasionar a deterioração da coisa, o transportador deverá vendê-la, depositando o saldo em juízo (CC, art. 755).

Devido à sua natureza bilateral, o contrato de transporte de coisa gerará[19]:

1º) *Obrigações do remetente ou expedidor de*:

a) entregar a mercadoria que deverá ser transportada, marcando a execução do contrato;

b) pagar o frete nos modos e nas condições avençadas;

c) acondicionar bem a mercadoria entregue para o transporte. Pelo Código Civil, art. 746, o transportador poderá recusar a coisa cuja embalagem seja inadequada, bem como a que possa pôr em risco a saúde das pessoas ou danificar o veículo e outros bens;

d) declarar, além de indicar nome e endereço e outros dados do destinatário, a natureza e o valor das mercadorias entregues em invólucros fechados, evitando que venha a confundir-se com outras, isto porque quando o remetente entrega os objetos ao transportador, este se responsabilizará pela perda total ou parcial, furto ou avaria que venham a sofrer durante o transporte, sendo que sua culpa será sempre presumida, exceto nos casos previstos em lei (CC, art. 743). O Código Civil, art. 744, parágrafo único, prescreve que "o transportador poderá exigir que o remetente lhe entregue, devidamente assinada, a relação discriminada das coisas a serem transportadas, em duas vias, uma das quais, por ele

---

19. Orlando Gomes, *Contratos*, cit., p. 372 e 374-6; Caio M. S. Pereira, *Instituições*, cit., p. 293-5; Maria Helena Diniz, *Tratado*, cit., v. 4, p. 317-32; Fran Martins, op. cit., p. 275-94.

devidamente autenticada, ficará fazendo parte integrante do conhecimento". Com isso, o remetente não poderá reclamar coisa não constante daquele rol, nem o transportador poderá alegar que não recebeu para expedição bem que estiver naquela lista autenticada;

e) correr os riscos oriundos de vício próprio da coisa, de caso fortuito ou força maior;

f) responder pelos prejuízos causados à mercadoria durante o transporte se, p. ex., a perda ou avaria resultar do fato de a mercadoria ter sido entregue mal acondicionada; o carregamento, a descarga ou a baldeação forem feitos pelo remetente ou pelo destinatário, ou respectivo preposto, sem assistência da empresa etc.

2º) *Deveres do transportador de*:

a) receber, transportar e entregar as mercadorias no tempo e no lugar convencionados (CC, art. 749);

b) transportar as mercadorias com diligência;

c) expedir o conhecimento do frete ou de carga, ao receber a coisa;

d) seguir o itinerário ajustado;

e) aceitar a variação de consignação (CC, art. 748), pois o remetente, até a entrega da coisa, poderá variar a consignação, ou seja, mudar a pessoa a quem a mercadoria deverá ser entregue, alterar o seu destino, fazendo-a entregar em local diverso do anteriormente combinado, pagando o preço ajustado, proporcionalmente, ao transporte executado, os acréscimos de despesas oriundas da contraordem e a indenização pelas perdas e danos;

f) assumir a responsabilidade pelas perdas, furtos ou avarias nas mercadorias transportadas, exceto se oriundas de vício próprio, força maior ou caso fortuito (CC, art. 753, 2ª parte). Sua responsabilidade civil objetiva, limitada ao valor constante do conhecimento, começará a partir do momento em que o transportador ou preposto receber as mercadorias, terminando com sua entrega ao destinatário ou seu depósito em juízo, se aquele não for encontrado, evitando, assim, a mora (CC, art. 750);

g) não se eximir da responsabilidade de entregar as mercadorias que lhe foram confiadas, mesmo que haja cláusula de não responsabilidade que se reputará não escrita. Todavia, é permitida a cláusula de limitação da responsabilidade, podendo-se, então, inserir no contrato pacto que fixe o máximo da indenização e facilite a liquidação do dano;

h) solicitar instruções ao remetente, se o transporte não puder ser feito ou sofrer longa interrupção (CC, art. 753, *caput*), em razão, p. ex., de obstrução de rodovia causada por acidente, sob pena de responder pela sua perda ou deterioração, exceto se houver força maior;

i) informar o remetente, se vier a depositar a coisa em juízo ou vendê--la, no caso de perdurar sem culpa sua o motivo que impossibilite o seu transporte, não recebendo do remetente instruções que pedira a esse respeito (CC, art. 753, §§ 1º a 3º);

j) depositar a mercadoria em juízo ou vendê-la, no caso do art. 755 do Código Civil;

k) responder pela guarda e conservação da coisa depositada em seu próprio armazém, arcando com as obrigações oriundas do depósito e respondendo pelos danos a ela causados, tendo direito a uma remuneração pela custódia (CC, art. 753, § 4º). A coisa depositada no armazém do transportador, em virtude do contrato de transporte, reger-se-á, no que for cabível, pelas normas relativas ao depósito (CC, art. 751);

l) avisar o destinatário, se assim for convencionado, do desembarque das mercadorias, e fazer a entrega em domicílio, havendo ajuste a esse respeito, constante do conhecimento de embarque (CC, art. 752).

3º) *Direitos do remetente de*:

a) desistir do transporte e pedir a coisa de volta ou variar a consignação, antes da entrega da mercadoria ao destinatário (CC, art. 748), pagando, em ambos os casos, os acréscimos de despesa decorrentes da contraordem, mais as perdas e danos que houver;

b) receber indenização por furto, perda ou avaria, do transportador que aceitou a expedição ou de qualquer transportador intermediário, desde que se prove que o dano se verificou quando o objeto estava sob seus cuidados.

4º) *Direitos do transportador de*:

a) reter a mercadoria até receber o frete;

b) ter privilégio especial, em caso de falência do remetente que não pagou o frete, sobre as mercadorias transportadas (Lei n. 11.101/2005, art. 83, IV, *b*);

c) reajustar o frete, se houver variação de consignação, que o obrigue a mudar de caminho;

d) recorrer aos serviços de outros transportadores, se não possuir meios próprios para fazer com que o objeto chegue a seu destino. No transporte cumulativo, cada transportador se obriga a cumprir o contrato relativamente ao respectivo percurso, respondendo, solidariamente, com os demais pelos danos causados, durante o trajeto, às mercadorias. O dano, resultante de atrasos ou de interrupção da viagem, será determinado em razão da totalidade do percurso. E se houver substituição de algum dos transportadores no decorrer do percurso, a responsabilidade solidária estender-se-á ao substituto (CC, art. 733, §§ 1º e 2º). Todos responderão, perante o remetente, solidariamente pelo dano causado à carga, ressalvada a apuração final da responsabilidade entre eles, de modo que o ressarcimento recaia por inteiro, ou proporcionalmente, naquele ou naqueles em cujo percurso houver ocorrido o dano. Se a indenização for satisfeita por transportador que não teve culpa, caber-lhe-á direito regressivo contra o culpado (CC, art. 756);

e) receber, ante o princípio da boa-fé objetiva, indenização pelo prejuízo que vier a sofrer com informação falsa, contida no conhecimento feito pelo expedidor. O condutor deverá para tanto mover ação dentro do prazo de cento e vinte dias, a contar daquele ato informativo, sob pena de decadência (CC, art. 745);

f) recusar mercadoria cujo transporte ou comercialização não sejam permitidos ou desacompanhada dos documentos exigidos por lei (CC, art. 747), e que seja perigosa ou não esteja embalada de modo conveniente (CC, art. 746);

5º) **Direitos do consignatário ou destinatário de:**

a) fazer o protesto necessário junto ao transportador, ao receber a mercadoria com danos ou avarias. No caso de perda parcial ou de avaria não perceptível à primeira vista, o destinatário conserva a sua ação contra o transportador, desde que denuncie o dano em dez dias, a contar da entrega (Dec. n. 2.681/12, art. 10; CC, art. 754 e parágrafo único);

b) receber a mercadoria, entregando ao transportador o conhecimento endossado de carga (CC, art. 754, 1ª parte);

c) transferir a outrem o conhecimento por via de endosso, em branco ou em preto. Todavia, não poderá transferir por endosso o conhecimento de frete *não à ordem*; somente poderá fazê-lo por venda ou cessão;

d) pedir retificação de erros de peso e frete;

e) acionar o transportador (CC, art. 754, parágrafo único).

6º) *Deveres do consignatário de*:

a) entregar o conhecimento ao transportador, sem o que não poderá retirar a mercadoria (CC, art. 754, 1ª parte), a não ser nos casos de perda do conhecimento nominal ou do conhecimento à ordem e, uma vez recebida a carga, deverá conferi-la, apresentando, sob pena de decadência, tempestivamente, as devidas reclamações (CC, art. 754, 2ª parte);

b) pagar o frete, se assim estiver convencionado;

*c) pagar taxa de armazenagem (*CC, art. 753, § 4º, 2ª parte), se não retirar oportunamente a mercadoria.

O *contrato de transporte de pessoas* é aquele em que o transportador se obriga a remover uma pessoa e sua bagagem de um local para outro mediante remuneração.

O transporte de pessoas feito clandestina ou gratuitamente, por amizade ou cortesia, não se subordina às normas do contrato de transporte e gera responsabilidade civil extracontratual subjetiva (STJ, Súmula 145). Mas é preciso lembrar que não será gratuito o que, feito sem remuneração, trouxer ao transportador vantagens indiretas (CC, art. 736, parágrafo único). É o que se dá, p. ex., com hoteleiro que transporta gratuitamente seus hóspedes de seu hotel a locais de turismo.

No contrato de transporte o passageiro adquire um *bilhete de passagem*, que poderá ser nominativo ou ao portador. Esse bilhete poderá referir-se, ainda, a várias classes, isto é, a tipos especiais de acomodação para o passageiro. Tal bilhete constitui a prova daquele contrato. O bilhete é usual em certos meios de transporte, como em trens, em aviões, em ônibus para viagens de longo percurso, porém em outros é substituído pelo depósito de importâncias em lugares indicados, como, p. ex., em caixinhas metálicas, ou pelo pagamento feito diretamente ao representante do transportador, como o feito em ônibus ou em bondes.

O contrato de transporte de pessoas abrangerá a obrigação de transportar a bagagem do passageiro ou viajante no próprio compartimento em que ele viajar ou em depósitos apropriados dos veículos, mediante despacho, hipótese em que o transportador fornecerá *ticket* ou uma *nota de bagagem*, que servirá de documento para a sua retirada no local de destino[20].

Uma vez celebrado o contrato de transporte de pessoas, o transportador passará a ter a obrigação de[21]:

1º) *Transportar o passageiro de um local para outro, no tempo e no modo convencionados.* Pelo Código Civil, art. 737, "o transportador está sujeito aos horários e itinerários previstos, sob pena de responder por perdas e danos, salvo motivo de força maior".

2º) *Efetuar o transporte com cuidado, exatidão e presteza.*

3º) *Responder pelos danos patrimoniais e/ou morais causados ao viajante, oriundos de desastres não provocados por força maior ou caso fortuito ou por culpa do passageiro.* Essa obrigação de garantia advém do art. 734 do Código Civil. Será considerada nula qualquer cláusula excludente de responsabilidade (CC, art.

---

20. Fran Martins, op. cit., p. 295-302; Orlando Gomes, *Contratos*, cit., p. 377 e 378; Caio M. S. Pereira, *Instituições*, cit., p. 293; Humberto Theodoro Jr., Do transporte de pessoas no novo Código Civil, *RT* 807:12.
21. Orlando Gomes, *Contratos*, cit., p. 379; Fran Martins, op. cit., p. 302 e 303; José de Aguiar Dias, *Cláusula de não indenizar*, Rio de Janeiro, Forense, 1955, p. 30, 52 e 181; Octanny Silveira da Mota, *Da responsabilidade contratual do transportador aéreo*, São Paulo, Saraiva, 1966, p. 133 e 134; Caio M. S. Pereira, *Instituições*, cit., p. 294; Rosa M. B. de A. Nery, Transporte e incolumidade moral do passageiro, *Correio*, Uberlândia, 28 nov. 1996, p. 11; Maria Helena Diniz, *Curso*, cit., v. 3, p. 499-511; Nelson Pinto Ferreira, Anotações sobre o transporte terrestre de passageiros como contrato nominado no Código Civil, *Atualidades Jurídicas*, 5:241-56; Matiello, *Código Civil*, cit., p. 456-62.

734). Todavia, pelo art. 738, parágrafo único, do Código Civil, se o dano sofrido pela pessoa transportada for atribuível à violação de normas e instruções regulamentares, o magistrado deverá reduzir equitativamente a indenização, à medida que a vítima houver concorrido para a ocorrência da lesão.

A responsabilidade contratual do transportador pelo acidente sofrido pelo passageiro não é ilidida por culpa de terceiro, cujo carro veio, por imperícia de seu condutor, colidir com o ônibus que dirigia, mas contra o qual tem ação regressiva para reaver o que desembolsou (Súmula 187 do STF; *RT, 806*:209, 774:276; CC, art. 735).

4º) *Responsabilizar-se pelos prejuízos (patrimoniais ou morais) acarretados aos passageiros em virtude de atraso dos transportes*, na saída ou na chegada, se esse atraso não for motivado por força maior (CC, art. 737; Res. ANAC n. 141/2010).

5º) *Indenizar o passageiro se, sem motivo de força maior, suspender ou interromper o tráfego ou não lhe oferecer lugar no veículo, causando-lhe graves prejuízos,* desde que ele tenha adquirido bilhete para o transporte ser feito em determinada hora (Res. ANAC n. 141/2010).

6º) *Cumprir o contrato, se o transporte for cumulativo, relativamente ao seu percurso, respondendo solidariamente pelos danos pessoais que nele se derem* (CC, art. 733). O dano advindo de atraso ou de interrupção da viagem será determinado em razão da totalidade do percurso, não apenas uma ou outra etapa, visto que o contrato de transporte contém uma obrigação de resultado. Havendo substituição de algum dos transportadores no decorrer do percurso, a responsabilidade solidária estender-se-á ao substituto (CC, art. 733, §§ 1º e 2º).

7º) *Concluir o transporte contratado*, se a viagem se interromper por motivo alheio à sua vontade (caso fortuito ou força maior) ou por fato imprevisível (p. ex., quebra de motor), em outro veículo, da mesma categoria, ou se o passageiro anuir, de outra diferente (p. ex., uso de trem no lugar do ônibus), a sua custa, correndo também por sua conta as despesas de estada e alimentação do usuário, durante a espera do novo transporte (CC, art. 741).

8ª) *Conduzir a bagagem*, tendo cuidados especiais na sua distribuição e acondicionamento no bagageiro, visando evitar dano ou extravio.

9ª) *Contratar seguro* para garantir a eventual indenização de riscos futuros, em relação aos danos pessoais, materiais a passageiros e expedidor; aos tripulantes e viajantes gratuitos, equiparados, para este efeito, aos passageiros (art. 256, § 2º, da Lei n. 7.565/86); ao pessoal técnico a bordo e às pessoas e bens na superfície, nos serviços aéreos privados, e ao valor da aeronave.

Todavia terá o *direito* de:

1ª) *Reter até 5% da importância* a ser restituída ao passageiro, a título de multa compensatória, se ele não embarcar ou desistir da viagem em razão do transtorno causado pela rescisão unilateral (CC, art. 740, § 3º).

2ª) *Reter a bagagem e outros objetos pessoais do passageiro* para garantir-se do pagamento do valor da passagem que não tiver sido paga no início ou durante o percurso (CC, art. 742).

3ª) *Exigir a declaração escrita do valor da bagagem* para fixar o limite máximo da indenização (CC, art. 734, parágrafo único), prevenindo controvérsias futuras, havendo perda ou extravio.

4ª) *Restituir a diferença de preço* se houver mudança de classe de serviço superior para inferior.

O passageiro terá, p. ex., o *direito* de:

1ª) *Exigir o transporte*, uma vez apresentado o bilhete de passagem, pois não pode sofrer qualquer discriminação. Realmente, prescreve o Código Civil, art. 739, que "o transportador não pode recusar passageiro, salvo os casos previstos nos regulamentos, ou se as condições de higiene ou de saúde do interessado o justificarem".

2ª) *Ser transportado, com cuidado, presteza e exatidão*, do lugar do início de sua viagem ao local da chegada.

3º) *Ocupar o lugar mencionado no seu bilhete, ou, se o bilhete não mencionar local certo, ocupar qualquer um do veículo,* já que o transportador não poderá vender bilhetes em número superior ao dos lugares existentes.

4º) *Rescindir o contrato antes de iniciar a viagem,* recebendo o valor da passagem, desde que feita a comunicação ao transportador em tempo de ser renegociada (CC, art. 740).

5º) *Desistir do transporte, mesmo depois de iniciada a viagem,* hipótese em que terá direito à devolução do valor correspondente ao trecho não utilizado, desde que comprove que outra pessoa foi transportada em seu lugar no percurso faltante (CC, art. 740, § 1º).

6º) *Receber a restituição do valor do bilhete não utilizado* se deixar de embarcar por desistência ou por atraso na partida, apenas se provar que outro passageiro foi transportado em seu lugar (CC, art. 740, § 2º).

7º) *Acionar o transportador* por dano moral e/ou patrimonial que venha a sofrer em razão do transporte.

Mas, por outro lado, terá o *dever* de:

1º) *Pagar a importância determinada, relativa ao percurso* da viagem, de acordo com a tarifa preestabelecida.

2º) *Apresentar-se ao local de embarque, sendo a viagem com horário certo, antes da hora marcada para a partida,* pois não terá direito a ser reembolsado do preço do bilhete se, por não estar presente no local e no horário fixados, perder a condução, salvo se provar que outra pessoa foi transportada em seu lugar, devido a essa circunstância (CC, art. 740, § 2º).

3º) *Sujeitar-se às normas estabelecidas pelo condutor,* constantes do bilhete de passagem ou afixadas à vista dos usuários no local da venda do bilhete ou no interior do veículo, dadas nas estações de embarque pelo transportador (CC, art. 738, *caput*), pois, como já dissemos, se com seu comportamento antissocial vier a sofrer ou causar prejuízo, o juiz reduzirá equitativamente a indenização, na medida em que tiver concorrido para a ocorrência do dano (CC, art. 738, parágrafo único).

4º) *Proceder de modo a não causar: a) perturbação ou incômodo ao motorista ou aos demais passageiros* (CC, art. 738, *caput*); *b) danos ao veículo; c) dificuldades na execução normal do serviço.*

7. SEGURO

O *contrato de seguro* é aquele pelo qual uma das partes (segurador) se obriga para com outra (segurado), mediante o pagamento de um prêmio, a garantir-lhe interesse legítimo relativo a pessoa ou a coisa e a indenizá-la de prejuízo decorrente de riscos futuros, previsto no contrato (CC, art. 757). A atividade do segurador é sujeita à fiscalização da SUSEP e exercida por companhias especializadas, isto é, por sociedades anônimas, mediante prévia autorização do governo federal (CF/88, art. 192, II, com CC, art. 757, parágrafo único)[22].

O *segurado* tem interesse direto na conservação da coisa ou da pessoa, fornecendo uma contribuição periódica e moderada, isto é, o prêmio, em troca do risco que o segurador assumirá de, em caso de incêndio, abalroamento, naufrágio, furto, falência, acidente, morte, perda das faculdades humanas etc., indenizá-lo pelos danos sofridos.

O segurador tem direito de haver o prêmio do risco transcorrido, mesmo que este não se verifique (CC, art. 764).

É um contrato *oneroso, aleatório, formal* e de *execução continuada*. É um contrato por *adesão*, formando-se com a aceitação pelo segurado, sem qualquer discussão, das cláusulas impostas ou previamente estabelecidas pelo segurador na apólice impressa. É um contrato *de boa-fé* (CC, arts. 765, 766 e parágrafo único), pois o contrato de seguro, por exigir uma conclusão rápida, requer que o segurado tenha uma conduta sincera e leal em suas declarações a respeito do seu conteúdo, do objeto e dos riscos, sob pena de receber sanções se proceder com má-fé, em circunstâncias em que o segurador não pode fazer as diligências recomendáveis à sua aferição, como vistorias, inspeções

---

22. Maria Helena Diniz, *Curso*, cit., v. 3, p. 517 a 544; Orlando Gomes, *Contratos*, cit., p. 501; Sérgio Cavalieri Filho, A trilogia do seguro, *JSTJ, 16*:53 a 62; Elcir Castello Branco, Contrato de seguro, in *Enciclopédia Saraiva do Direito*, v. 19, p. 488.

ou exames médicos, fiando-se apenas nas afirmações do segurado, que por isso deverão ser verdadeiras e completas, não omitindo fatos que possam influir na aceitação do seguro. A boa-fé é exigida também do segurador; p. ex.: se ele, ao tempo do contrato, souber que o risco passou, e mesmo assim expedir a apólice, pagará em dobro o prêmio estipulado (CC, art. 773).

No seguro à conta de outrem, o segurador pode opor ao segurado quaisquer defesas que tenha contra o estipulante (pessoa natural ou jurídica), por descumprimento das normas e conclusão do contrato, ou de pagamento do prêmio (CC, art. 767).

Pelo art. 761 do Código, "quando o risco for assumido em cosseguro, a apólice indicará o segurador que administrará o contrato e representará os demais, para todos os efeitos". O *cosseguro* é, portanto, a contratação plúrima de seguradoras com o objetivo de repartir um mesmo risco entre eles, emitindo-se uma só apólice, contendo condições válidas para todas; logo, as obrigações são subdivididas, mediante pagamento de prêmio proporcional ao encargo assumido por cada uma. Não há vínculo entre o segurado e o órgão ressegurador. O *resseguro* é um seguro mediato, ou seja, uma obrigação assumida entre a seguradora e o órgão ressegurador.

Estatui o Código Civil, art. 762, que: "Nulo será o contrato para garantia de risco proveniente de ato doloso do segurado, do beneficiário, ou de representante de um ou de outro".

O contrato de seguro exige instrumento escrito para ser obrigatório (CC, art. 759), isto é, a *apólice*.

A emissão da apólice deverá ser precedida de proposta escrita com a declaração dos elementos essenciais (p. ex., bens, direitos, deveres, responsabilidades, valor do prêmio e o da indenização) do interesse a ser garantido e do risco futuro assumido (CC, arts. 759 e 760), pois o segurador deve informar o segurado do teor do contrato ressaltando, claramente, as cláusulas limitativas, para que ele tenha compreensão de seu alcance. Quando o risco for assumido em cosseguro, a apólice deverá indicar o segurador que administrará o contrato e representará os demais, para todos os seus efeitos (CC, art. 761). Convém lembrar que a recondução, ou prorrogação, tácita do contrato pelo mesmo prazo, mediante expressa cláusula contratual, não poderá operar mais de uma vez (CC, art. 774).

As apólices podem ser, quanto à titularidade: *nominativas*, se mencionarem o nome do segurador, o do segurado e do seu representante, se o houver, ou o do terceiro em cujo nome se faz o seguro, sendo transmissível por cessão ou alienação (CC, art. 760); *à ordem*, transmissíveis por endosso em preto (CC, art. 785 § 2º), ou *ao portador*, transferíveis por tradição simples, outorgando-se ao detentor da apólice, e inadmissíveis em se tratando de seguro sobre a vida (*RF, 131*:127) ou de pessoas (CC, art. 760, parágrafo único). Nada obsta à transmissibilidade das apólices, a menos que estas expressamente a proíbam, como, p. ex., naqueles casos em que o risco possui cunho personalíssimo, envolvendo a conduta do segurado em relação aos bens, como nos seguros de automóveis, roubo e crédito. Nas nominativas, a transferência operar-se-á pela cessão. A cessão poderá ser feita antes ou depois do sinistro, mas subsistirá a responsabilidade do cedente pelo pagamento do prêmio, pois o segurador não o exonerou, uma vez que não interveio no contrato de cessão. Pelo Código Civil, art. 785, §§ 1º e 2º: "Salvo disposição em contrário, admite-se a transferência do contrato a terceiro com a alienação ou cessão do interesse segurado. Se o instrumento contratual é nominativo, a transferência só produz efeitos em relação ao segurador mediante aviso escrito assinado pelo cedente e pelo cessionário. A apólice ou o bilhete à ordem só se transfere por endosso em preto, datado e assinado pelo endossante e pelo endossatário".

A apólice pode ser ainda: *específica*, se se ocupar de um certo risco apenas; *plúrima*, se disser respeito a vários riscos dentro de um mesmo contrato; *aberta*, se o risco se desenvolver ao longo de sua atividade, determinando a individualização e a especificação dos objetos segurados por meio de averbações realizadas dentro do período de sua vigência, como sucede no seguro de transporte.

O Código Civil, art. 758, ressalta o papel probatório da apólice ao prescrever que o seguro se prova com a exibição da apólice ou do bilhete, e, na falta deles, por documento (p. ex., depósito bancário, recibo emitido pela seguradora) comprobatório do pagamento do respectivo prêmio.

No *seguro de dano* sofrido pelo bem, a garantia prometida não pode ultrapassar o valor do interesse segurado no instante da conclusão do contrato, sob pena de perda do direito à garantia, além de ficar o segurado obrigado ao prêmio vencido. Se a inexatidão na declaração daquele *quantum* não resultou de má-fé do segurado, o segurador poderá rescindir o contrato ou cobrar, mesmo depois do sinistro, a diferença do prêmio (CC, art. 778 c/c o art. 766 e parágrafo único). A indenização não poderá ser superior ao valor do interesse segurado no momento do sinistro, e, em caso algum, ao limite máximo da garantia estipulado na apólice (*RT, 730:222*), exceto se o segurador estiver em mora *ex persona* (CC, art. 781). Se se fizer, salvo disposição em contrário, seguro de um interesse por menos do que valha, ter-se-á redução proporcional da indenização, no caso de sinistro parcial (CC, art. 783).

A vigência da garantia, na hipótese de seguro de coisas transportadas, inicia-se no momento em que são recebidas pelo transportador, cessando com sua entrega ao destinatário (CC, art. 780).

O risco do seguro deverá compreender todos os prejuízos advindos, inclusive os estragos ocasionados para evitar o sinistro, diminuir o dano ou salvar a coisa segurada (CC, art. 779). Todavia, não estará incluído na garantia o sinistro causado por vício intrínseco, ou defeito próprio, do bem segurado que não se encontra normalmente em outros da mesma espécie, não declarado pelo segurado (CC, art. 784 e parágrafo único), visto não ser objeto do contrato.

Nada obsta que, durante a vigência contratual, se faça novo seguro sobre o mesmo interesse e contra o mesmo risco junto a outro segurador, desde que o segurado comunique isso por escrito ao primeiro segurador, declarando a soma pela qual pretende segurar-se, para que se possa comprovar a obediência ao disposto no art. 778 do Código Civil (CC, art. 782).

É admissível alienar ou ceder o interesse segurado, a não ser que haja disposição em contrário, e a seguradora, não podendo se opor à transferência do contrato de seguro, deverá pagar a terceiro a indenização. Se o instrumento do contrato for nominativo, tal transferência apenas produzirá efeito relativamente do segurador se houver aviso escrito assinado pelo cedente e cessionário; sem tal aviso, a translatividade do contrato produzirá efeito *inter partes*, não sendo oponível ao segurador, que continuará vinculado ao antigo segurado. A apólice ou o bilhete à ordem apenas poderá ser transferida por endosso em preto, datado e assinado pelo endossante e pelo endossatário, mencionando-se, portanto, o nome da pessoa a quem o título foi transferido (CC, art. 785, §§ 1º e 2º).

O segurador que, ocorrendo o sinistro, vier a pagar a indenização, sub-rogar-se-á nos limites do seu valor, nos direitos e ações que competirem ao segurado contra o autor do dano. Não haverá sub-rogação se o dano foi causado, salvo dolo, pelo cônjuge do segurado, seus descendentes ou ascendentes, consanguíneos ou afins. Evita-se que a sub-rogação venha a inutilizar a vantagem do seguro para o segurado, pois o dano, em razão da ação regressiva do segurador, iria recair sobre pessoa da família do segurado, salvo se esta agiu dolosamente. Será ineficaz ato do segurado que venha a diminuir ou extinguir, em prejuízo do segurador, os seus direitos de sub-rogação nos direitos e ações cabíveis ao segurado contra o autor da lesão (CC, art. 786, §§ 1º e 2º).

No *seguro de pessoa*, o ser humano é objeto de seguro contra os riscos de morte, sobrevida após certo prazo, comprometimento de saúde, incapacidade, invalidez ou de acidentes (CC, arts. 794, 798 e 799).

O beneficiário não terá direito ao capital estipulado quando o segurado se suicidar nos primeiros dois anos de vigência inicial do contrato, ou da sua recondução, depois de suspenso, hipótese em que o segurador deverá devolver ao beneficiário o montante da reserva técnica já formada (CC, art. 798 c/c o art. 797, parágrafo único). Pelo art. 799 do Código Civil: "O segurador não pode eximir-se ao pagamento do seguro, ainda que da apólice conste a restrição, se a morte ou a incapacidade do segurado provier da utilização de meio de transporte mais arriscado, da prestação de serviço militar, da prática de esporte, ou de atos de humanidade em auxílio de outrem".

No seguro de vida para o caso de morte será lícita a estipulação de um prazo de carência, durante o qual o segurado paga o prêmio, mas a seguradora não responderá pela ocorrência do sinistro; logo, se ele se der durante o lapso carencial, o segurador deverá restituir ao beneficiário o montante da reserva técnica já formada (CC, art. 797, parágrafo único), evitando assim seu enriquecimento indevido.

O beneficiário poderá ser o companheiro, se o segurado, por ocasião do contrato, estava separado de seu cônjuge extrajudicialmente, judicialmente ou de fato (CC, art. 793; *RT, 586*:176, *551*:113, *486*:98, *467*:135, *419*:205), ou divorciado (CF, art. 226, § 6º, com a redação da EC n. 66/2010)[23].

Se não houver indicação de beneficiário ou se não prevalecer a que foi feita, o capital segurado será pago metade ao cônjuge não separado extrajudicial ou judicialmente e o restante aos herdeiros do segurado, observando-se a ordem de vocação hereditária (CC, art. 792). Na falta destes, será beneficiário quem provar que a morte do segurado o privou de meios necessários à subsistência (CC, art. 792, parágrafo único). Se a liquidação somente se operar por morte, o prêmio poderá ser ajustado por prazo limitado (seguro de vida inteira com prêmio temporário) ou por toda a vida do segurado (seguro de vida inteira) (CC, art. 796, *caput*) e, em qualquer hipótese, no seguro individual, o segurador não terá ação para cobrar o prêmio vencido, cuja falta de pagamento, nos prazos previstos, acarretará, conforme se estipular, a resolução contratual, com a restituição da reserva já formada, ou a redução do capital garantido proporcionalmente ao prêmio pago (CC, art. 796, parágrafo único).

No seguro de vida ou de pessoa (relativo à integridade física ou à saúde), o segurado poderá fazer quantos seguros quiser, com o mesmo ou com diversos seguradores, sendo livre para fixar o valor respectivo (CC, art. 789; *RT, 505*:142, *504*:237), porém a apólice ou bilhete não poderá ser ao portador (CC, art. 760, parágrafo único), por ser importante a identidade do beneficiário (*RF, 131*:127).

"Se o segurado não renunciar à faculdade, ou se o seguro não tiver como causa declarada a garantia de alguma obrigação, é lícita a

---

23. As normas relativas à separação judicial ou extrajudicial poderão perder a eficácia social, ante o fato de a EC n. 66/2010 ter, ao alterar a redação do § 6º do art. 226 da CF, retirado a separação e os prazos de carência como requisitos para pleitear o divórcio.

substituição do beneficiário, por ato entre vivos ou de última vontade. O segurador, que não for cientificado oportunamente da substituição, desobrigar-se-á pagando o capital segurado ao antigo beneficiário" (CC, art. 791 e parágrafo único).

A soma estipulada como benefício no seguro de vida ou de acidentes pessoais para o caso de morte não se sujeitará às dívidas do segurado, nem se considerará herança (CC, art. 794), visto que reverterá em favor do beneficiário, não se integrará, portanto, ao espólio, nem mesmo poderá ser penhorada (CPC, art. 649, VI, com a redação da Lei n. 11.382/2006), para todos os efeitos de direito.

Será considerada nula qualquer transação para pagamento reduzido do capital segurado (CC, art. 795), em se tratando de seguro de pessoa, evitando-se que a indenização a que faz jus o beneficiário sofra alteração.

O Código Civil, no art. 801, §§ 1º e 2º, contempla o seguro de pessoas, estipulado por pessoa natural ou jurídica em proveito do grupo que a ele, de qualquer modo, se vincule, p. ex., por laços de parentesco ou liames empregatícios. O estipulante (pessoa natural ou jurídica) não é representante do segurador perante o grupo segurado, mas é o único responsável, para com o segurador, pelo cumprimento das obrigações contratuais assumidas por aquele grupo, inclusive pela arrecadação do prêmio a ser entregue ao segurador. Qualquer modificação feita, nesse seguro de grupo, na apólice em vigor dependerá do consenso expresso de três quartos do grupo segurado.

O seguro de pessoa não garante o reembolso de despesas hospitalares ou de tratamento médico, nem o custeio das despesas de luto e de funeral do segurado, que poderá ser objeto do seguro de dano (CC, art. 802).

Em caso de seguro de pessoa, por garantir interesses insuscetíveis de avaliação pecuniária, não há sub-rogação do segurador nos direitos e ações do segurado ou beneficiário, contra o autor do sinistro, pois o ofendido (segurado ou seu sucessor, beneficiário ou não) continua legitimado para pleitear em juízo a indenização a que faz jus contra o lesante (CC, art. 800).

O segurado terá o *direito* de:

1º) Receber não só a indenização, mas também a reparação do dano, equivalente a tudo aquilo que esteja dentro do risco previsto. Mas urge lembrar que não terá direito a tal indenização, ou seja, à cobertura prevista na apólice se estiver em mora no pagamento do prêmio, ocorrendo o sinistro antes de sua purgação (CC, art. 763).

2º) Reter os prêmios atrasados e fazer outro seguro pelo valor integral, se o segurador tiver decretada a liquidação extrajudicial antes de passado o risco.

3º) Não ver aumentado o prêmio, embora hajam agravado os riscos assumidos pelo segurador, além do que era possível antever no contrato, em razão de fato alheio à sua vontade.

4º) Exigir, se a redução do risco for considerável, a revisão do prêmio, adequando-o à nova situação, ou, se preferir, a resolução do contrato, apesar de, salvo disposição em contrário, a diminuição do risco no curso do contrato não acarretar a redução do prêmio estipulado, ante o princípio da irredutibilidade do *pretium periculi* (CC, art. 770).

Por outro lado, terá a *obrigação* de:

1º) Pagar o prêmio convencionado, no prazo estipulado (CC, art. 757, 1ª parte), ao segurador, como contraprestação do risco por este assumido. Apenas uma lei especial poderia prescrever que, em caso de não verificação do sinistro, o segurador perderia o direito à percepção do prêmio (CC, art. 764).

2º) Responder pelos juros moratórios, independentemente de interpelação do segurador, se se atrasar no pagamento do prêmio ou no de uma de suas prestações.

3º) Abster-se de tudo que possa aumentar ou agravar o risco, objeto do contrato, sob pena de perder o direito à garantia securitária (CC, art. 768).

4º) Comunicar ao segurador todo fato imprevisto que possa agravar consideravelmente o risco coberto, para que ele possa tomar alguma providência sob pena de perder o direito ao seguro, demonstrado que silenciou de má-fé. O segurador, dentro de quinze dias da notícia da agravação do risco sem culpa do segurado, poderá dar-lhe ciência, por escrito, de sua decisão de rescindir o contrato, por ser-lhe inconveniente assumir aquele risco. A resolução somente terá eficácia trinta dias após aquela notificação extrajudicial, devendo, contudo, ser restituída ao segurado pelo segurador a diferença do prêmio (CC, art. 769, §§ 1º e 2º).

5º) Levar, sob pena de perder o direito à indenização, ao conhecimento do segurador a ocorrência do sinistro, assim que souber da sua verificação, e tomar as providências necessárias para minorar-lhe as consequências (CC, art. 771).

6º) Abster-se de transacionar com a vítima, com o responsável pelos danos, sem o prévio consentimento da seguradora; nula será qualquer transação para pagamento reduzido do capital segurado (CC, art. 795)[24].

7º) Ser leal, respondendo com sinceridade e sem reticências às perguntas necessárias à avaliação do risco ao cálculo do prêmio sob pena de anulação por dolo (CC, art. 765), de perder o direito à garantia, o valor do seguro e de pagar o prêmio vencido (CC, art. 766).

O segurador terá o *direito* de:

1º) Receber o prêmio a que o segurado se obrigou, durante a vigência do contrato.

2º) Isentar-se do pagamento da indenização, se: *a*) provar dolo do segurado; *b*) o segurado deu à coisa segurada valor superior ao real (CC, art. 778) ou ele estava em mora no pagamento do prêmio, por ocasião do sinistro; *c*) existe no contrato algum vício capaz de lhe tirar a eficácia (CC, art. 766). "Não se inclui na garantia o sinistro provocado por vício in-

---

24. Relativamente aos direitos e obrigações do segurado: W. Barros Monteiro, *Curso de direito civil*, São Paulo, Saraiva, v. 5, p. 339-42; Maria Helena Diniz, *Curso*, cit., v. 3, p. 545-9; Serpa Lopes, *Curso*, cit., p. 384-8; Elcir Castello Branco, Contrato de seguro, cit., p. 501-3; Paul Sumien, *Traité des assurances terrestres*, 7. ed., Paris, 1957, n. 120, p. 74 e 75; Silvio Rodrigues, *Direito civil*, cit., p. 393-6; Caio M. S. Pereira, *Instituições*, cit., p. 425-9.

trínseco da coisa segurada, não declarado pelo segurado. Entende-se por vício intrínseco o defeito próprio da coisa, que se não encontra normalmente em outras da mesma espécie" (CC, art. 784 e parágrafo único); *d*) a apólice caducou.

3º) Responder, exclusivamente, pelos riscos que assumiu (CC, art. 776).

4º) Opor, havendo seguro à conta de outrem, ao segurado-beneficiário todos os meios de defesa que tiver contra o estipulante, por inadimplemento das normas de conclusão do contrato ou de pagamento do prêmio (CC, art. 767).

5º) Sub-rogar-se, se pagar indenização, no direito respectivo contra o autor do sinistro, podendo reaver o que desembolsou (CC, art. 786). Tal sub-rogação, exceto em caso de dolo, não se dará se o dano foi causado por cônjuge, ascendente ou descendente do segurado (CC, art. 786, § 1º), e será ineficaz qualquer ato do segurado que venha a diminuir ou extinguir, em prejuízo do segurador, os direitos de reembolso e das ações cabíveis contra o autor da lesão, dentro dos limites do valor do seguro (CC, art. 786, § 2º). Além disso, o art. 800 veda, na hipótese de seguro de pessoa, a sub-rogação do segurador nos direitos e ações do segurado, ou do beneficiário, contra o causador do sinistro, pois o ofendido continua legitimado para pleitear o *quantum* indenizatório a que faz jus contra o lesante.

6º) Reajustar o prêmio para que este corresponda ao risco assumido (CC, art. 778).

7º) Exonerar-se de suas responsabilidades no caso do art. 763.

Terá o *dever* de:

1º) Indenizar pecuniariamente o segurado quanto aos prejuízos resultantes do risco assumido, salvo se convencionada a reposição da coisa (CC, art. 776) afetada, substituindo-a por outra equivalente ou repondo-a no estado em que se encontrava antes do sinistro. Deverá responder por todos os prejuízos resultantes do risco, como os estragos ocasionados para evitar o sinistro, minorar o dano ou salvar a coisa (CC, art. 779).

2º) Aceitar a cessão do seguro (CC, art. 785, §§ 1º e 2º) e pagar a terceiro, havendo transferência do contrato de seguro, a indenização, como acessório da propriedade ou de direito real sobre a coisa segurada.

3º) Pulverizar o risco, sob forma de cosseguro e resseguro.

4º) Cumprir as obrigações provenientes da mora ou da desvalorização da moeda. O art. 772 do Código Civil dispõe que "a mora do segurador em pagar o sinistro obriga à atualização monetária da indenização devida segundo índices oficiais regularmente estabelecidos, sem prejuízo dos juros moratórios" incidentes.

5º) Restituir o prêmio recebido em dobro, se agir de má-fé, no caso do art. 773.

6º) Tomar as providências necessárias assim que souber do sinistro[25], arcando, inclusive, até o limite fixado no contrato, com as despesas de salvamento (CC, art. 771, parágrafo único).

7º) Pagar, diretamente, ao terceiro prejudicado a indenização por sinistro em caso de seguro de responsabilidade legalmente obrigatório (CC, art. 788), como o DPVAT.

O contrato de seguro extinguir-se-á[26]:

1º) pelo decurso do prazo estipulado, mas é permitida a recondução ou prorrogação tácita do contrato pelo mesmo prazo, mediante expressa cláusula contratual, que, contudo, não poderá operar mais de uma vez (CC, art. 774);

2º) pelo distrato;

3º) pela resolução por inadimplemento de obrigação legal ou de cláusula contratual;

4º) pela superveniência do risco;

---

25. A respeito dos direitos e deveres do segurador: Serpa Lopes, *Curso*, cit., p. 389-91; Caio M. S. Pereira, *Instituições*, cit., p. 425-9; W. Barros Monteiro, op. cit., p. 342-4; Elcir Castello Branco, Contrato de seguro, cit., p. 503, 504 e 484; José Augusto Delgado, *Comentários ao novo Código Civil*, Rio de Janeiro, Forense, 2004, v. 11, t. 1, p. 177 e 180; Maria Helena Diniz, *Curso*, cit., v. 3, p. 549-53.

26. Elcir Castello Branco, Contrato de seguro, cit., p. 507 e 508; Orlando Gomes, *Contratos*, cit., p. 521.

5º) pela cessação do risco, em seguro de vida, se o contrato se configurar sob a forma de seguro de sobrevivência;

6º) pela nulidade.

8. Contratos bancários

Os *contratos bancários* são negócios jurídicos em que uma das partes é uma empresa autorizada a exercer atividades próprias de bancos. Tais como[27]:

a) O *depósito bancário* — operação bancária em que uma pessoa natural ou jurídica entrega determinada importância em dinheiro, com curso legal no País, a um banco, que se obrigará a guardá-la e a restituí-la quando for exigida, no prazo e nas condições ajustadas. O depósito será escriturado em conta individual do depositante, e o banco deverá prestar-lhe informações a todo tempo, não podendo dá-las a terceiros, salvo exceções legais (a autoridades judiciais e fiscais, p. ex.).

Os depósitos bancários poderão ser[28]:

1º) *à vista*, se o depositante puder levantá-lo, total ou parcialmente, a seu bel-prazer;

2º) *de aviso prévio*, se o depositante puder reclamá-lo, subordinado a uma prévia comunicação do saque;

3º) *a prazo fixo*, se o depositante não puder efetuar a retirada senão a termo certo (três meses, seis meses, um ano), antes do qual o banco poderá recusar-lhe o saque;

4º) *populares*, se destinados a estimular a poupança, nos quais o juro abonado é mais alto;

---

27. Fran Martins, op. cit., p. 497-531; Caio M. S. Pereira, *Instituições*, cit., p. 470 a 474; Orlando Gomes, *Contratos*, cit., p. 392-6; Aramy Dornelles da Luz, *Negócios jurídicos bancários*, São Paulo, Revista dos Tribunais, 1996; Nelson Abrão, *Direito bancário*, São Paulo, Saraiva, 2001; Sebastião José Roque, *Dos contratos civis-mercantis*, cit., p. 49-58.

28. Orlando Gomes, *Contratos*, cit., p. 395 e 395; Fran Martins, op. cit., p. 528 e 529; Caio M. S. Pereira, *Instituições*, cit., p. 472-4; Ruggiero e Maroi, op. cit., § 172; Escarra, *Principes de droit commercial*, v. 4, p. 413 e s., Sérgio Carlos Covello, Depósito bancário, in *Enciclopédia Saraiva do Direito*, v. 23, p. 390-4.

5º) *limitados,* se estiverem sujeitos a um limite maior do que os primeiros, porém contido sob um teto;

6º) *sem limite,* se tiverem caráter ilimitado;

7º) *em conta conjunta* (*RT,* 770:261), se efetuados em nome de dois ou mais titulares, com a cláusula de que poderão ser levantados por qualquer deles, no todo ou em parte, independentemente, se prevista a solidariedade;

8º) *regulares, de títulos da dívida pública, ações etc.,* ligados a atividades específicas, constituindo: *a) depósito em administração,* se o banco se obrigar a uma prestação de serviço de recebimento de juros ou dividendos, resgate de títulos sorteados etc.; *b) depósito fechado,* se se entregar pacote cerrado, obrigando-se o banco a custodiá-lo sem devassar-lhe o conteúdo; *c) depósito em garantia* da solução de débitos;

9º) *vinculados,* se se condicionar a sua movimentação a determinados fatos, servindo, com isso, de garantia a outras operações a serem realizadas pelo banco.

b) O *redesconto* — operação pela qual um banco, que desconta título (operação ativa), poderá descontá-lo em outro banco (operação passiva)[29].

c) O *empréstimo* — operação pela qual o banco entrega a terceiro uma certa soma de dinheiro para lhe ser devolvida dentro de determinado prazo, cobrando, para tanto, juros[30].

d) O *desconto bancário* — contrato pelo qual uma pessoa recebe do banco determinada importância (juros), transferindo-lhe um título de crédito ainda não vencido de emissão própria ou de terceiro, responsabilizando-se pela sua solvabilidade.

O descontante transfere ao banco a propriedade dos títulos de crédito (cheques, letras de câmbio, notas promissórias, duplicatas, *warrants,* debêntures, conhecimentos de transporte) de que é proprie-

---

29. Caio M. S. Pereira, *Instituições,* cit., p. 481; Fran Martins, op. cit., p. 529 e 530.

30. Fran Martins, op. cit., p. 531.

tário. O banco, por sua vez, adianta-lhe uma quantia líquida e passará a ser o titular do crédito[31].

e) A *antecipação* — operação bancária pela qual alguém recebe do banco certa importância, dando garantia real para o pagamento da quantia adiantada. Essa garantia poderá consistir em mercadorias ou títulos representativos delas, como conhecimentos de depósito ou de transporte, *warrants* e títulos de crédito cotados na Bolsa[32].

f) A *abertura de crédito bancário* — contrato pelo qual o banco (creditador) obriga-se a colocar à disposição do cliente (creditado) ou de terceiro, por prazo certo ou indeterminado, sob cláusulas convencionadas, uma importância até um limite estipulado, facultando-se a sua utilização no todo ou parceladamente, porém a quantia deverá ser restituída, nos termos ajustados, acrescida de juros e comissões, ao se extinguir o contrato.

Haverá, portanto, por ser uma operação bancária, um ajuste em que o banco convenciona com o cliente a disponibilidade do numerário, em favor do próprio cliente ou de terceiro por ele indicado, podendo o crédito, neste último caso, ser confirmado pelo banco se a soma creditada comportar saque mediante a apresentação de documentos comprovantes de operação comercial realizada entre o cliente e o terceiro. Nessa hipótese, ter-se-á *crédito documentado*, muito comum no comércio exportador e importador. Caracteriza-se essa modalidade de contrato pelo fato de convencionar o banco com o creditado a abertura de crédito em favor de terceiro, que será o beneficiário do contrato. Essa espécie de crédito liga-se a uma operação de compra feita pelo creditado com o beneficiário. O banco fornecerá o capital para pagar a compra, pagando ao beneficiário, que é o vendedor, e recebendo deste os documentos relativos ao embarque das mercadorias adquiridas pelo creditado. Tal numerário poderá ser retirado global ou parceladamente. O banco acatará os saques e acolherá as ordens do creditado.

---

31. Orlando Gomes, *Contratos*, cit., p. 401-4; Caio M. S. Pereira, *Instituições*, cit., p. 480 e 481; Fran Martins, op. cit., p. 532.

32. Fran Martins, op. cit., p. 532.

A *abertura de crédito* poderá ser *simples* ou *em conta-corrente*. Será simples, se o creditado puder utilizar o crédito sem, contudo, ter a possibilidade de reduzir parcialmente, com entradas, o montante do débito. Será conjugada à conta-corrente, se o creditado tiver direito de efetuar o reembolso, utilizando novamente o crédito reintegrado.

A abertura de crédito poderá ser, ainda, *a descoberto* ou *garantida*. Será a descoberto se o banco, pela confiança que lhe inspira o cliente, a conceder baseado no crédito pessoal do devedor, considerando suficiente, como garantia, o seu patrimônio. Será garantida se o banco exigir penhor, hipoteca, retenção de valores, caução, fiador ou avalista.

Ainda constitui uma modalidade de abertura de crédito o *crédito de firma*, em que o banco se obriga a aceitar letras de câmbio, a avalizar títulos ou a afiançá-los, dando-lhes maior garantia, cobrando, para isso, uma comissão.

Aberto o crédito, se o creditador não cumprir o contratado, o creditado terá direito às perdas e danos[33].

g) As *cartas de crédito* são ordens escritas dadas por um banco a outro, localizado em praça diversa, para que este faça a abertura de crédito a uma ou mais pessoas determinadas, pondo-lhes certa quantia à disposição, que poderá ser retirada total ou parcialmente, num prazo especificado[34].

h) O *contrato de conta corrente bancária*[35] é aquele em que duas pessoas estipulam a obrigação, para ambas as partes ou para uma delas, de inscrever, em contas especiais de débito e crédito, os valores monetários correspondentes às suas remessas, sem que uma credora

---

[33]. Caio M. S. Pereira, *Instituições*, cit., p. 476-80; Fran Martins, op. cit., p. 532-4; Orlando Gomes, *Contratos*, cit., p. 397-401; Ferri, Apertura di credito, in *Enciclopedia del Diritto*, P. R. Tavares Paes, Contrato de abertura de crédito, in *Enciclopédia Saraiva do Direito*, v. 19, p. 207-9; Wagner Barreira, Abertura de crédito, in *Enciclopédia Saraiva do Direito*, v. 1, p. 347-68; Carvalho de Mendonça, *Tratado de direito comercial brasileiro*, Rio de Janeiro, Freitas Bastos, 1960, v. 6, p. 341-2.

[34]. Esta é a lição de Fran Martins, op. cit., p. 534-6.

[35]. Fran Martins, Contrato de conta-corrente, in *Enciclopédia Saraiva do Direito*, v. 19, p. 260; P. R. Tavares Paes, Abertura de conta-corrente, in *Enciclopédia Saraiva do Direito*, v. 1, p. 343-7.

ou devedora da outra se julgue, senão no instante do encerramento de cada conta.

O objeto do contrato são os lançamentos e não as remessas.

O contrato de conta-corrente, uma vez celebrado[36]:

1º) *tornará a massa de débitos e de créditos, que alimentam a conta, um todo indivisível;*

2º) *impossibilitará o correntista de retirar da conta uma das remessas,* pois ao ser o crédito integrado na conta assume o caráter de parcela desta, devendo assim manter-se até a verificação final;

3º) *impedirá que as remessas produzam compensação,* de modo que, durante a vigência do contrato, não haverá confrontação da remessa de um correntista com a de outro, para anulação dos créditos equivalentes;

4º) *afastará a possibilidade de as remessas operarem novação;*

5º) *fará com que os créditos remetidos passem a produzir juros desde a sua anotação na conta,* mesmo que eles não tenham sido convencionados;

6º) *permitirá, não havendo estipulação em contrário, a qualquer dos titulares, se vários forem os que contrataram a conta-corrente, movimentá-la, independentemente da anuência dos demais, e todos serão credores e devedores solidários pelo saldo.*

i) O *financiamento* ou adiantamento é a operação bancária pela qual o banco antecipa numerário sobre créditos que o cliente (pessoa natural ou jurídica) possa ter, com o escopo de emprestar-lhe certa soma, proporcionando-lhe recursos necessários para realizar certo negócio ou empreendimento, reservando-se o direito de receber de devedores do financiado os créditos em seu nome ou na condição de seu representante, e sem prejuízo das ações que contra ele conserva até a liquidação final. Se os devedores não pagarem, o banco se voltará contra o financiado[37].

---

36. Fran Martins, Contrato, cit., p. 264-6; Morando, *Il contratto di conto corrente*, p. 84; Orlando Gomes, *Contratos*, cit., p. 405.

37. Caio M. S. Pereira, *Instituições*, cit., p. 482; Orlando Gomes, *Contratos*, cit., p. 407.

j) A *custódia de títulos de valor e a guarda de valores* realizar-se-ão por meio de contrato de depósito e de aluguel de cofre, entre o cliente e o banco, pelo fato de este último oferecer maior segurança na guarda de certos objetos e documentos, principalmente títulos ao portador[38].

k) A *cédula de crédito bancário* (Lei n. 10.931/2004, arts. 26 a 45; TJSP, Súmula 14) é título de crédito emitido, por pessoa natural ou jurídica, em favor de instituição financeira ou de entidade a esta equiparada, representando promessa de pagamento em dinheiro, decorrente de operações de crédito, de qualquer modalidade.

Enunciado 41. A cédula de crédito bancário é título de crédito dotado de força executiva, mesmo quando representativa de dívida oriunda de contrato de abertura de crédito bancário em conta-corrente, não sendo a ela aplicável a orientação da Súmula 233 do STJ (aprovado na 1ª Jornada de Direito Comercial).

A cédula de crédito bancário poderá ser emitida com ou sem garantia, real ou fidejussória, cedularmente constituída.

A cédula de crédito bancário é título executivo extrajudicial e representa dívida em dinheiro, certa, líquida e exigível, seja pela soma nela indicada, seja pelo saldo devedor demonstrado em planilha de cálculo, ou nos extratos da conta-corrente.

A cédula de crédito bancário será transferível mediante endosso em preto, ao qual se aplicarão, no que couberem, as normas do direito cambiário, caso em que o endossatário, mesmo não sendo instituição financeira ou entidade a ela equiparada, poderá exercer todos os direitos por ela conferidos, inclusive cobrar os juros e demais encargos na forma pactuada na cédula.

A instituição financeira responde pela origem e autenticidade das cédulas de crédito bancário depositadas.

---

38. Orlando Gomes, *Contratos*, cit., p. 410 e 411. *Vide* Lei n. 9.514/97, sobre Sistema Financeiro Imobiliário, Lei n. 10.177/2001, sobre operações com recursos dos Fundos Constitucionais de Financiamento do Norte, do Nordeste e do Centro-Oeste, e Resolução n. 2.836/2001 do BACEN, sobre cessão de créditos oriundos de operações de financiamento. O financiamento está ligado ao desconto, à abertura de crédito e à conta-corrente. *Vide* Lei n. 10.820/2003, sobre autorização para desconto de prestações em folha de pagamento dos valores referentes a financiamentos concedidos a empregados (regidos pela CLT) por instituições financeiras.

9. Cartão de Crédito

A utilização de cartão de crédito auxilia as operações empresariais[39], por representar um meio seguro de condução de moeda e por possibilitar a negociação em qualquer estabelecimento vinculado ao sistema, evitando o imediato desembolso de dinheiro por permitir o recurso ao financiamento.

O emissor do cartão de crédito é, em regra, um banco, que abrirá uma conta em favor do beneficiário, fixando o limite de crédito, recebendo deste uma taxa de admissão e do empresário um percentual sobre o valor das faturas.

O cartão de crédito seria um documento de identificação ou comprobatório de que seu titular, cujo nome nele é impresso, possui crédito perante o emissor, que o autoriza a realizar compra de bens e a utilizar serviços a prazo, sacando dinheiro a título de mútuo.

A operação com cartão de crédito acarretará uma série de efeitos jurídicos:

A) *Nas relações entre emissor e titular do cartão de crédito:*

a) Haverá entre o emissor e o titular do cartão um contrato misto de abertura de crédito e de prestação de serviço de caixa, para garantir o pagamento das faturas até certo limite.

b) O contrato, feito entre o beneficiário do cartão e o emissor, fará com que este último se comprometa a pagar as despesas contraídas por aquele dentro do limite de crédito estipulado.

c) O emissor abrirá crédito rotativo até o *quantum* estipulado e funcionará como caixa, pagando os débitos feitos pelo usuário do cartão junto aos estabelecimentos filiados.

d) O titular do cartão deverá pagar anualmente ao emissor uma taxa pelo credenciamento junto a vários fornecedores.

---

39. Sebastião José Roque, *Contratos civis-mercantis em espécie*, São Paulo, Ícone, 1997, p. 9-14; Fran Martins, *Cartões de crédito*, Rio de Janeiro, Forense, 1976, p. 13-4; Maria Helena Diniz, *Tratado*, cit., v. 3, p. 117-51; Waldirio Bulgarelli, *Contratos mercantis*, cit., p. 612-25; Arnaldo Rizzardo, *Contratos*, cit., v. 3, p. 1350-6.

e) O usuário comprometer-se-á a usar o cartão nas condições avençadas e a liquidar a dívida à vista no vencimento do prazo estipulado, satisfazendo os juros, atualização monetária, multa e comissão, se houver atraso.

B) *Nas relações entre emissor e fornecedor:*

a) O emissor deverá pagar ao fornecedor as faturas do titular do cartão até o limite convencionado.

b) O fornecedor deverá firmar contrato com o emissor, comprometendo-se a aceitar o cartão, dando quitação ao comprador quando este assinar a nota de venda.

c) O fornecedor deverá ceder ao emissor os créditos para receber o pagamento das despesas feitas pelo titular, desde que pague ao emissor uma comissão sobre o montante dos créditos cedidos.

d) O fornecedor deverá comunicar ao emissor as despesas excedentes ao limite estipulado.

e) O fornecedor deverá verificar a autenticidade da assinatura do consumidor.

C) *Nas relações entre titular e fornecedor:*

a) O titular e o fornecedor efetuarão contrato de compra e venda de bens ou de prestação de serviço, sendo o pagamento feito pelo emissor.

b) O fornecedor não poderá recusar-se a receber o cartão apresentado.

c) O titular do cartão, havendo vício do bem, deverá acionar o fornecedor.

D) *Nas hipóteses de perda ou furto do cartão* o titular deverá avisar o emissor do fato dentro de um prazo de carência, para que providencie o cancelamento da validade do cartão, junto aos estabelecimentos filiados.

O contrato de cartão de crédito poderá extinguir-se se: *a)* não for renovado, no vencimento do prazo de sua duração; *b)* as partes resolverem, unilateralmente, sem necessidade de qualquer justificação, vencê-lo antecipadamente: *c)* o emissor resolver cancelar o cartão de crédito, ante o fato de ter havido violação de cláusula contratual, uso indevido, ou não pagamento das despesas dentro do prazo convencionado.

10. ARRENDAMENTO MERCANTIL OU "LEASING"

O arrendamento mercantil, ou *leasing* financeiro ou tradicional, é o contrato pelo qual uma pessoa jurídica ou natural, pretendendo utilizar determinado equipamento, comercial ou industrial, ou um certo imóvel, consegue que uma instituição financeira o adquira, arrendando-o ao interessado por tempo determinado, possibilitando-se ao arrendatário, findo tal prazo, optar entre a devolução do bem, a renovação do arrendamento ou a aquisição do bem arrendado mediante um preço conforme o valor residual (VR) previamente fixado no contrato, isto é, o que fica após a dedução das prestações até então pagas.

O *"leasing" mobiliário* refere-se a qualquer objeto móvel, de valor apreciável (máquinas, aparelhos especializados), fabricado ou vendido por empresa que não seja a arrendadora e que deverá ser por esta adquirido para atender o seu cliente que o escolhera. No *"leasing" imobiliário* a empresa, em regra, não adquire prédio construído, mas prefere comprar terreno e custear a construção do imóvel, segundo instruções do cliente, para depois arrendá-lo. Por ser muito dispendioso, tal arrendamento é feito por vinte ou trinta anos.

As instituições financeiras captadoras de depósitos à vista e que operem crédito imobiliário estão autorizadas a promover *Arrendamento Imobiliário Especial com Opção de Compra* dos imóveis que tenham arrematado, adjudicado ou recebido em dação em pagamento por força de financiamentos habitacionais por elas concedidos. Entende-se por Arrendamento Imobiliário Especial com Opção de Compra a operação em que o arrendatário se compromete a pagar ao arrendador, mensalmente e por prazo determinado, contraprestações pela ocupação do imóvel com direito ao exercício de opção de compra no final do prazo contratado.

Aplicam-se ao Arrendamento Imobiliário Especial com Opção de Compra, no que couber, as disposições referentes ao arrendamento mercantil e ao *Programa de Arrendamento Residencial*. Urge lembrar que foi instituído, para atender, exclusivamente, a necessidade de moradia da população de baixa renda[40], sob forma de arrendamento residencial com opção de compra.

"Leasing" financeiro, que é o mais comum de todos, pelo qual o arrendador adquire de terceiros certos bens de produção (máquinas, equipamentos) com o intuito de entregá-los a uma empresa, para que, por prazo determinado, os utilize, mediante o pagamento de prestações pecuniárias periódicas, com o direito de optar entre a aquisição de sua propriedade, a devolução dos bens arrendados ao arrendador e a renovação do contrato.

No *arrendamento mercantil ou "leasing" financeiro* apresentam-se os seguintes *elementos jurídicos*, essenciais à sua caracterização:

1º) três empresas são necessárias à operação: a que vende as máquinas (fabricante), a que as compra, pagando o preço (*leasing broker* ou *leasing banker*), e a que obtém, sem ter comprado (arrendatário), os referidos bens de produção;

2º) uma empresa ou o arrendatário indica à outra (instituição financeira) os bens que ela deverá adquirir, com todas as suas especificações técnicas, estipulando preço e nome do fornecedor, e dando outros esclarecimentos, como condições de reembolso do arrendador, montante de prestações, prazo de vigência do contrato de *leasing* etc.;

3º) a instituição financeira compra equipamentos e máquinas para arrendá-los a longo prazo à empresa que pediu a aquisição;

4º) há a concessão do uso desses bens ou equipamentos durante certo prazo, não muito longo, em geral dois a cinco anos, ou até mesmo noventa dias, em caso de *leasing* operacional, mediante o pagamento de uma renda, superior ao valor do uso, porque ela poderá ser parcela do preço pelo qual serão comprados tais bens;

---

40. Orlando Gomes, *Contratos*, cit., p. 565 e 566; Caio M. S. Pereira, A nova tipologia contratual no direito civil brasileiro, *Revista de Direito Comparado Luso-Brasileiro*, *1*:107-32, 1982; P. R. Tavares Paes, *Leasing*, São Paulo, Revista dos Tribunais, 1994; Ronaldo Alves de Andrade, Contrato de *leasing*, in *Direito empresarial contemporâneo*, São Paulo, Juarez de Oliveira, 2000, p. 227-58.

5º) o arrendatário, findo o prazo do arrendamento, tem a tríplice opção de: *a)* adquirir os bens, no todo ou em parte, por preço menor do que o de sua aquisição primitiva convencionado no próprio contrato, levando-se em conta os pagamentos feitos a título de aluguel; *b)* devolvê-los ao arrendador; ou *c)* prorrogar o contrato, mediante o pagamento de renda muito menor do que a do primeiro arrendamento, porque neste as prestações foram fixadas tendo em vista o valor de utilização do bem em estado de novo[41].

O *leasing* financeiro gera deveres.

O *arrendador* terá o dever de:

1º) adquirir de outrem os bens para serem dados em arrendamento;

2º) entregar ao arrendatário, para seu uso e gozo, os bens por ele indicados (*JB, 161*:133);

3º) vender os bens arrendados, se o arrendatário optar pela compra e pagar o preço residual; às vezes, tal valor residual estabelecido é inferior ao mercadológico. As partes fixam, em cláusula contratual, o valor residual garantido (VRG), que o bem terá no final do arrendamento. Esse valor não se confunde com o valor real do bem após o seu uso, que pode ser maior ou menor que o VRG; Enunciado 38. É devida devolução simples, e não em dobro, do valor residual garantido (VRG) em caso de reintegração de posse do bem objeto de arrendamento mercantil celebrado entre empresários (aprovado na 1ª Jornada de Direito Comercial);

4º) receber as coisas de volta, se não houver compra final ou renovação contratual;

5º) renovar o contrato, se o arrendatário assim o desejar, mediante a fixação de novo valor para as prestações. Na renovação de contrato de arrendamento mercantil, a arrendadora deverá

---

41. Arnoldo Wald, "Leasing"-I, in *Enciclopédia Saraiva do Direito*, v. 48, p. 131-6; Fran Martins, *Contratos*, cit., p. 545-9 e 554-8; Orlando Gomes, *Contratos*, cit., p. 569-72; Waldirio Bulgarelli, "Leasing"-II, in *Enciclopédia Saraiva do Direito*, v. 48, p. 136-9 e 141-3; Roberto Ruozi, *Il leasing*, Milano, Giuffrè, 1971, p. 23; Fábio Konder Comparato, Contrato de "leasing", *RT, 389*:7, e in *Enciclopédia Saraiva do Direito*, v. 19, p. 385-93.

considerar, para efeito de depreciação, o valor contábil do bem objeto da renovação (Parecer Normativo n. 8/92).

Por outro lado, o *arrendatário* terá a obrigação de:

1º) pagar os aluguéis conforme se ajustou;

2º) manter os bens arrendados em bom estado de conservação;

3º) responder pelos prejuízos que causar a tais bens;

4º) restituir esses bens, findo o contrato, se não quiser comprá-los no uso de seu direito de opção;

5º) suportar os riscos e os encargos dos bens arrendados;

6º) pagar ao arrendador todas as prestações que completariam o cumprimento integral da obrigação, se rescindir o contrato antes de seu vencimento.

Várias são as modalidades de arrendamento mercantil. Poder-se-ão ter[42]:

1º) *"Leasing" financeiro,* que é a verdadeira operação de *leasing* e é sobre ele que acima tratamos.

2º) *"Leasing" operacional,* que é realizado com bens adquiridos pelo locador junto a terceiro, sendo dispensável a intervenção da instituição financeira, que poderá efetivá-lo, se autorizada pelo Conselho Monetário Nacional. O mesmo material, mantido em estoque pelo locador, pode ser alugado várias vezes a locatários diversos. O locador compromete-se a prestar serviços de manutenção do bem locado.

3º) *Renting,* se se tratar de arrendamento feito diretamente com o fabricante, dispensando-se o intermediário, por dizer respeito a produtos de grande aceitação no mercado, embora tendam a se tornar obsoletos em pouco tempo, como, p. ex., certos artigos

---

42. Arnoldo Wald, Considerações sobre o "lease back", in *Digesto Econômico*, 1982, n. 296, p. 139 a 144; Parleani, Le contrat de lease back, *Revue Trimestrielle de Droit Comparé*, 1973, n. 4, p. 728; Antônio da Silva Cabral, *"Leasing"*; noções, tipos e aspectos, São Paulo, 1975, v. 1, p. 29-31; Waldirio Bulgarelli, "Leasing"-II, cit., p. 139 e 140; Orlando Gomes, *Contratos*, cit., p. 572 e 573; Fran Martins, *Contratos*, cit., p. 550-4; Fábio K. Comparato, op. cit., v. 19, p. 387-8; Maria Helena Diniz, *Curso*, cit., v. 3, p. 727-30.

eletrônicos, eletrodomésticos, equipamentos técnicos. É contrato a que se liga a cláusula de assistência técnica aos bens alugados, não sendo necessário o pacto de reserva do direito de opção para a compra dos bens. O *renting* começa a se desenvolver, no Brasil, principalmente no que se refere a material de escritório (computadores, calculadoras, copiadoras etc.) e automóveis.

4ª) *Lease-back ou "leasing" de retorno*, que ocorrerá se uma empresa, proprietária de certo bem (móvel ou imóvel), o vender ou o der em dação em pagamento a outra que, ao adquiri-lo, imediatamente o arrenda à vendedora. O próprio arrendatário efetua a venda de bens ou de equipamentos, mudando seu título jurídico relativamente a eles, passando de proprietário a arrendatário, que deverá pagar aluguel.

5ª) *Dummy corporation*, que se liga ao *trust* e à sociedade de palha, inserindo-se numa sociedade entre investidores e arrendatários. Tal sociedade emite debêntures para obter numerário para a aquisição de bens, que serão arrendados ao arrendatário. Os investidores serão representados por um *trustee*, que dirigirá a sociedade e receberá os aluguéis sobre o bem arrendado.

6ª) *Lease purchase*, na lição de Sílvio de Salvo Venosa, é o utilizado na atividade ferroviária ou aeroviária. Há emissão, pelo *trustee*, de certificados, similares a debêntures, para aquisição de numerário para obter o bem a ser arrendado. A locatária passará a ser proprietária do bem apenas quando resgatar todos os certificados.

11. "Know-how" ou contrato de importação de tecnologia

O contrato de *know-how*[43] é aquele em que uma pessoa, natural ou jurídica, se obriga a transmitir ao outro contraente, para que este

---

43. Carlos Alberto Bittar, "Know-how"-I, in *Enciclopédia Saraiva do Direito*, v. 47, p. 496-505; Fran Martins, *Contratos*, cit., p. 597-600, 601-3 e 605-8; Hector Masnatta, *Los contratos de transmisión de tecnología*, Buenos Aires, Astrea, 1971; Paul Démin, *Le contrat de know-how*, Bruxelles, Émile Bruylant, 1969, p. 13, 17, 22 e 23; Newton Silveira, "Know-how"-II, in *Enciclopédia Saraiva do Direito*, v. 47, p. 506-8; Orlando Gomes, *Contratos*, cit., p. 574 e 575; Maria Helena Diniz, *Tratado*, cit., v. 4, p. 5 a 29.

os aproveite, os conhecimentos que tem de processo especial de fabricação, de fórmulas secretas, de técnicas ou de práticas originais, durante certo tempo, mediante o pagamento de determinada quantia chamada *royalty*, estipulada livremente pelos contraentes.

Tal pagamento poderá ser feito de uma só vez, ou com uma entrada inicial e percentagens sobre vendas, ou somente com percentagens sobre vendas, ou, então, pelo pagamento de importâncias fixas, feito parceladamente. Todavia, nada obsta a que se transfira o *know--how* a título gratuito, quando o concedente tem outro interesse que não auferir lucro.

O *know-how* constitui um bem imaterial protegido juridicamente, por isso quem o empregar não poderá divulgá-lo; impõe-se ao que recebe o *know-how* a obrigação de guardar segredo, sob pena de receber uma sanção pela sua divulgação. Logo, a violação a essa obrigação será punida como crime contra a organização da propriedade intelectual. O adquirente terá, ainda, o dever de manter a qualidade dos produtos em que foi utilizado o *know-how*.

Poderá extinguir-se o contrato de *know-how*:

1º) pelo vencimento do prazo de sua duração;

2º) pelo distrato;

3º) pela violação de cláusula contratual;

4º) pela modificação essencial no seu objeto, como, p. ex., se o *know-how* perder o seu valor;

5º) pela mudança da pessoa que recebe o *know-how*, visto tratar--se de contrato *intuitu personae*.

Em qualquer desses casos extintivos do contrato, o beneficiário deverá continuar a manter segredo sobre o *know-how* e não mais utilizá-lo, restituindo todos os documentos que lhe foram fornecidos.

12. Franquia ou "franchising"

Franquia ou *franchising* é o contrato pelo qual uma das partes (franqueador ou *franchisor*) concede, por certo tempo, à outra (franqueado ou *franchisee*) o direito de usar marca, transmitindo tecnologia (p. ex., General Motors, Coca-Cola), de comercializar marca, desenvolvendo rede de lojas (p. ex., lojas Benetton, O Boticário etc.), serviços (p. ex., o de hotelaria — Hilton, Holiday Inn, Sheraton; o de ensino — Follow Me, CCAA, Yázigi; o de restaurante e lanchonete — McDonald's, Pizza Hut, Casa do Pão de Queijo, Amor aos Pedaços, Café do Ponto etc.) ou produto que lhe pertence, com assistência técnica permanente, recebendo, em troca, certa remuneração. Trata-se de um sistema de parceria empresarial em que o franqueador cede ao franqueado o direito de usar marca ou patente, associado ao direito de distribuição exclusiva ou semiexclusiva de produtos ou serviços e, eventualmente, também ao direito de uso de tecnologia de implantação e administração de negócio ou sistema operacional desenvolvidos ou detidos pelo franqueador, mediante remuneração direta ou indireta, sem que, no entanto, fique caracterizado vínculo empregatício.

Logo, para que se caracterize o contrato de franquia, serão necessárias:

1ª) Presença de duas pessoas: franqueador (*franchisor*) ou concedente, que deve ser uma empresa comercial com poderes para dispor de marca, de serviço ou de produto, permitindo sua comercialização por outrem; franqueado (*franchisee*), que é uma empresa individual ou coletiva com a finalidade de distribuir produtos no mercado.

2ª) Exploração de uma marca ou produto, com assistência técnica do franqueador.

3ª) Independência do franqueado, pois não há qualquer vínculo de subordinação ou empregatício entre ele e o franqueador.

4ª) Rede de distribuição de produtos em condições pouco onerosas para o franqueador, porque se ele tivesse de distribuir seus produtos normalmente, sem efetivar esse contrato, teria de fazer despesas enormes, como, p. ex., abrir sucursais, assumindo encargos que iriam pesar em sua economia.

5ª) Exclusividade do franqueado, em certo território, para vender os produtos.

6ª) Onerosidade do contrato, visto que, em regra, o franqueado deverá pagar ao franqueador não só uma taxa de filiação pela concessão da franquia, mas também importâncias suplementares, consistentes em porcentagens sobre os produtos vendidos, que diminuirão os lucros do franqueado e representarão a remuneração do franqueador pela concessão de suas marcas na comercialização dos produtos.

7ª) Obrigação do franqueado de manter a reputação dos produtos que distribui[44].

Para implantar a franquia, o franqueador deverá fornecer ao interessado uma *Circular de Oferta de Franquia*, contendo todos os requisitos exigidos pela Lei n. 8.955/94 (arts. 3º, 4º e 7º).

A franquia reger-se-á pela Lei n. 8.955/94 e por normas estipuladas em cláusulas contratuais, de acordo com a natureza, a importância dos produtos e os interesses das partes, como, p. ex., as referentes à proibição ao franqueado de vender produtos não indicados pelo franqueador ou de vender a crédito; ao direito do franqueador de inspecionar os livros do franqueado; à aprovação, pelo franqueador, de anúncios feitos pelo franqueado; à submissão dos balanços financeiros periódicos do franqueado ao franqueador etc. Há cláusulas que são imprescindíveis para caracterizar a franquia, como as atinentes ao prazo do contrato, que varia de um a cinco anos; à delimitação do território, para que se saiba onde o franqueado poderá atuar com exclusividade; à determinação da localização, ou seja, do local onde se estabelecerá o franqueado; às taxas de franquia, devidas pela exploração e pelo uso das marcas do franqueador, inclusive as suas insígnias e sinais de propaganda; às cotas de vendas; ao direito de o franqueado vender a franquia; ao preço das mercadorias franqueadas; ao cancelamento do contrato, esclarecendo os motivos que poderão extingui-lo[45].

---

44. Maria Helena Diniz, *Curso*, cit., v. 3, p. 739-41; Orlando Gomes, *Contratos*, cit., p. 575; Jorge Lobo, *Contrato de franchising*, Rio de Janeiro, Forense, 1994; Carlos Alberto Bittar, "Franchising", in *Enciclopédia Saraiva do Direito*, v. 38, p. 283; Fran Martins, *Contratos*, cit., p. 584-91; Harry Kursch, *The franchise boom*, 3. ed., New York, Prentice-Hall, 1969, p. 98, 94, 384 e s.

45. Carlos Alberto Bittar, "Franchising", cit., p. 283 e 284; Fran Martins, *Contratos*, cit., p. 591-5; Teston e Melle Baroudy, *Nouvelles techniques contractuelles*, Montpellier, Libr.

Extinguir-se-á o contrato de franquia[46]:

1º) pela expiração do prazo convencionado entre as partes;

2º) pelo distrato;

3º) pela resilição unilateral, em razão de inadimplemento de obrigação contratual por qualquer dos contraentes;

4º) pela existência de cláusulas que deem lugar à sua extinção por ato unilateral, mesmo sem justa causa;

5º) pela anulabilidade.

13. "ENGINEERING"

Engineering é o contrato pelo qual um dos contraentes (empresa de engenharia) se obriga não só a apresentar projeto para a instalação de indústria, mas também a dirigir a construção dessa indústria e pô-la em funcionamento, entregando-a ao outro (pessoa ou sociedade interessada), que, por sua vez, se compromete a colocar todos os materiais e máquinas à disposição da empresa de engenharia e a lhe pagar os honorários convencionados, reembolsando, ainda, as despesas feitas.

Dever-se-ão considerar no contrato de *engineering*: 1º) o *consulting engineering*, que compreende a programação e elaboração de estudos de caráter técnico-econômico para a realização de um projeto industrial ou para a reorganização, modernização ou ampliação de uma empresa, investigação de mercado etc.; 2º) o *commercial engineering*, que abrange, além da fase de estudo, uma fase de execução, ou seja, a construção e a entrega de uma instalação industrial em funcionamento; trata-se dos chamados contratos de *turn key* ou *clé en main*[47].

Techniques, 1970, p. 61 e s.; Glória C. Almeida Cruz, *Franchising*, Rio de Janeiro, Forense, 1993; Adalberto Simão Filho, *"Franchising" — aspectos jurídicos e contratuais*, São Paulo, Atlas, 1994.

46. Fran Martins, *Contratos*, cit., p. 595 e 596; Kursch, *The franchise*, cit., p. 106. Sobre o tema: Maria Helena Diniz, *Tratado*, cit., v. 2, p. 47-58.
47. Orlando Gomes, *Contratos*, cit., p. 576 e 577; Newton Silveira, "Know-how" -II, cit., p. 508 e 509; Carlos Alberto Bittar, "Engineering", in *Enciclopédia Saraiva do Direito*, v. 32, p. 197 e 198; Sebastião José Roque, *Dos contratos civis-mercantis*, cit., p. 47, 101-8; Clóvis V. do Couto e Silva, Contrato de "engineering", *RT*, 685:29.

14. Faturização ou "factoring"

O contrato de faturização de fomento mercantil ou *factoring* é aquele em que um empresário (faturizado) cede a outro (faturizador), no todo ou em parte, os créditos provenientes de suas vendas mercantis a terceiro, mediante o pagamento de uma remuneração, consistente no desconto sobre os respectivos valores, ou seja, conforme o montante de tais créditos. É um contrato que se liga à emissão e transferência de faturas.

Há transferência, por meio de cessão ou endosso, para o faturizador, das contas do faturizado relativas a seus clientes, mediante um *bordereau*, acompanhado de cópias das faturas emitidas pelo vendedor e demais documentos. Com tal remessa, cessarão os encargos do faturizado quanto à cobrança dos créditos, que passará a ser feita pelo faturizador.

Como no direito brasileiro não há lei específica que regule o *factoring*, ele se regerá pelas normas da cessão de crédito e comissão[48].

O *factoring* apresenta-se como uma técnica financeira e de gestão comercial. Tríplice é seu objeto: garantia, gestão de créditos e financiamento.

A faturização poderá assumir várias modalidades[49], apresentando-se como:

Enunciado 34. Com exceção da garantia contida no art. 618 do Código Civil, os demais artigos referentes, em especial, ao contrato de empreitada (arts. 610 a 626) aplicar-se-ão somente de forma subsidiária às condições contratuais acordadas pelas partes de contratos complexos de engenharia e construção, tais como EPC, EPC-M e Aliança (aprovado na 1ª Jornada de Direito Comercial).

48. Fran Martins, *Contratos*, cit., p. 569-71, 573, 574, 576 e 577; Jean Gerbier, *Le factoring*, Paris, Dunod, 1970, p. 5; Fábio Konder Comparato, Contrato de "factoring", in *Enciclopédia Saraiva do Direito*, v. 19, p. 344, 345 e 347; Carlos Alberto Bittar, "Factoring", in *Enciclopédia Saraiva do Direito*, v. 36, p. 48 e 49; M. Revers, *Le factoring: nouvelle méthode de crédit?*, Paris, Dunod, 1969, p. 1-105; Louis E. Sussfeld, *Le factoring*, Paris, PUF, 1968, p. 10; Orlando Gomes, *Contratos*, cit., p. 577 e 578; Arnaldo Rizzardo, *Factoring*, São Paulo, Revista dos Tribunais, 1997; Sebastião José Roque, *Dos contratos civis-mercantis*, cit., p. 15-22; Maria Helena Diniz, *Tratado*, cit., v. 2, p. 71-82; Luiz Lemos Leite, *Factoring no Brasil*, São Paulo, Atlas, 2007.

49. Fábio Konder Comparato, Contrato de "factoring", cit., p. 345 e 349; Fran Martins, *Contratos*, cit., p. 572 a 575; René Rodière e Rives-Lange, *Droit bancaire*, Paris, Dalloz, 1973, n. 335.

1º) *faturização interna*, se as operações se realizarem dentro do mesmo país ou, neste, dentro de uma região;

2º) *faturização externa*, se se relacionar com operações realizadas fora do país, como as de importação e exportação;

3º) *faturização no vencimento* (*maturity factoring*), se as faturas representativas dos créditos do faturizado forem remetidas ao faturizador, sendo por ele liquidadas no seu vencimento;

4º) *faturização tradicional* ou convencional (*conventional factoring*), se as faturas cedidas forem liquidadas pelo faturizador antes do vencimento.

O *factoring* produzirá os seguintes efeitos jurídicos[50]:

1º) Cessão de crédito, a título oneroso, feita pelo faturizado ao faturizador, que trará por consequência: *a*) notificação da cessão ao comprador, para que pague seu débito ao faturizador; *b*) direito de o faturizador agir em nome próprio, na cobrança das dívidas; *c*) dever de o faturizador assumir o risco sobre o recebimento das contas; *d*) direito de ação do faturizador contra o faturizado se o débito cedido contiver vício que o invalide.

2º) Sub-rogação do faturizador nos direitos do faturizado, passando a ser o credor do comprador, tendo, por isso, o direito de ação contra o comprador inadimplente.

3º) Relações entre o comprador e o faturizado, pois, se o comprador foi notificado da cessão, deverá efetuar o pagamento ao cessionário (faturizador). Se não tiver tido ciência da cessão, deverá pagar ao vendedor.

4º) Obrigações do faturizador de: *a*) pagar ao faturizado as importâncias relativas às faturas que lhe foram apresentadas; *b*) assumir o risco de não pagamento dessas faturas pelo devedor sem ter, contudo, direito de cobrar do faturizado, em regresso, o valor do prejuízo havido com tal inadimplemento.

---

50. Fábio Konder Comparato, Contrato de "factoring", cit., p. 345 e 346; Fran Martins, *Contratos*, cit., p. 577-81.

5º) Direitos do faturizador de: *a*) selecionar os créditos, recusando a aprovação, total ou parcial, das contas que lhe foram remetidas; *b*) cobrar as faturas pagas; *c*) deduzir a sua remuneração das importâncias creditadas ao faturizado, conforme o que se ajustou no contrato; *d*) examinar os livros e papéis do faturizado atinentes às suas transações com certos clientes.

6º) Deveres do faturizado de: *a*) pagar ao faturizador as comissões devidas pela faturização; *b*) submeter ao faturizador as contas dos clientes para que ele selecione as que desejar aprovar; *c*) remeter as contas ao faturizador no modo convencionado; *d*) prestar informações e dar toda assistência ao faturizador, em relação aos clientes ou ao recebimento das dívidas.

7º) Direitos do faturizado de: *a*) receber o pagamento das faturas; *b*) transferir ao faturizador as faturas não aprovadas, para que ele as cobre, hipótese em que agirá como seu mandatário; *c*) ser informado e assistido pelo faturizador.

8º) Obrigação do comprador de pagar ao cessionário, se notificado da transferência do crédito para o faturizador.

9º) Direito do comprador de opor ao cessionário ou ao cedente as exceções que lhe competirem, no momento em que tiver conhecimento da cessão (CC, art. 294).

São causas extintivas do *factoring*:

1ª) decorrência do prazo previsto para a sua duração;

2ª) distrato;

3ª) mudança de estado de um dos contratantes, por ser contrato *intuitu personae*;

4ª) resilição unilateral, desde que precedida de aviso prévio;

5ª) não cumprimento de obrigações contratuais;

6ª) morte de uma das partes, se ela for empresário individual.

Mesmo extinto o contrato, dever-se-ão liquidar as operações iniciadas.

15. "Hedging"

O *hedging* consiste numa modalidade de operação aleatória de bolsa, tendo por escopo a comercialização de mercadorias a termo nas bolsas de mercadorias (*commodities future market*), com liquidação pela diferença.

O *hedging* incide na comercialização de *commodities*, principalmente de gêneros alimentícios duráveis, como café, cereais, e de ouro, sob a fiscalização do Banco Central. Pode ser estendido aos empréstimos externos, caso em que se terá o *"hedging" de juros*. O produtor celebra contrato de venda futura, obrigando-se pela entrega, e o comprador, pelo pagamento da quantia certa, mas entre a data do fechamento e a liquidação, em regra, pode ocorrer diferença de cotação. Com o intuito de acobertar as oscilações do mercado, os interessados ajustam operações casadas, iguais e em sentido contrário no mercado à vista e no a termo, para se defenderem contra a variação das cotações[51].

16. Prestação de serviços logístico-empresariais

O contrato de prestação de serviços logístico-empresariais[52] é aquele em que um empresário (singular ou coletivo), que é o operador

---

51. Caio M. S. Pereira, op. cit., p. 129 e 130; Maria Helena Diniz, *Tratado teórico e prático dos contratos*, cit., 1995, v. 1, p. 372 e s.

52. Drucker e Ballo, *Logística empresarial*, São Paulo, Atlas, 1993; James G. Heim, *O contrato de logística* – tese de doutorado apresentada na PUCSP em 2004; Bowersox e Closs, *Logística empresarial*, São Paulo, Atlas, 2001; Maria Helena Diniz, *Tratado*, cit., v. 2, p. 200 a 204.

Enunciado 32. Nos contratos de prestação de serviços nos quais as partes contratantes são empresários e a função econômica do contrato está relacionada com a exploração de atividade empresarial, as partes podem pactuar prazo superior a quatro anos, dadas as especificidades da natureza do serviço a ser prestado, sem constituir violação do disposto no art. 598 do Código Civil (aprovado na 1ª Jornada de Direito Comercial). Enunciado 33. Nos contratos de prestação de serviços nos quais as partes contratantes são empresários e a função econômica do contrato está relacionada com a exploração de atividade empresarial, é lícito às partes contratantes pactuarem, para a hipótese de denúncia imotivada do contrato, multas superiores àquelas previstas no art. 603 do Código Civil (aprovado na 1ª Jornada de Direito Comercial).

logístico, se compromete perante outro, mediante remuneração, a executar, por tempo determinado, operações voltadas à atividade logística. Trata-se de um contrato de prestação de serviços por empreitada que desenvolve um projeto para estratégia de planejamento, controle operacional do transporte, armazenagem, estoque, distribuição e informações desde o ponto de origem até o de consumo para atender às necessidades do cliente. É muito utilizado pela Toyota, Benetton etc. É um processo estratégico para fornecer mercadoria, produto ou serviço, competitivamente superior, por um custo total inferior à média do segmento industrial, facilitando as operações de produção e *marketing*; entregar o produto e serviço no lugar e no tempo certo e nas condições desejadas pelo cliente; reduzir a variância, que é o acontecimento inesperado prejudicial ao sistema, como, p. ex., atraso no recebimento do pedido; interrupção na fabricação; chegada da mercadoria com avaria etc.

É um contrato de cooperação interempresarial pela possibilidade de prestação de serviço ou de esforço coletivo na integração de atividades produtivas, de montagem, de distribuição de produtos e serviços etc. Visa à racionalização de processos, buscando aumento do padrão de qualidade, produtividade e redução do preço de produtos e/ou serviços, sem comprometer o lucro.

Para tanto será preciso um projeto de rede, uma estrutura de instalações (fábricas, armazéns, lojas de varejo); uma tecnologia de informação, que evite processamento incorreto e moroso de pedidos e possibilite o fluxo rápido de informação; uma consistência de transporte, que mantenha equilíbrio entre o seu custo e a qualidade do serviço; uma manutenção de um estoque mínimo e de uma máxima rotatividade, para reabastecer rapidamente as lojas de varejo e satisfazer os compromissos assumidos com o cliente.

17. Contratos eletrônicos

O contrato virtual opera-se entre o titular do estabelecimento virtual e o internauta, mediante transmissão eletrônica de dados, tendo por base oferta numa *page web* ou mensagem por *e-mail*.

O contrato eletrônico é uma modalidade de negócio a distância ou entre ausentes, efetivando-se via Internet por meio de instrumento eletrônico, no qual está consignado o consenso das partes contratantes[53].

Surge nos negócios eletrônicos feitos por meios digitais o problema da identificação da parte contratante que, por via da Internet, manifestou a vontade representada, pois um dos requisitos para a validade do documento eletrônico é a autenticidade.

Há técnicas de autenticação das comunicações eletrônicas, como[54]: *a)* código secreto, senha ou número de identificação pessoal; *b)* leitura por caixa eletrônica da impressão digital da pessoa; *c)* reconhecimento de caracteres físicos a longa distância como marca da pele do polegar, sangue, rosto, voz, cabelos etc.; *d)* fixação da imagem da íris ou do fundo dos olhos do internauta, cadastrando-a no sistema e transformando-a em códigos; *e)* transmissão de fotografia; *f)* criptografia assimétrica, pela qual o contratante se identifica por duas senhas, códigos ou chaves, uma de acesso geral, por ser de conhecimento público, e outra particular, mantida em sigilo pelo usuário.

Exige-se, ainda, para que se tenha a validade de um contrato via *modem*, a sua *integridade*, isto é, a certeza de que não houve adulteração do documento no seu envio pelo emitente ao receptor. Logo, a única solução seria o uso da *assinatura digital*, baseada na criptografia assimétrica.

---

53. Consulte: Ricardo Luis Lorenzetti, Informática, Cyberlaw, E-Commerce, in *Direito & Internet – aspectos jurídicos relevantes*, São Paulo, Edipro, 2000, p. 425; Floriano de Azevedo Marques Neto, Contratos eletrônicos, *Revista IASP*, 9:123-33; Maria Helena Diniz, *Curso*, cit., v. 3, p. 755-73; Newton De Lucca, Títulos e contratos eletrônios: o advento da informática e seu impacto no mundo jurídico, in *Direito & Internet*, cit., p. 48 e 49; José Rogério Cruz e Tucci, Eficácia probatória dos contratos celebrados pela Internet, in *Direito & Internet*, cit., p. 275; Jorge José Lawand (*Teoria geral dos contratos eletrônicos*, São Paulo, Juarez de Oliveira, 2003, p. 87) define contrato eletrônico como negócio jurídico concretizado através da transmissão de mensagens eletrônicas pela Internet, entre duas ou mais pessoas, a fim de adquirir, modificar ou extinguir relações jurídicas de natureza patrimonial.

54. Newton De Lucca, Títulos e contratos eletrônicos..., in *Direito & Internet*, cit., p. 60; Francesco Parisi, *Il contratto concluso mediante computer*, Padova, CEDAM, 1987, p. 65; Regis Magalhães Soares de Queiroz, Assinatura digital e o tabelião virtual, in *Direito & Internet*, cit., p. 377, 379, 392 e 397; Miguel Angel Moreno Navarrete, *Contratos eletrónicos*, Madrid, 1999, p. 103.

A assinatura digital constitui-se por signos ou chaves pertencentes ao autor, sendo a transformação de uma mensagem feita pelo emprego de sistema de cifragem assimétrica, de modo que o possuidor da mensagem a inicia e a chave pública do assinante determina de forma confiável se tal transformação se fez empregando a chave privada correspondente à chave pública do assinante e se a mensagem foi alterada desde o momento em que se deu aquela transformação.

Ter-se-á *autenticação digital* quando a identidade do proprietário das chaves for verificada previamente por uma terceira entidade de confiança das partes, que publicou as chaves públicas certificadas em diretórios seguros e que certificará a ligação entre a chave pública e a pessoa que a emitiu, bem como a sua validade. Ensina-nos Regis Magalhães Soares de Queiroz que "a autenticação é provada por um certificado, formado por um conjunto de dados que vinculam a assinatura e a sua respectiva chave pública a uma determinada pessoa, identificada como proprietária das chaves, com base em registros, que devem ser mantidos pela autoridade certificadora em local seguro e a salvo de adulteração".

Apenas depois de seu reconhecimento pela autenticação feita por senha (*password*), cartão (*smartcard*), impressão digital, desenho da íris ou assinatura e certificado digital é que se libera a informação.

Há presunção *juris tantum* da validade do documento digitalmente assinado e do fato de que os sinais foram transmitidos por pessoas autorizadas, encarregadas na empresa do sistema informativo e mediante meios idôneos para reproduzir com confiabilidade o conteúdo da mensagem. Havendo qualquer falha na transmissão, outra mensagem deverá ser enviada.

Se se contestarem a autenticidade da assinatura digital e a integridade do documento, quem tirar proveito do conteúdo documental deverá provar, valendo-se de todos os meios admitidos por lei, a autenticidade da assinatura das chaves e a segurança do sistema criptográfico empregado. Para tanto, poderá fazer uso não só do depoimento da autoridade certificadora, pois o certificado digital por ela emitido teria validade e garantiria a autenticidade e a segurança da assinatura digital, possibilitando a eficácia dos negócios jurídicos eletrônicos, mas também da verificação de sua rotina de trabalho, dos registros eletrônicos arquivados, da tecnologia utilizada etc.

A eficácia probante do contrato eletrônico pode ser atestada pelo prudente arbítrio judicial, mediante recurso dos meios probatórios admitidos juridicamente e, em especial, do assessoramento de um técnico em informática, ou seja, da prova pericial para averiguar a autenticidade e integridade do documento informático, demonstrando que o estabelecimento virtual está organizado de maneira a conferir os maiores graus de segurança quanto à identificação das partes e inalterabilidade do registro.

Para evitar problemas de ordem probatória, visa-se à criação de cartórios para reconhecimento de documentações virtuais.

O conteúdo do contrato eletrônico em nada difere do de um contrato comum, produzindo os mesmos efeitos. Assim, p. ex., na empreitada virtual, em caso de encomenda de confecção de *site*, se o teleempreiteiro, ao realizar o trabalho técnico, se afastar ou não seguir as instruções do contratante, sofrerá as consequências previstas no Código Civil. Quem usar *site* para divulgar produtos ou serviços deve acatar o Código de Defesa do Consumidor, prestar informações corretas, claras e objetivas, apontando possíveis riscos à saúde ou à segurança, indicando preço, qualidade, quantidade etc., para que o consumidor internauta possa avaliar sua aquisição e, ainda, garantir que manterá os dados do cliente em sigilo e que haverá segurança nas operações virtuais efetuadas (CDC, arts. 18, 20, 30, 31, 33 e 47). O estabelecimento virtual tem os mesmos deveres do fornecedor perante o consumidor[55].

---

55. Regis Magalhães Soares de Queiroz, Assinatura digital..., in *Direito & Internet*, cit., p. 383, 398 a 402; Francisco Eduardo Loureiro, Novo Código Civil: contratos e certificação digital, in *Questões de direito civil e o novo Código Civil*, São Paulo, Imprensa Oficial, 2004, p. 361-71; Arthur José Concerino, Internet e segurança são compatíveis?, in *Direito & Internet*, cit., p. 134.

18. Licença de uso de "software"

A Lei n. 7.646/87, regulamentada pelo Decreto n. 96.036/88 e revogada pela Lei n. 9.609/98, submeteu o *software* ao regime jurídico autoral, dispondo sobre sua produção e comercialização.

O *software* ou *logicièl* é relativo aos programas de computação e aos sistemas de informação com as respectivas instruções, constituindo-se em manifestações intelectuais (obras técnicas) que alimentam as máquinas, sendo criações da inteligência, que viabilizam a informação. Deve ser, por isso, protegido pelo sistema normativo aplicado ao direito autoral, sob o regime de exclusividade de utilização e de autorização do seu autor para sua exploração empresarial.

O programa de computador ou logiciário (*software*) possui natureza jurídica de direito autoral e não de propriedade industrial; logo, sua proteção independerá de registro, mas seu titular, se quiser, poderá registrá-lo em órgão ou entidade designados por ato do Poder Executivo, por iniciativa do ministério responsável pela política da ciência e tecnologia.

O registro é, em regra, feito pelo INPI, e não tem natureza constitutiva, mas meramente declaratória de anterioridade, servindo como meio probatório.

Como o direito de autor alberga as criações intelectuais de ordem estética, abrangerá o *software*, que representa realizações decorrentes do gênio humano, pois as máquinas só funcionarão se alimentadas por cartões e outros formulários decorrentes de prévia programação, feita por criação intelectual, sob forma de planos, sistemas, fórmulas e projetos. Portanto, clara é sua proteção jurídica, desde que tenha originalidade, estimulando-se a criatividade, pois, tendo direito autoral, seu elaborador, além do respeito a sua personalidade, poderá explorá-lo economicamente pelos contratos de licença, de encomenda e de cessão.

O autor tem direito de autorizar ou proibir o aluguel comercial do *software*, não sendo esse direito exaurível pela venda, licença ou outra forma de transferência da cópia do programa, salvo nos casos em que o programa em si não seja objeto essencial do aluguel (Lei n. 9.609/98, art. 2°, §§ 1° a 5°).

Salvo estipulação em contrário, pertencerão exclusivamente ao empregador os direitos relativos ao programa de computador, desenvolvido e elaborado durante a vigência de contrato decorrente da natureza da atividade do empregado. Ressalvado ajuste em contrário, a compensação do trabalho ou serviço prestado limitar-se-á à remuneração ou ao salário convencionado. Isso será aplicado nos casos em que o programa de computador for desenvolvido por bolsistas, estagiários e assemelhados (Lei n. 9.609/98, art. 4º).

Os direitos sobre as derivações autorizadas pelo titular dos direitos de programa de computador, inclusive sua exploração econômica, pertencerão à pessoa autorizada que as fizer, salvo estipulação contratual em contrário (Lei n. 9.609/98, art. 5º). São considerados, p. ex., lesivos aos direitos do autor do programa de computador não só o ato de colocar em circulação cópias; o de deter, com intuito mercantil, cópia não autorizada do programa; a circulação, como também a detenção para finalidades comerciais, de meios para neutralizar dispositivo técnico usado para proteção do *software*, e o plágio do programa de computador (Leis n. 9.609/98, art. 12, e 9.610/98, art. 102).

Pelo contrato de licença de uso de programa de computador, o titular dos direitos patrimoniais (licenciador) cede, onerosa ou gratuitamente, ao licenciado, por tempo determinado ou indeterminado, exclusivamente, ou não, o direito de usar aquele programa, conforme o modo expressamente indicado.

O contrato de licença de uso de programa de computador, o documento fiscal correspondente, os suportes físicos do programa ou as respectivas embalagens deverão consignar, de forma facilmente legível pelo usuário, o prazo de validade técnica da versão comercializada (art. 7º).

Aquele que comercializar programa de computador, quer seja titular dos direitos do programa, quer seja titular dos direitos de comercialização, fica obrigado, no território nacional, durante o prazo de validade técnica da respectiva versão, a assegurar aos respectivos usuários a prestação de serviços técnicos complementares relativos ao adequado funcionamento do programa, consideradas as suas especificações. A obrigação persistirá no caso de retirada de circulação comercial do programa de computador durante o prazo de validade, salvo justa indenização de eventuais prejuízos causados a terceiros (Lei n. 9.609/98, art. 8º, parágrafo único)[56].

---

56. Orlando Gomes e outros, *Proteção jurídica do "software"*, Rio de Janeiro, Forense, 1985; Luiz Olavo Batista, A proteção dos programas de computador em direito comparado e internacional, *Revista de Direito Mercantil, Industrial, Econômico e Financeiro*, São Paulo, v. 22, n. 50, p. 26-41; Hélio Bellintani Jr., *Contrato de licenciamento de uso dos programas de computador destinados à gestão empresarial*, São Paulo, 2003. Dissertação-mestrado – PUCSP; Maria Helena Diniz, *Tratado*, cit., v. 3, p. 625-31, e *Curso*, cit., v. 8, p. 723-7. A empresa individual de responsabilidade limitada poderá receber remuneração decorrente de cessão de direitos patrimoniais de autor de que seja detentor seu único sócio, vinculados à atividade profissional (CC, art. 980-A, § 5º, acrescentado pela Lei n. 12.441/2011).

Capítulo X

Direito cambiário

1. TEORIA GERAL DOS TÍTULOS DE CRÉDITO

Os títulos de crédito constituem obrigações por declaração unilateral de vontade e consistem, nas palavras de Caio Mário da Silva Pereira, a manifestação unilateral da vontade do agente, materializada em um instrumento, pela qual ele se obriga a uma prestação determinada, independentemente de qualquer ato de aceitação emanado de outro agente. Ou, como nos ensina Cesare Vivante, o "título de crédito é o documento necessário para se exercer o direito literal e autônomo nele mencionado"[1].

Nessa definição, abrangidos estão os três princípios do direito cambiário: cartularidade, literalidade e autonomia. Trata-se de documento necessário para o exercício do direito literal e autônomo nele contido ou materializado. Para que se possa exercer tal direito dever-

---

1. Caio M. S. Pereira, op. cit., p. 486; Floriano Lima de Toledo, *Manual de direito comercial*, Livr. Duas Cidades, 1982, p. 221-3; Fábio Ulhoa Coelho, *Curso*, cit., v. 1, p. 363-468; Wille Duarte Costa, Títulos de crédito e o novo Código Civil, *Revista da Faculdade de Direito Milton Campos*, 8:105 a 121; Mauro Delphim de Moraes, O título de crédito: o endosso, o aval e o novo Código Civil, *Revista do IASP*, 12:308-22; Amador Paes de Almeida, *Teoria e prática dos títulos de crédito*, São Paulo, Saraiva, 2004; Newton De Lucca, *Comentários ao novo Código Civil* (coord. Sálvio de F. Teixeira), Rio de Janeiro, Forense, 2003, v. 12, p. 117 a 317; Diogo Bernardino e Ezequiel Morais, Aspectos polêmicos dos títulos de crédito no Código Civil, *Questões controvertidas*, cit., v. 8, p. 471-494.

-se-á apresentar a cártula. Daí a *cartularidade* do título. Como ensina Matiello: a *literalidade* do direito previsto na cártula exprime seu conteúdo exato, logo só comporta o dever jurídico nela inserido. Sua *autonomia* conduz ao fato de que seu possuidor de boa-fé dispõe de direito próprio em relação à obrigação emergente do título que não pode ser alterada ou suprimida por relações geradas entre os possuidores antecedentes e o devedor primitivo. Logo, como diz Adalberto Simão Filho, a autonomia é o princípio pelo qual as obrigações contraídas em uma cártula são independentes umas das outras; se assim é, o vício de uma não comprometerá as demais. É um documento comprobatório de uma relação entre credor e devedor e representativo de uma obrigação creditícia, facilitando a cobrança judicial do crédito, visto ser título executivo extrajudicial (CPC, art. 585, I). Todavia, somente produzirá efeitos se for definido por lei especial e quando preencher os requisitos da lei (CC, art. 887), pois apenas a exibição da cártula, ou seja, do documento no qual os atos cambiários, que constituem o crédito, foram lançados, gera a pretensão ao direito nele consignado.

É preciso não olvidar que, havendo omissão de qualquer requisito legal, retirando a validade do título de crédito, não se terá a invalidade do ato negocial subjacente, que lhe deu origem (CC, art. 888); logo o credor poderá cobrar o débito pela via ordinária. P. ex., pagamento do preço de uma compra e venda feito por meio de cheque não subscrito pelo emitente. Tal cheque não valerá como título de crédito, mas a compra e venda subsistirá. Ter-se-á a conversão da eficácia do documento. O escrito que não contiver todos os requisitos essenciais do título de crédito não poderá produzir efeitos do referido título, embora possa ter eficácia probatória da obrigação civil ou comercial, que o originou. Assim, se o título foi posto em circulação, desvincular-se-á do negócio jurídico que o ensejou, de forma que o credor poderá fazer valer seu direito de cobrar o débito pelas vias ordinárias; inclusive há, na lição de Adalberto Simão Filho, possibilidade de receber o valor constante no título pela via monitória, se o vício não disser respeito à manifestação da vontade do assuntor da obrigação. Essa norma é aplicável aos títulos de crédito nominados, ou seja, à letra de câmbio, tendo importância especial no que tange aos títulos inominados, porque as novas formas que poderão assumir sujeitar-se-ão a dúvidas.

O título de crédito deve conter a data da sua emissão, a indicação precisa dos direitos por ele conferidos e a assinatura do emitente, que pode ser o devedor (cheque e nota promissória) ou o credor (letra de câmbio e duplicata). Se não contiver indicação de vencimento, será à vista, contra apresentação. Se o local da emissão e do pagamento não estiver nele indicado, será o do domicílio do emitente.

Nada obsta a que o título seja emitido por meio de caracteres criados em computador ou meio técnico equivalente, mediante assinatura com certificação digital (Enunciado n. 461 da V Jornada de Direito Civil) e que constem da escrituração do emitente (CC, art. 889, §§ 1º a 3º), atendendo, assim, à moderna técnica de administração, muito comum nas operações bancárias, e ao fenômeno da "descartularização", ou desmaterialização do título de crédito, frequente no campo de utilização das duplicatas, e já reconhecido pelo art. 34 da Lei n. 6.404/76.

Se estiver incompleto ao tempo da emissão (p. ex., sem indicação do valor do débito ou da data do vencimento da obrigação), deverá ser preenchido de conformidade com os ajustes realizados no contrato celebrado entre credor e devedor. Se os que deles participaram vierem a descumpri-los, não há motivo de oposição feita pelo devedor ao terceiro portador ou endossatário, das razões que caberia manifestar ao credor para preenchimento do título em desacordo com o estipulado pelas partes no contrato. Protege-se terceiro de boa-fé, pois contra ele não se poderão opor defesas ou arguições relativas àqueles ajustes conducentes ao preenchimento do título incompleto. Só poderá fazer isso aquele terceiro que tenha agido de má-fé ao adquirir o título (CC, art. 891, parágrafo único).

Esses requisitos são mínimos para todos os títulos de crédito, inclusive os inominados, criados pela prática, pois os nominados reger-se-ão por leis especiais (CC, art. 903). Todos os documentos emitidos com tais requisitos são títulos de crédito, sujeitos, na hipótese de título ao portador, à autorização legal (CC, art. 907). Não comportam cláusula de estipulação de juros, salvo se lei especial a admitir, nem proibição de endosso, nem qualquer restrição de direitos e obrigações, nem excludente de responsabilidade pelo pagamento ou por despesa, nem mesmo dispensa de observância de termos e formalidades prescritas (CC, art. 890), em virtude do fato de não ser contrato, mas mera obrigação de pagar certa quantia pecuniária. Tais cláusulas serão tidas, portanto, como não escritas apenas para efeito cartular, visto que não é contrato, mas obrigação de pagar certa quantia pecuniária. O título de crédito não deixará de ter validade e eficácia, mesmo que uma de suas cláusulas seja considerada não escrita. Irradiará efeito no que for exigível. Até mesmo o aval parcial é vedado (CC, art. 897, parágrafo único).

Quem, sem ter poderes, ou excedendo os que tiver, vier a lançar sua assinatura em título de crédito em nome do mandante, na qualidade de mandatário ou de representante de outrem, ficará pessoalmente obrigado pelo pagamento do débito perante o portador legitimado que se apresentar como credor. E, se pagar o título, terá os mesmos direitos que teria o suposto mandante ou representado, sem que este assuma o dever de reembolsar mandatário, que agiu sem ter poderes para tanto (CC, art. 892).

Se a negociabilidade é um atributo seu, o título de crédito é suscetível de transferência ou cessão por endosso ou simples tradição, se for ao portador, e esta ocorrendo, implicará a de todos os direitos, inclusive os acessórios, que lhe forem inerentes (CC, art. 893), daí a necessidade e suficiência do próprio título para fazer valer o direito nele contido. O cedente do crédito (endossante) transfere ao cessionário (endossatário) todos os direitos inerentes à obrigação cambial. Inadmissível será o endosso parcial, pois parte das prerrogativas cartulares transferir-se-ia de um sujeito a outro. Ter-se-á uma sub-rogação total de direitos, a que o devedor não pode se opor, porque a cessão é direito do credor. O cessionário não pode ter melhor direito do que tinha o cedente, ficando, por isso, sujeito a todas as exceções que o devedor a este último poderia opor (CC, arts. 906, 915 e 916).

Há inoponibilidade das exceções aos terceiros de boa-fé. O executado somente poderá alegar defesa alheia à sua relação direta com o exequente, a não ser que prove sua má-fé (Lei Uniforme, art. 17).

O art. 894 reza: "O portador de título representativo de mercadoria tem o direito de transferi-lo, de conformidade com as normas que regulam a sua circulação, ou de receber aquela independentemente de quaisquer formalidades, além da entrega do título devidamente quitado". O art. 901 dispõe: "Fica validamente desonerado o devedor que paga título de crédito ao legítimo portador, no vencimento, sem oposição, salvo se agiu de má-fé", acrescentando, no parágrafo único, que: "Pagando, pode o devedor exigir do credor, além da entrega do título, quitação regular".

Enquanto o título de crédito estiver em circulação até a data do vencimento ou da retirada da mercadoria no contrato de transporte ou de depósito, apenas ele poderá ser dado em garantia ou ser objeto de medidas judiciais (penhora, arresto, sequestro, embargo, p. ex.), não o podendo, em separado, os direitos ou mercadorias que representa (CC, art. 895), consagrando-se, assim, o princípio da autonomia do título de crédito.

"O título de crédito não pode ser reivindicado do portador que o adquiriu de boa-fé e na conformidade das normas que disciplinam a sua circulação" (CC, art. 896), visto que passou a ser o seu legítimo titular.

O pagamento de título de crédito, que contenha obrigação de pagar certa soma, poderá ser garantido por aval (CC, art. 897); logo, não caberá aval nos demais títulos. O aval é uma garantia cambiária que tem por escopo assegurar pagamento de letra de câmbio ou nota promissória, da mesma forma que o garantiria o coobrigado cambial, se válida fosse sua obrigação, à qual a do avalista não se subordina por nenhum vínculo, formal ou material, de acessoriedade[2].

O aval seria uma declaração cambial escrita na própria cártula, pela qual seu subscritor, estranho ou não à relação cambiária, assume em favor do devedor obrigação solidária para garantir pagamento de dívida pecuniária, resguardando-a de vícios que possam inquinar sua substância. O credor poderá optar, se o título não for pago no vencimento, pela cobrança executiva do débito contra o devedor, ou diretamente contra o avalista. A responsabilidade do avalista somente

---

2. Maria Helena Diniz, *Curso*, cit., v. 3, p. 808-17; Maria Odete D. Bertasi, *O avalista e o título de crédito prescrito*, *Informativo IASP*, 51:5; Ricardo Fiuza, *Novo Código Civil*, cit., p. 791 a 817.

poderá ser reclamada se exigível for o direito oriundo do próprio título de crédito.

Como coobrigado solidário, o avalista, tendo pago o título, terá ação regressiva contra o seu avalizado e demais coobrigados anteriores (o endossante solidário e o emitente), que apuseram sua assinatura no título de crédito, para reaver o que desembolsou; mas não contra outros endossantes que não se vincularam ao pagamento nem contra demais avalistas (CC, art. 899, § 1º).

Seguindo a esteira da Convenção de Genebra, o aval deverá ser dado no verso ou no anverso do título, bastando para sua validade, quando dado no anverso ao lado do nome e da assinatura do devedor principal, a simples assinatura do avalista (CC, art. 898 e § 1º), para que este assuma conjuntamente com o devedor a obrigação de pagar. Se dado no verso, deverá nele constar alguma expressão indicativa da garantia cambiária, como: "em aval", "por aval", "avalizamos", "em garantia", "bom para aval" etc. Mas há doutrina admitindo tão somente a simples assinatura, no verso da cambial, como aval.

O avalista equipara-se àquele cujo nome indicar; na falta de indicação, ao emitente ou devedor final (CC, art. 899; *RT*,553:248).

Subsiste a responsabilidade do avalista, mesmo que a obrigação daquele a quem se equipara seja declarada nula (p. ex., por incapacidade do obrigado), exceto se tal nulidade decorrer de vício de forma (CC, art. 899, § 2º).

Veda-se o *aval parcial* (CC, art. 897, parágrafo único), pois o avalista se obriga pelo valor total do débito consignado, evitando-se dúvida sobre a extensão da garantia dada. Mas a Lei Uniforme de Genebra sobre letra de câmbio e nota promissória (Decreto n. 57.663/65, art. 30) e a Lei do cheque (art. 29), por serem normas especiais, admitem o aval parcial, ou seja, de parte do débito para tais títulos. Logo, diz Ricardo Fiuza, apenas no âmbito das normas internacionais e de leis especiais se pode admitir o aval parcial, que só deverá ser proibido em títulos de crédito em que não se estipule, expressamente, tal possibilidade.

Enunciado 39. É admitido o aval parcial nos títulos de crédito regulados em lei especial (aprovado na 1ª Jornada de Direito Comercial).

Dever-se-á considerar não escrito o aval cancelado (CC, art. 898, § 2º), por inutilização de assinatura do avalista ou declaração expressa deste. O cancelamento do aval apenas alcançará a garantia, não afetando o conteúdo da obrigação contida na cártula, logo o credor só poderá cobrá-la do devedor.

O *aval antecipado* é o que se impõe antes que a obrigação principal se efetive, mas, se for aposto depois do vencimento do título, produz os mesmos efeitos, como se tivesse sido anteriormente dado. *Aval posterior ao vencimento*, ou *aval póstumo*, é o aposto no título depois da data de seu vencimento. Diante da impossibilidade de protesto nos títulos, o qual constituiria prova do não pagamento, o aval posterior ao vencimento produz os mesmos efeitos do anteriormente dado (CC, art. 900), logo, se vencida a dívida e não paga pelo devedor principal, o avalista poderá ser acionado pelo credor para efetivar aquele pagamento.

Devedor de boa-fé que pagar título, no vencimento, ao legítimo portador, exonerado estará da obrigação, se o verdadeiro credor não apresentar oposição, e fará jus à quitação regular e à entrega do título (CC, art. 901).

O credor não tem obrigação alguma de receber o pagamento antes do vencimento do título de crédito. Quem o pagar, antes do seu vencimento, terá responsabilidade pela validade do pagamento feito (CC, art. 902). Mas, estando o título vencido, o credor não pode recusar seu pagamento, mesmo que seja parcial, sob pena de incorrer em mora (CC, art. 902, § 1º). Se, porventura, ocorrer pagamento parcial, não se operará a tradição do título, mas o devedor terá direito a uma quitação em separado e a uma outra firmada no próprio título, indicando o *quantum* pago (CC, art. 902, § 2º).

As normas do Código Civil alusivas aos títulos de crédito (nominativo, à ordem e ao portador) referem-se aos títulos-valor, que incorporam o direito de participação nas vantagens por eles atribuídas, disciplinando letras de câmbio, notas promissórias, cheques, duplicatas, debêntures, conhecimentos de depósito, *warrants* e conhecimentos de transporte. Não alcançam as demais modalidades de títulos de crédito, como letras imobiliárias, letras hipotecárias, nota de crédito rural etc., remetendo sua disciplina às leis próprias (CC, art. 903).

Os títulos de crédito poderão ser[3]:

1º) *Nominativos*, se contiverem uma declaração receptícia de vontade dirigida a pessoa identificada, sendo a prestação por esta exigível; logo, o credor da obrigação será a pessoa em cujo favor se emite a declaração, sendo que esta poderá investir outra pessoa na sua titularidade por meio das normas atinentes à cessão de crédito, exceto se houver cláusula proibitiva (CC, arts. 921 a 926).

2º) *À ordem*, se o *reus credendi* for nomeado, mas com possibilidade de efetuar-se sua transferência mediante mera aposição de assinatura no verso ou anverso do título (CC, arts. 910 a 920). O endosso é, portanto, o ato pelo qual se transfere a propriedade ou a posse de um título de crédito, sendo obrigatória a indicação do número do endossante, pessoa natural ou pessoa jurídica, no imposto de renda (CPF ou CNPJ). Pode-se mencionar a pessoa favorecida (endosso em preto), isto é, o endossatário, a pessoa a quem se transfere o título, ou, então, não a mencionar, caso em que se terá o endosso em branco, consistindo na simples assinatura do endossante, transformando-se o título nominativo em título ao portador. É o caso, p. ex., do título cambial, que poderá revestir a forma de uma *ordem de pagamento* (letra de câmbio que é, na lição de Amador Paes de Almeida, "uma ordem de pagamento que o sacador (ou dador) dirige ao sacado para que este pague a importância consignada a um terceiro denominado tomador", que é o beneficiário, embora possa ser o próprio sacador) ou de uma *promessa de pagamento* (nota promissória). Uma vez feito o saque da nota promissória, de um lado ter-se-á o sacador (emitente e devedor), que promete pagar certa quantia, e de outro o sacado (beneficiário e credor), que tirará

---

3. Caio M. S. Pereira, op. cit., p. 486-8 e 491-7; Floriano Lima de Toledo, op. cit., p. 223-50; Gualtieri e Winizky, *Títulos circulatórios*, ns. 63 e 67; Ascarelli, *Teoria geral dos títulos de crédito*, São Paulo, Saraiva, 1943; Sobre a classificação nominativos à ordem e não à ordem: Fábio Ulhoa Coelho, *Curso*, cit., v. 1, p. 383; Amador Paes de Almeida, *Teoria e prática dos títulos de crédito*, São Paulo, Saraiva, 2008, p. 21, 209, 214, 111-90.

proveito da promessa. Na nota promissória não há aceite, apesar de poder ser emitida com vencimento a certo termo de vista, nem vencimento antecipado por recusa de aceite etc.

A duplicata também é um título à ordem, que consiste num instrumento emitido com base na fatura e entregue pelo vendedor ao comprador, nas vendas mercantis a prazo. Pode ser, ainda, emitida na prestação de serviço. A duplicata, apenas após o aceite, revestir-se-á de liquidez e certeza, passando a ser obrigação cambial abstrata. E só é protestável por: falta de aceite, devolução ou falta de pagamento.

O cheque é uma ordem de pagamento emitida a favor de terceiro ou do próprio subscritor, por quem tenha provisão de fundos em poder do sacado, sendo também um título à vista. O cheque poderá ser: *visado*, se o banco sacado lavra declaração de suficiência de fundos, a pedido do emitente ou do portador, desde que seja nominativo ainda não endossado; *nominal* ou *nominativo*, se indicar o nome do beneficiário ou tomador; *cruzado* é o que, contendo duas linhas transversais, identifica título destinado ao serviço de compensação, que somente poderá ser pago de banco para banco ou a um cliente do banco sacado; *administrativo* é o sacado pelo banco contra um de seus estabelecimentos. É uma ordem de pagamento à vista que um banco emite contra uma das suas agências no Brasil ou no exterior, daí a necessidade de ser nominativo. Como exemplo temos o cheque de turismo (*traveller's check*); *pós-datado*, que contém data posterior à data em que se deu sua emissão, para garantir dívida. Todavia se for apresentado para pagamento antes do dia indicado como data de emissão é pagável no dia da apresentação (Lei n. 7.357/85, art. 32, parágrafo único), no entanto, o STJ editou a Súmula 370, segundo a qual "caracteriza dano moral a apresentação antecipada de cheque pré-datado"; *para se levar em conta* possibilita a identificação da pessoa em favor de quem o cheque foi liquidado e se inserida pelo emitente não poderá ser pago em dinheiro, pois, como ensina Fábio Ulhoa Coelho, sua liquidação será feita apenas por lançamento contábil por parte do sacado.

Há títulos de crédito que representam determinada mercadoria, como o conhecimento de transporte, de depósito e o *warrant*, emitido pelas companhias de armazéns gerais como representativo da mercadoria depositada.

3º) *Ao portador*, se traduzirem a obrigação de prestar dirigindo-se a um credor anônimo (CC, arts. 904 a 909). Daí a exigibilidade da prestação por qualquer pessoa que os detenha (CC, art. 905), exceto na hipótese de desapossamento injusto, em que o devedor será judicialmente intimado a que não pague o capital ou seu interesse (CC, art. 909).

Enunciado 40. O prazo prescricional de 6 (seis) meses para o exercício da pretensão à execução do cheque pelo respectivo portador é contado do encerramento do prazo de apresentação, tenha ou não sido apresentado ao sacado dentro do referido prazo. No caso de cheque pós-datado apresentado antes da data de emissão ao sacado ou da data pactuada com o emitente, o termo inicial é contado da data da primeira apresentação (aprovado na 1ª Jornada de Direito Comercial).

2. Títulos ao portador

O título ao portador é o documento pelo qual seu emitente se obriga a uma prestação a quem lho apresentar como seu detentor[4], por não conter nome do credor da prestação, salvo a hipótese de lei especial, como a Lei n. 8.021/90, que, vedando pagamento ou resgate de qualquer título ou aplicação bem como rendimentos ou ganhos a beneficiário não identificado, extingue títulos ao portador, inclusive nas ações de sociedades anônimas para garantir a identificação de contribuintes. Na esfera fiscal, permitidos estão títulos ao portador, que por ela não são alcançados. Constituem títulos ao portador: títulos da dívida pública; debêntures, isto é, obrigações ao portador, emitidas pelas companhias ou empresas concessionárias de serviços públicos de água, saneamento e energia elétrica; bilhetes de loteria, de rifa; pules do *jockey club*; entradas de teatro ou cinema; cupões para sorteio de mercadorias, distribuídos gratuitamente pelas casas comerciais; etc.[5].

---

4. Clóvis Beviláqua, *Código Civil comentado*, v. 5, p. 622.
5. W. Barros Monteiro, op. cit., p. 376.

O título ao portador apresenta os seguintes *traços característicos*[6]:

1º) exigência de um documento em que se encontre lançada a promessa do emitente de realizar certa prestação, devidamente firmado por ele;

2º) necessidade de indeterminação do credor, que será quem possuir o documento legítima ou ilegitimamente;

3º) possibilidade de ser transmitido por simples tradição ou entrega manual (CC, art. 904), independentemente de anuência do devedor, por ser-lhe indiferente a transmissão do direito de crédito, já que se obrigou para com a pessoa que detenha o título e o apresente, reclamando a prestação devida;

4º) exigibilidade da prestação devida, pois o detentor de um título ao portador, por ser possuidor, poderá, mediante simples apresentação, reclamá-la do subscritor ou emissor (CC, art. 905);

5º) exoneração do subscritor, ou emissor, pagando a qualquer detentor, pois a prestação será devida ainda que o título tenha entrado em circulação contra a vontade do emitente (CC, art. 905, parágrafo único);

6º) necessidade de autorização para a sua emissão, já que o Código Civil, no art. 907, prescreve que "É nulo o título ao portador emitido sem autorização de lei especial". Com exceção de títulos emitidos pelo Tesouro dos Estados e dos Municípios, somente lei federal poderá criar título ao portador (CF, arts. 21, VIII, 163 e 164). Não há liberdade de emissão de títulos ao portador; reputar-se-ão nulos, se emitidos, p. ex., para pagamento de determinada soma em dinheiro, sem autorização legal. O vale, utilizado no comércio para comprovar algum suprimento urgente, retirado em dinheiro, adiantamento, ou empréstimo rápido, não está incluído na proibição do art. 907, não

---

6. Serpa Lopes, op. cit., p. 139; Larenz, *Derecho de obligaciones*, Madrid, 1959, v. 2, § 60; Pontes de Miranda, Títulos ao portador, in *Manual do Código Civil de Paulo de Lacerda*, v. 16, parte 1, p. 128 e 150; W. Barros Monteiro, op. cit., p. 376-8; Orlando Gomes, op. cit., p. 292; Caio M. S. Pereira, op. cit., p. 489.

precisando de autorização legal para a sua emissão (*RT,* 137:293, 287:824; *RF,* 104:56; 112:165; *AJ,* 105:463, 116:419).

O título ao portador acarreta efeitos jurídicos, tais como[7]:

1º) Subsistência da obrigação do emissor, ainda que o título tenha entrado em circulação contra a sua vontade (CC, art. 905, parágrafo único), pois o título, por si só, já encerra a obrigação do subscritor ou emissor.

2º) Impossibilidade de o devedor (subscritor ou emissor) opor ao portador outra defesa além da que assentar em nulidade interna (p. ex., incapacidade do subscritor, prescrição do título) ou externa (p. ex., falsificação de assinatura) de sua obrigação, ou da fundada em direito pessoal (p. ex., má-fé do portador do título, compensação) (CC, art. 906).

3º) Obrigação do subscritor de cumprir a prestação somente se o título lhe for apresentado (CC, art. 905). Apenas nos casos de perda e extravio, devidamente justificados, o subscritor poderá pagá-lo, à vista da decisão judicial (CC, art. 909). E acrescenta o parágrafo único do art. 909 do Código Civil: "O pagamento, feito antes de ter ciência da ação referida neste artigo, exonera o devedor, salvo se se provar que ele tinha conhecimento do fato".

4º) Obtenção, em juízo, de novos títulos ao portador, injustamente desapossados (p. ex., extorsão, estelionato, apropriação indébita), extraviados ou furtados (CC, art. 909).

5º) Presunção de propriedade do título por parte daquele cujo nome estiver nele inscrito, que, então, poderá impedir o pagamento de capital e rendimento a outrem, e, ainda, reivindicá-lo de quem quer que injustamente o detenha (CC, art. 909, 1ª parte).

6º) Possibilidade de o possuidor de título danificado ou dilacerado, porém identificável em seu conteúdo, obter do emitente, ou subscritor, não só a sua substituição por outro de igual

---

7. W. Barros Monteiro, op. cit., p. 378-81; Larenz, op. cit., v. 2, p. 486; Orlando Gomes, op. cit., p. 294-6; Ravà, *Il titolo di credito,* Milano, Giuffrè, 1936.

teor, mas, também, sua restituição e o pagamento das despesas (CC, art. 908) com tal substituição, mediante confecção de outro novo (p. ex., transporte do emitente, custo).

3. Títulos à ordem

O título à ordem[8] identifica o titular do crédito e é transferível a terceiro por endosso, que é ato típico da circulação cambiária pelo qual se transfere a posse ou propriedade de um título de crédito à ordem, sendo obrigatória a indicação do número do endossante (CPF ou CNPJ). É o emitido em favor da pessoa indicada ou daquela a quem esta ordenar, diferenciando-se do título nominativo, que também contém o nome do credor, pelo simples fato de dispensar o registro de sua transferência em livro do emitente. O título de crédito será à ordem se o *reus credendi* for nomeado, isto é, se for nominativo, contendo indicação do credor favorecido, mas com possibilidade de efetuar-se sua transferência mediante mera aposição de assinatura do endossante no verso ou anverso do título. O endossante pode designar a pessoa favorecida ou o endossatário (endosso em preto), bastando, para que o endosso, dado no verso, seja válido, a sua simples assinatura. Mas nada obsta a que não se indique a pessoa a quem se transfere o título (endosso em branco), podendo este (o endossatário) colocar seu nome ou transferir o título, por simples tradição, que passará, então, a circular como título ao portador.

Do título à ordem decorrem as seguintes consequências jurídicas:

1ª) Transferência do título a terceiro por endosso, lançado pelo endossante no verso ou anverso do próprio título (CC, art. 910), bastando, ao designar a pessoa favorecida (endosso em preto), para sua validade, quando dado no verso, a simples assinatura do endossante (CC, art. 910, § 1º). Completa-se a transferência por endosso com a tradição ou entrega do títu-

---

8. Fábio Ulhoa Coelho, *Curso*, cit., v. 1, p. 377; Gastão A. Macedo, *Curso de direito comercial*, São Paulo, Freitas Bastos, 1966, p. 114; Maria Helena Diniz, *Curso*, cit., v. 3, p. 823-6.

lo ao endossatário. Sem tal *traditio*, a titularidade do crédito continua a ser do endossante, pois o endosso não surtirá efeito algum (CC, art. 910, § 2º). Somente com a tradição os direitos contidos no título serão atribuídos ao endossatário. Se o endosso for efetuado e depois vier a ser cancelado, total ou parcialmente, mediante traços passados sobre ele, é tido como não escrito (CC, art. 910, § 3º), não tendo o condão de transferir o título. Com isso acata-se o disposto no art. 912, parágrafo único.

2ª) Legitimidade da posse do portador do título à ordem com série regular e ininterrupta de endossos "em preto", ainda que o último seja "em branco", sem designação do favorecido (CC, art. 911).

3ª) Obrigatoriedade de verificação, por parte do que pagar o título, da regularidade da série de endossos para não pagar a quem não é o credor, mas não da autenticidade das assinaturas; logo, não terá responsabilidade pela falsidade, exceto se o interessado vier a comprovar que agiu de má-fé (CC, art. 911, parágrafo único).

4ª) Nulidade de endosso parcial, por ser indivisível o título de crédito, considerando-se, ainda, não escrita no endosso qualquer condição a que o subordine o endossante, por exemplo, quanto à solvência do crédito, ou à limitação do exercício de direitos contidos no título (CC, art. 912 e parágrafo único), visto que só pode ser puro e simples.

5ª) Admissibilidade jurídica não só da mudança, pelo endossatário, de endosso em branco para em preto, mediante menção expressa do nome da pessoa em favor da qual se opera a transferência da propriedade do título. O endossatário, para tanto, deverá colocar, no ponto da cártula onde estiver localizada a inscrição de transferência, o seu próprio nome ou o de terceiro que pretende indicar como titular do crédito. O endossatário poderá endossar novamente o título, em branco ou em preto. Pode haver, ainda, mediante a cessão de crédito, transferência do título sem que haja novo endosso (CC, art. 913).

6ª) Irresponsabilidade do endossante pelo cumprimento da prestação constante do título, exceto se houver cláusula expressa em contrário, constante do endosso (CC, art. 914).

7ª) Permissão ao endossante de vincular-se, a seu critério, mediante cláusula expressa, ao pagamento da prestação ou obrigação cambial constante no título, ficando, juntamente com o devedor principal, como devedor solidário. Se o portador do título tiver devedores solidários, sendo um deles o próprio endossante, vinculado ao pagamento por cláusula expressa, poderá exigir a prestação de qualquer deles. Se o endossante vier a pagar o título, terá ação regressiva contra os coobrigados anteriores, dentre eles o emitente, para obter reembolso de pagamento feito (CC, art. 914, §§ 1º e 2º).

8ª) Oposição pelo devedor, além das exceções fundadas nas relações pessoais que tiver com o portador (p. ex., pagamento, compensação, transação), das relativas à forma do título (p. ex., ausência de registro para sua emissão) e ao seu conteúdo literal, à falsidade da própria assinatura, a defeito de capacidade (p. ex., falta de discernimento) ou de representação (p. ex., nulidade de mandato) no momento da subscrição, e à falta de requisito necessário ao exercício da ação (CC, art. 915). Quanto às exceções que se fundarem em suas relações com os portadores precedentes, o devedor apenas poderá opô-las ao portador se este, ao adquirir o título, tiver agido de má-fé (CC, art. 916), tendo consciência de que iria prejudicá-lo.

9ª) Exercício dos direitos inerentes ao título, salvo restrição expressamente estatuída pelo endossatário, havendo cláusula constitutiva de mandato, lançada no endosso. O *endosso-mandato* dá-se quando o credor endossa título em favor de terceiro, para que este o represente perante o devedor, cobrando a dívida. No caso de endosso-mandato: *a)* o endossatário só poderá endossar novamente o título na qualidade de procurador, com os mesmos poderes que recebeu; *b)* a morte ou incapacidade superveniente do endossante-mandante não acarretará a ineficácia do endosso-mandato, logo, o endossatário-mandatário continuará exercendo os poderes que lhe foram outorgados; *c*) o devedor poderá opor ao endossatário-mandatário tão somente as exceções que tiver contra o endossante-mandante (CC, art. 917, §§ 1º a 3º).

10ª) Possibilidade de *endosso-penhor*, por meio do qual o endossante transfere tão somente a posse do título cambial ao endossatário, que assume o dever de não deixar perecer o direito nele contido. O endosso-penhor: *a*) confere ao endossatário, em razão de cláusula constitutiva de penhor lançada no endosso, o exercício dos direitos inerentes ao título, principalmente os de receber o pagamento do crédito; *b*) permite ao endossatário, por ficar vinculado ao título, endossar novamente o título na qualidade de procurador; *c*) impede o devedor de opor ao endossatário as exceções que tinha contra o endossante, salvo se aquele tiver agido de má-fé (CC, art. 918, §§ 1º e 2º).

11ª) A transferência de título à ordem, por meio diverso do endosso ou em documento à parte, que produzirá efeitos de cessão civil (CC, art. 919).

12ª) Produção dos mesmos efeitos pelo endosso, seja ele anterior ou posterior ao vencimento do título (CC, art. 920).

4. Títulos nominativos

O título de crédito é nominativo se contiver uma declaração receptícia de vontade dirigida a pessoa identificada, sendo a prestação por esta exigível; logo, o credor da obrigação será a pessoa em cujo favor se emite a declaração, a qual poderá investir outra na sua titularidade por meio das normas atinentes à cessão de crédito, exceto se houver cláusula proibitiva.

O título nominativo[9] é o emitido em favor de pessoa cujo nome conste no registro do emitente (CC, art. 921); logo, apenas circularia, transferindo-se a outrem mediante termo, em registro em livro pró-

---

9. *Vide* Maria Helena Diniz, *Curso*, cit., v. 3, p. 827-8.

prio do emitente, assinado pelo proprietário e pelo adquirente, embora possa também ser transferido por endosso, que contenha o nome do endossatário, hipótese em que apenas terá eficácia perante o emitente, feita a averbação em seu registro em livro próprio (CC, arts. 922 e 923, § 1º, 1ª parte).

Assim sendo, são nominativos os títulos se neles constarem o nome da pessoa com direito à prestação neles consignada ou nos registros especiais do emissor. A obrigação do emitente poderá ser avalizada, embora não possa sê-lo a do endossante, visto que este não é o devedor nem responde pelo pagamento. O único devedor é o emitente, pois, satisfazendo este a prestação, extinguir-se-á o título.

Mas ficará desonerado de responsabilidade o emitente que, de boa-fé, fizer a transferência do título por termo ou por endosso (CC, art. 925).

Havendo título nominativo, ocorrerão as seguintes situações:

1ª) A transferência dar-se-á: *a)* mediante termo, em registro do emitente, assinado pelo proprietário e pelo adquirente (CC, art. 922); *b)* por endosso em preto, isto é, que contenha nome do endossatário, que apenas produzirá efeito perante o emitente, uma vez feita a competente averbação em seu registro, podendo o emitente exigir do endossatário a comprovação da autenticidade da assinatura do endossante (CC, art. 923 e § 1º). Além disso, o endossatário, legitimado por série regular e ininterrupta de endossos, terá o direito de obter a averbação no registro do emitente, desde que se comprove a autenticidade das assinaturas de todos os endossantes (CC, art. 923, § 2º).

2ª) Obtenção de novo título pelo adquirente, em seu nome, se o título original contiver o nome do primitivo proprietário. Essa emissão de novo título deverá constar no registro do emitente (CC, art. 923, § 3º).

3ª) Possibilidade, ressalvada proibição legal, de transformação do título nominativo em à ordem ou ao portador, a pedido e à custa do proprietário (CC, art. 924), que arcará, inclusive, com as despesas administrativas.

4ª) Produção de efeito de qualquer negócio ou medida judicial, que tenha por objeto o título, perante o emitente ou terceiros, desde que haja averbação no seu registro (CC, art. 926).

5ª) Maior segurança das relações cambiárias, à medida que o título nominativo circula, pois, em regra, os sucessivos endossantes tornam-se devedores solidários, visto que o emitente de boa-fé, que fizer transferência por meio de registro ou de endosso, observando os ditames legais, exime-se da responsabilidade quanto à forma pela qual se deu a circulação do título por ordem de seu proprietário (CC, art. 925).

Bibliografia

ABDALA. As sociedades limitadas. *O novo Código Civil* — estudos em homenagem ao Prof. Miguel Reale (coord. Franciulli Neto, Ferreira Mendes e Ives Gandra S. Martins Filho). São Paulo, LTr, 2003.

ABRÃO, Nelson. *Sociedade por quotas de responsabilidade limitada*. São Paulo, Saraiva, 2000.

_____ . *Direito bancário*. São Paulo, Saraiva, 2001.

AGUIAR DIAS, José de. *Cláusula de não indenizar*. Rio de Janeiro, Forense, 1955.

ALVES, Jones F. *Novo Código Civil comentado* (coord. Fiuza). São Paulo, Saraiva, 2003.

ALVES, Jones F. e DELGADO, Mário Luiz. *Código Civil anotado*. São Paulo, Método, 2005.

AMARAL JR., Luciano. A sociedade entre marido e mulher e o novo Código Civil. *Boletim CDT*, 34:139.

ANDRADE, Jorge Pereira. *Contratos de franquia e "leasing"*. São Paulo, Atlas, 1993.

ANDRADE, Ronaldo Alves de. Contrato de "leasing". *Direito empresarial contemporâneo*. São Paulo, Juarez de Oliveira, 2000.

ASCARELLI, Tullio. *Teoria geral dos títulos de crédito*. Campinas, Red Livros, 1994.

_____ . *Problemas das sociedades anônimas e direito comparado*. São Paulo, Saraiva, 1945.

_____ . *Iniciación al estudio del derecho mercantil*. Barcelona, Bosch, 1964.

ASSIS DE ALMEIDA, José Gabriel. *A sociedade em conta de participação*. Rio de Janeiro, Forense, 1989.

ASSUMPÇÃO ALVES, Alexandre F. de. *A pessoa jurídica e os direitos da personalidade*, 1998.

AZEVEDO MARQUES NETO, Floriano de. Contratos eletrônicos, *Revista IASP*, 9:123-33.

BAPTISTA, Luiz Olavo. Proteção jurídica do *software*, novos desenvolvimentos. *RF*, 301:49-59.

_____. A proteção dos programas de computador em direito comparado e internacional. *Revista de Direito Mercantil, Industrial, Econômico e Financeiro*. São Paulo. v. 22, n. 50, p. 26-41.

BARBOSA, Rui. *Direito à clientela*. Rio de Janeiro, 1948.

BARREIRA, Wagner. Abertura de crédito. *Enciclopédia Saraiva do Direito*, v. 1, p. 347-68.

BARRETO FILHO, Oscar. A dignidade do direito mercantil. *Revista de Direito Mercantil*. São Paulo, Malheiros, 1973, n. 2:18.

_____. *Teoria do estabelecimento comercial*. São Paulo, Saraiva, 1988.

BARROS MONTEIRO, Washington de. *Curso de direito civil*. São Paulo, Saraiva, v. 1 e 5.

BELLINTANI JR., Hélio. *Contrato de licenciamento de uso de programas de computador destinados à gestão empresarial*. São Paulo, 2003. Dissertação de Mestrado-PUCSP.

BELTRAN, Ari Possidonio. Contratos de agência e de distribuição no novo Código Civil e a representação comercial. *Revista do Advogado*, 70:11-7.

BERNEGOZZI JÚNIOR, Walter A. A responsabilidade do contador no novo Código Civil. *Jornal Síntese*, 101:14.

BERTASI, Mª Odete D. Administrador judicial, Comitê e assembleia de credores na Lei de Recuperação de Empresas e Falência. In: *Comentários à nova Lei de Falências e Recuperação de Empresas* (coord. R. Approbato Machado). São Paulo, Quartier Latin, 2005. p. 121-54.

_____. O avalista e o título de crédito prescrito, *Informativo IASP*, 51:5.

BERTASI, Mª Odete D. e outros. Sociedade unipessoal. *Revista IASP,* 18:241-80.

BEZERRA FILHO, Manoel Justino. *Nova Lei de Recuperação e Falências comentada.* São Paulo, Revista dos Tribunais, 2005.

BITELLI, Marcos A. Sant'anna. Da função social para a responsabilidade da empresa. *Temas atuais de direito civil na Constituição Federal* (coord. Camargo Viana e Rosa M. A. Nery). São Paulo, Revista dos Tribunais, 2000. p. 229 e s.

BITTAR, Carlos Alberto. "Know-how". I — *Enciclopédia Saraiva do Direito,* v. 47.

_____. "Engineering". *Enciclopédia Saraiva do Direito,* v. 32.

_____. "Factoring". *Enciclopédia Saraiva do Direito,* v. 36.

_____. *Teoria e prática da concorrência desleal.* São Paulo, Saraiva, 1989.

_____. "Franchising". *Enciclopédia Saraiva do Direito,* v. 38.

BOWERSOX e CLOSS. *Logística empresarial.* São Paulo, Atlas, 2001.

BRAGA, Jorge Luiz. Da teoria da despersonalização da pessoa jurídica e a *disregard doctrine. Ciência Jurídica,* 62:379.

BRANDÃO LOPES, Mauro. *A sociedade em conta de participação.* São Paulo, Saraiva, 1990.

BRUNETTI, Antonio. *Trattato del diritto delle società.* Milano, Giuffrè, 1948.

BUCELL, J. *Le contrat de franchising.* Montpellier, DES, 1970.

BULGARELLI, Waldirio. *As sociedades cooperativas e sua disciplina jurídica.* Rio de Janeiro, Renovar, 1998.

_____. *Contratos mercantis.* São Paulo, Atlas, 1988.

_____. Comissão mercantil. *Enciclopédia Saraiva do Direito,* v. 16, p. 208-21.

_____. "Leasing" — II. *Enciclopédia Saraiva do Direito,* v. 48.

CABRAL, Antônio da S. *Leasing.* São Paulo, 1975, v. 1.

CAMPINHO, Sérgio. *O direito de empresa.* Rio de Janeiro, Renovar, 2006.

CARAMICO, Mauro. As sociedades simples. *Boletim CDT,* 38:156-7.

CARRARO, Luigi. Mediazone e mediatore. *Novíssimo Digesto Italiano*, v. 10, p. 476-83.

CARVALHO, Orlando de. *Critério e estrutura do estabelecimento comercial.* 1967.

CARVALHO DE MENDONÇA, José X. *Tratado de direito comercial brasileiro.* Rio de Janeiro, Freitas Bastos, 1955. v. 1, 2 e 5.

_____. *Contratos no direito civil brasileiro.* Rio de Janeiro, 1911. v. 2.

CARVALHOSA, Modesto. *Comentários ao Código Civil* (coord. Antônio Junqueira de Azevedo). São Paulo, Saraiva, 2005. v. 13.

_____. *Comentários à Lei das Sociedades Anónimas*, v. 4. t. 1.

_____. Quotas do sócio falecido. *Revista IASP, 11*:240-45.

CASTELLO BRANCO, Elcir. Corretor de seguros. *Enciclopédia Saraiva do Direito*, v. 21.

_____. Contrato de seguro. *Enciclopédia Saraiva do Direito*, v. 19, p. 488 e s.

CASTRO FILHO, Sebastião de O. Da corretagem ou mediação. *O novo Código Civil* — estudos em homenagem ao Prof. Miguel Reale. São Paulo, LTr, 2003. p. 711 e s.

CATEB, Alexandre B. A sociedade em comum. *Direito de empresa no novo Código Civil.* Rio de Janeiro, Forense, 2004.

CAVALIERI FILHO, Sérgio. A trilogia do seguro. *JSTJ, 16*:53-62.

CAVALLI, Cassio M. O direito da empresa no novo Código Civil. *Revista de Direito Mercantil, 131*:174-81.

CHAVES, Antônio. Obras de arte aplicadas à indústria: desenhos ou modelos. *JB, 95*:13-24.

_____. Corretagem. *Enciclopédia Saraiva do Direito*, v. 21.

CHECOLI, Paulo. *Direito de empresa no novo Código Civil.* São Paulo, Pillares, 2004.

COELHO, Fábio Ulhoa. *Manual de direito comercial.* São Paulo, Saraiva, 2003.

_____. *Desconsideração da personalidade jurídica.* São Paulo, Revista dos Tribunais, 1989.

———. *Curso de direito comercial*. São Paulo, Saraiva, 2006. v. 1 a 3.

———. O contrato eletrônico: conceito e prova. *Tribuna do Direito*, 82:8.

———. *A sociedade limitada no novo Código Civil*. São Paulo, Saraiva, 2003.

———. *Código Comercial e legislação complementar anotada*. São Paulo, Saraiva, 1995.

COLTRO, Antonio Carlos M. Contrato de mediação ou corretagem. *Contratos nominados* (coord. Cahali). São Paulo, Saraiva, 1995. p. 47-80.

CONCERINO, Arthur José. Internet e segurança são compatíveis? *Direito & Internet*. São Paulo, Edipro, 2000.

COSTA, Philomeno Joaquim da. Modificação do contrato da sociedade limitada por maioria de capital. *RDM*, 25:77.

COUTO e SILVA, Alexandre. Desconsideração da personalidade jurídica: limites para sua aplicação. *RT*, 780:47.

COUTO e SILVA, Clóvis V. do. Contrato de "engineering". *RT*, 685:29.

COVELLO, Sérgio C. Depósito bancário. *Enciclopédia Saraiva do Direito*, v. 23, p. 390-4.

CRAHAY, Paulo. *Les contrats internationaux d'agence et de concession de vente*. 1991.

CRUZ, Glória C. Almeida. *Franchising*. Rio de Janeiro, Forense, 1993.

CRUZ e TUCCI, José Rogério. Eficácia probatória dos contratos celebrados pela Internet. *Direito & Internet*. São Paulo, Edipro, 2000.

CUNHA, Rodrigo Ferraz P. Reorganizações societárias no novo Código Civil. *Direito de empresa no novo Código Civil*. Rio de Janeiro, Forense, 2004.

CUNHA GONÇALVES. *Compra e venda no direito comercial brasileiro*, 1950.

———. *Tratado de direito civil*. São Paulo, Max Limonad. v. 6.

DELGADO, José Augusto. Do contrato de agência e distribuição no Código Civil de 2002. *O novo Código Civil* — estudos em homenagem ao Prof. Miguel Reale. São Paulo, LTr, 2003.

_____. *Comentários ao novo Código Civil.* Rio de Janeiro. Forense, 2004.

DÉMIN, Paul. *Le contrat de know-how.* Bruxelles, Èmile Bruylant, 1969.

DINIZ, Maria Helena. *Código Civil anotado.* São Paulo, Saraiva, 2006.

_____. Sociedade e associação. *Contratos nominados* (coord. Cahali). São Paulo, Saraiva, 1995.

_____. *Dicionário jurídico.* São Paulo, Saraiva, 2005. v. 1, 2, 3 e 4.

_____. *Curso de direito civil brasileiro.* São Paulo, Saraiva, 2007. v. 1, 3, 5, 7 e 8.

_____. *Tratado teórico e prático dos contratos.* São Paulo, Saraiva, 2006. v. 1, 3 e 4.

_____. *O estado atual do biodireito.* São Paulo, Saraiva, 2006.

_____. Sucessão comercial por falecimento de um dos sócios em sociedade por quotas de responsabilidade limitada. *Estudos Jurídicos,* 6:252-62.

_____. Contratos modificativos. *Revista de Direito Civil Imobiliário, Agrário e Empresarial, 61*:7-14.

DRUCKER e BALLO. *Logística empresarial.* São Paulo, Atlas, 1993.

DUARTE COSTA, Wille. Títulos de crédito e o novo Código Civil. *Revista da Faculdade de Direito Milton Campos, 8*:105-21.

DUARTE, Regina A. A responsabilidade social da empresa — breves considerações. *Revista IASP, 13*:146-52.

ESCARRA. *Principes de droit commercial.* v. 4.

ESTRELLA, Hernani. *Curso de direito comercial.* Rio de Janeiro, Konfino, 1973.

_____. *Apuração dos haveres de sócio.* Rio de Janeiro, Forense, 1992.

FABRETTI, Láudio C. *Direito de empresa no novo Código Civil.* São Paulo, Atlas, 2003.

_____. *Fusões, aquisições, participações e outros instrumentos de gestão de negócios.* São Paulo, Atlas, 2005.

_____. *Incorporação, fusão, cisão e outros eventos societários.* São Paulo, Atlas, 2002.

FACHIN, Luiz Edson. O contrato de comissão: breve exame de aspectos relevantes. *O novo Código Civil* — estudos em homenagem ao Prof. Miguel Reale. São Paulo, LTr, 2003. p. 641 e s.

FARIA, W. R. *Direito da concorrência e contrato de distribuição*. Porto Alegre, Sérgio A. Fabris, Editor, 1992.

FAZZIO JÚNIOR, Waldo. *Manual de direito comercial*. São Paulo, Atlas, 2003.

_____. *Sociedades limitadas*. São Paulo, Atlas, 2003.

_____. *Nova Lei de Falência e Recuperação de Empresas*. São Paulo, Atlas, 2005.

FERNANDES, Anderson Antônio. A desconsideração da personalidade jurídica e o novo Código Civil. *CDT Boletim*, 15:65-6.

FERNANDES, Marcelo C. P. *O contrato de franquia empresarial*. Porto Alegre, Sérgio A. Fabris, Editor, 2003.

FERNANDEZ NETO, Atahualpa. *Notas sobre a natureza jurídica do contrato de "franchising"*. Trabalho apresentado em Coimbra, no curso de mestrado. 1990.

FERREIRA, Waldemar. *O menor comerciante*. São Paulo, 1918.

_____. *Tratado de direito comercial*. São Paulo, Saraiva, 1962. v. 6 e 4.

_____. Aspectos econômicos e financeiros do contrato de comissão mercantil. *RDM*, (2): 287 e s., 1953.

FERRI. Apertura di credito. *Enciclopedia del Diritto*.

FIUZA, Ricardo. *Novo Código Civil comentado*. São Paulo, Saraiva, 2002.

FRAGOSO, Rui Celso Reali. O contrato de transporte. *O novo Código Civil* — estudos em homenagem ao Prof. Miguel Reale. São Paulo, LTr, 2003. p. 720 e s.

FRANÇA, Pedro A. *Contratos atípicos*. Rio de Janeiro, 1989.

FRÓES, Carlos Henrique. Transferência de tecnologia. *Enciclopédia Saraiva do Direito*.

FRONTINI, Paulo Salvador. Sociedade comercial ou civil entre cônjuges: inexistência, validade, nulidade e anulabilidade ou desconsideração desse negócio jurídico? *JTACSP*, 78:6.

FUJITA, Jorge S. *Comentários ao Código Civil* (coord. Camillo, Talavera, Fujita e Scavone Jr.). São Paulo, Revista dos Tribunais, 2005.

FURTADO, Lucas Rocha. Estabelecimento empresarial. *O novo Código Civil* — estudos em homenagem ao Prof. Miguel Reale. São Paulo, LTr, 2003.

GASCA. *La compraventa civil y comercial.* Madrid, 1931.

GERBIER, Jean. *Le factoring.* Paris, Dunod, 1970.

GIORDANO, Giuseppe. *Il contratto di agenzia.* Bari, Leonardo da Vinci, 1959.

GOLDSCHMIDT, Roberto. *Problemas jurídicos de la sociedad anónima.* Buenos Aires, 1946.

GOMES, Orlando. *Contratos.* Rio de Janeiro, Forense, 1997.

_____. *Proteção jurídica do "software".* Rio de Janeiro, Forense, 1985.

GONTIJO, Vinícius José M. A regulamentação das sociedades limitadas. In: *Direito de empresa no novo Código Civil.* Rio de Janeiro, Forense, 2004.

GREBLER, Eduardo. O funcionamento da sociedade estrangeira no Brasil em face do novo Código Civil. *Direito de empresa no novo Código Civil.* Rio de Janeiro, Forense, 2004.

GUIMARÃES, Leonardo. Exclusão de sócio em sociedades limitadas no novo Código Civil. In: *Direito de empresa no novo Código Civil.* Rio de Janeiro, Forense, 2004.

GUIMARÃES, Marilene S. A necessidade de outorga para alienação de bens imóveis no casamento e na união estável, segundo o Código Civil de 2002. *Novo Código Civil* — questões controvertidas. São Paulo, Método, 2004. v. 2.

GUSMÃO, Mônica. *Curso de direito empresarial.* Rio de Janeiro, Lumen Juris, 2007.

HEIM, James G. *O contrato de logística* — tese de doutorado apresentada na PUCSP em 2004.

HENTZ, Luiz Antônio S. e DINIZ, Gustavo Saad. Nacionalidade da pessoa jurídica — sistemática no novo Código Civil. *Revista Síntese de Direito Civil e Processual Civil,* 35:48-54.

HIRONAKA, Giselda Mª F. Novaes. Contrato de mediação ou corretagem. *Estudos de Direito Civil*. Belo Horizonte, Del Rey, 2000. p. 145-50.

INACARATO, Márcio Antônio. O fundo de comércio ou estabelecimento comercial. *RDC, 16*:128.

JUSTEN FILHO, Marçal. *Desconsideração da personalidade societária no direito brasileiro*. São Paulo, Revista dos Tribunais, 1987.

KONDER COMPARATO, Fábio. Exclusão de sócio nas sociedades por cotas de responsabilidade limitada. *RDM, 25*:39.

_____. Contrato de "factoring". *Enciclopédia Saraiva do Direito*, v. 19.

_____. *Direito empresarial* — ensaios e pareceres. São Paulo, Saraiva, 1990.

_____. *O poder de controle na sociedade anônima*. Rio de Janeiro, Forense, 1983.

_____. Contrato de "leasing", *RT*, 389-7.

KURSCH, Harry. *The franchise boom*. New York, Prentice-Hall, 1969.

LARENZ, *Derecho de obligaciones*, Madrid, 1959, v. 2.

LAWAND, Jorge José. *Teoria geral dos contratos eletrônicos*. São Paulo, Juarez de Oliveira, 2003.

LEITE, Luiz Lemos. *"Factoring" no Brasil*. São Paulo, Atlas, 2007.

LEONARDOS, Gabriel F. A proteção jurídica ao nome comercial, ao título do estabelecimento e à insígnia no Brasil — Regime jurídico e novos desenvolvimentos e jurisprudência. *Revista de Direito Mercantil, Industrial, Econômico e Financeiro, 95*:44-5.

LIMA DE TOLEDO, Floriano. *Manual de direito comercial*. São Paulo, 1982.

LISBOA, Roberto Senise. A livre iniciativa e os direitos do consumidor. *Direito empresarial contemporâneo* (coord. Adalberto Simão Filho e Newton de Lucca). São Paulo, Juarez de Oliveira, 2000.

LOBO, Jorge. *Contrato de "franchising"*. Rio de Janeiro, Forense, 1994.

LORENZETTI, Ricardo Luis. Informática, Cyberlaw, E-commerce. *Direito & Internet*. Aspectos jurídicos relevantes. São Paulo, Edipro, 2000.

LOUREIRO, Francisco E. Novo Código Civil: contratos e certificação digital. *Questões de direito civil e o novo Código Civil.* São Paulo, Imprensa Oficial, 2004.

LUCCA, Newton de. *Regime jurídico da empresa estatal no Brasil.* Tese de livre-docência apresentada na USP. 1986.

_____. Títulos e contratos eletrônicos — o advento da informática e seu impacto no mundo jurídico. *Direito & Internet.* São Paulo, Edipro, 2000.

_____. A atividade empresarial no âmbito do projeto do Código Civil. *Direito empresarial contemporâneo* (coord. Adalberto Simão Filho e Newton de Lucca). São Paulo, Juarez de Oliveira, 2000.

_____. *Comentários ao novo Código Civil* (coord. Sálvio de F. Teixeira). Rio de Janeiro, Forense, 2003. v. 12.

LUZ, Aramy Dornelles da. *Negócios jurídicos bancários.* São Paulo, Revista dos Tribunais, 1996.

MACEDO, Gastão A. *Curso de direito comercial.* São Paulo, Freitas Bastos, 1966.

MADALENO, Rolf. A *disregard* e sua efetivação no juízo de família. *Revista Jurídica,* 7:14.

MARTINS, Fran. *Sociedades por quotas no direito estrangeiro e brasileiro.* Rio de Janeiro, 1960.

_____. Contrato de conta-corrente, *Enciclopédia Saraiva do Direito,* v. 19.

_____. *Curso de direito comercial.* Rio de Janeiro, Forense, 1996.

_____. *Contratos e obrigações comerciais.* Rio de Janeiro, Forense, 1977.

_____. Compra e venda mercantil. *Enciclopédia Saraiva do Direito,* v. 16.

_____. Corretor. *Enciclopédia Saraiva do Direito,* v. 21.

_____. *Cartões de crédito.* Rio de Janeiro, Forense, 1976.

_____. Sociedades controladoras e controladas. *Revista da Faculdade de Direito.* Fortaleza, 23:27-46 (1982).

_____. Sociedade por quotas unipessoal. *Revista da Faculdade de Direito.* Fortaleza, 25:47-58 (1987).

MARTINS FILHO, Ives Gandra da S. Sociedades empresárias. *O novo Código Civil* — estudos em homenagem ao Prof. Miguel Reale (coord. Franciulli Neto, Ferreira Mendes, Silva Martins Filho). São Paulo, LTr, 2003.

MARZAGÃO, Lídia V. A recuperação judicial. *Comentários à nova Lei de Falências e Recuperação de Empresas* (coord. R. Approbato Machado). São Paulo, Quartier Latin, 2005.

MASNATTA, Héctor. *El abuso del derecho a través de la persona colectiva.* 1967.

_____. *Los contratos de transmisión de tecnología.* Buenos Aires, Astrea, 1971.

MATIELLO, Fabrício Z. *Código Civil comentado.* São Paulo, LTr, 2003.

MELLO FRANCO, Vera Helena de. *Manual de direito comercial.* São Paulo, Revista dos Tribunais, 2004. v. 1.

_____. O triste fim das sociedades limitadas no novo Código Civil, *Revista de Direito Mercantil, 123*:81-5.

MELO, Claudineu de. *Contrato de distribuição.* São Paulo, Saraiva, 1987.

MELO JR., Regnoberto M. O dever de adaptação de pessoas jurídicas ao Código Civil de 2002. *Jornal da Anoreg,* CE, jun. 2004, p. 6.

MONEZI, Mariangela. Sociedade cooperativa e o novo Código Civil. *CDT Boletim, 29*:120-1.

MORAES, Mário D. de. O título de crédito: o endosso, o aval e o novo Código Civil. *Revista IASP, 12*:308-22.

MORANDO. *Il contratto di conto corrente.*

MOTTA MAIA, J. Sociedade cooperativa. *Enciclopédia Saraiva do Direito,* v. 70.

MOTTA PACHECO, Angela M. da. Regime de comunhão parcial, comunicabilidade de frutos de bens particulares dos cônjuges, especificamente dos frutos civis: dividendos e ações bonificadas. *Revista da Associação dos Pós-graduandos da PUCSP, 3*:5-18.

NAVARRETE, Miguel A. Moreno. *Contratos eletrónicos.* Madrid, 1999.

NEGRÃO, Ricardo. *Manual de direito comercial e de empresa*. São Paulo, Saraiva, 2006. v. 1.

NERY, Rosa M. B. de A. Transporte e incolumidade moral do passageiro. *Correio*, Uberlândia, 28.11.1996, p. 11.

NEVES, Rubia C. Regime jurídico da sociedade simples. *Direito de empresa no novo Código Civil*. Rio de Janeiro, Forense, 2004.

OLIVEIRA, Moacyr de. Contrato de corretagem. *Enciclopédia Saraiva do Direito*, v. 19, p. 271 e s.

OLIVEIRA ANDRADE FILHO, Edmar. *Sociedade de responsabilidade limitada*. São Paulo, Quartier Latin, 2004.

PAES DE ALMEIDA, Amador. *Direito de empresa no Código Civil*. São Paulo, Saraiva, 2004.

_____. *Manual das sociedades comerciais*. São Paulo, Saraiva, 2004.

_____. *Teoria e prática dos títulos de crédito*. São Paulo, Saraiva, 2004.

PARISI, Francesco. *Il contratto concluso mediante computer*. Padova, Cedam, 1987.

PARLEANI. Le contrat de "lease back". *Revue Trimestrielle de Droit Comparé*, 1973, n. 4.

PAZZAGLINI FILHO, Marino e CATANESE, Andrea Di Fuccio. *Direito da empresa no novo Código Civil*. São Paulo, Atlas, 2003.

PENALVA SANTOS, Paulo. *Direito comercial:* estudos. Rio de Janeiro, Forense, 1991.

_____. O estabelecimento mercantil individual de responsabilidade limitada. *Revista de Direito Comparado Luso-Brasileiro*, p. 108-43.

_____. O novo projeto de recuperação da empresa. *RDM*, *117*:126-35.

PENTEADO, Mauro Rodrigues. *Aumento de capital das sociedades anônimas*. São Paulo, Saraiva, 1988.

_____. *Dissolução e liquidação de sociedade*. São Paulo, Saraiva, 2000.

PEREIRA, João Batista B. Da sociedade cooperativa. *O novo Código Civil* — estudos em homenagem ao Prof. Miguel Reale. São Paulo, LTr, 2003.

PIERRI, Déborah. Desconsideração da personalidade jurídica no novo Código Civil e o papel do Ministério Público. *Questões de direito civil e o novo Código Civil* (coord. Selma N. P. dos Reis). São Paulo, Imprensa Oficial, 2004.

PIMENTA, Eduardo Goulart. O estabelecimento. *Direito de empresa no novo Código Civil.* Rio de Janeiro, Forense, 2004.

_____. Concorrência desleal (segredo de negócio e o uso de *mailing list). Tribuna do Direito,* jun. 2005, p. 12.

PINTO FERREIRA, Nelson. Anotações sobre o transporte terrestre de passageiros como contrato nominado no Código Civil. *Atualidades Jurídicas,* 5:241-56.

PONTES DE MIRANDA. *Tratado de direito privado.* Rio de Janeiro, Borsoi, 1965. v. 5, 28, 49 e 50.

_____. Títulos ao portador. *Manual do Código Civil de Paulo Lacerda,* v. 16.

PUPO CORREIA, Miguel J. A. *Direito comercial.* Lisboa, Ediforum, 1999.

_____. Empresa de transportes. *Enciclopédia Saraiva do Direito,* v. 31, p. 345-52.

QUINTANS, Luiz Cézar P. *Direito da empresa.* São Paulo, Freitas Bastos, 2003.

RAVÀ. *Il titolo di credito.* Milano, Giuffrè, 1936.

REQUIÃO, Rubens. Abuso de direito e fraude através da personalidade jurídica ("disregard doctrine"). *Enciclopédia Saraiva do Direito,* v. 2.

_____. Agência. *Enciclopédia Saraiva do Direito,* v. 5, p. 160-81.

_____. *A preservação da sociedade comercial pela exclusão do sócio.* Curitiba, Acadêmica, 1959.

_____. *Curso de direito comercial.* São Paulo, Saraiva, 2006. v. 1.

_____. *Curso de direito falimentar.* São Paulo, Saraiva, 1975.

_____. *Do representante comercial.* Rio de Janeiro, Forense, 1993.

REVERS, M. *Le factoring: Nouvelle méthode de crédit?* Paris, Dunod, 1969.

RIDOLFO, José O. de T. Aspectos de valoração do estabelecimento comercial de empresas da nova economia. *Direito & Internet* (coord. Newton de Lucca e Adalberto Simão Filho). São Paulo, Quartier Latin, 2005.

RIPERT, Georges. *Traité élémentaire de droit commercial*. Paris, LGDJ, 1947. v. 1.

RIZZARDO, Arnaldo. *Direito de empresa*. Rio de Janeiro, Forense, 2007.

_____. *Factoring*. São Paulo, Revista dos Tribunais, 1997.

ROCHA FILHO, José M. Nome empresarial e registro de empresas. *Direito de empresa no novo Código Civil*. Rio de Janeiro, Forense, 2004.

RODIÈRE e RIVES-LANGE. *Droit bancaire*. Paris, Dalloz, 1973.

RODRIGUES, Silvio. *Direito civil*. São Paulo, Saraiva, 1980. v. 6.

_____. Contrato de sociedade. *Enciclopédia Saraiva do Direito*, v. 19.

ROQUE, Sebastião José. *Curso de direito empresarial*. São Paulo, Ícone, 2006.

_____. *Direito contratual:* civil-mercantil. São Paulo, Ícone, 1994.

_____. Ingressa no direito brasileiro a *disregard theory*. *Revista Literária de Direito, 17*:31-2.

RUOZI, Roberto. *Il leasing*. Milano, Giuffrè, 1971.

SALLES, Marcos Paulo de A. Estabelecimento, uma universalidade de fato ou direito? *Revista do Advogado*. AASP, ago. 2003, n. 71.

SERPA LOPES. *Curso de direito civil*. Rio de Janeiro, Freitas Bastos, 1964. v. 4.

SETÚBAL SANTOS, Adrianna de A. *Comentários ao Código Civil* (coord. Camillo, Talavera, Fujita e Scavone Jr.). São Paulo, Revista dos Tribunais, 2006.

SILVA, Justino Adriano F. da. Sociedade por quotas de responsabilidade limitada, II. *Enciclopédia Saraiva do Direito*, v. 70.

SILVA PACHECO, José da. *Tratado de direito empresarial* — empresário: pessoa e patrimônio. São Paulo, Saraiva, 1979. v. 1 e 2.

SILVA PEREIRA, Caio Mário. *Instituições de direito civil*. Rio de Janeiro, Forense, v. 1 e 3.

_____. A nova tipologia contratual no direito civil brasileiro. *Revista de Direito Comparado Luso-Brasileiro*, 1:107-32, 1982.

SILVEIRA, Newton. "Know-how". II — *Enciclopédia Saraiva do Direito*, v. 47.

SILVEIRA DA MOTA, Octanny. *Da responsabilidade contratual de transportador aéreo*. São Paulo, Saraiva, 1966.

SILVEIRA LOBO, Carlos A. A lei de regência das sociedades limitadas no Código Civil de 2002. *Revista Brasileira de Direito Comparado*, 25:307-13 (2004).

SIMÃO FILHO, Adalberto. *Nova empresarialidade*. Tese de doutorado apresentada na PUCSP. 2002.

_____. *Comentários ao Código Civil* (coord. Camillo, Talavera, Fujita e Scavone Jr.). São Paulo, Revista dos Tribunais, 2006.

_____. A nova empresarialidade. *Revista IASP*, 18:5-44.

_____. Os direitos de empresa no novo Código Civil, *Simpósio sobre o novo Código Civil brasileiro* (coord. Pasini, Lamera e Talavera). São Paulo, 2003.

_____. *Franchising* — aspectos jurídicos e contratuais. São Paulo, Atlas, 1994.

_____. A superação da personalidade jurídica no processo falimentar. *Direito empresarial contemporâneo* (coord. Simão Filho e De Lucca). São Paulo, Juarez de Oliveira, 2000.

_____. *A nova sociedade limitada*. Barueri, Manole, 2003.

SOARES DE QUEIROZ, Regis M. Assinatura digital e o tabelião virtual. *Direito & Internet*. São Paulo, Edipro, 2000.

SOUZA, Ruy de. *O direito das empresas* — atualização do direito comercial. Belo Horizonte, 1959.

_____. Regime jurídico da sociedade simples. In: *Direito de empresa no novo Código Civil*. Rio de Janeiro, Forense, 2004.

SPINELLI, Andréa M. R. Falência — disposições gerais — inovações e procedimentos. In: *Comentários à nova Lei de Falências e Recuperação de Empresas* (coord. Rubens Approbato Machado). São Paulo, Quartier Latin, 2005. p. 187-92.

SUMIEN, Paul. *Traité des assurances terrestres.* Paris, 1957.

SUSSFELD, Louis E. *Le factoring.* Paris, PUF, 1968.

SZTAJN, Rachel. Sobre a desconsideração da personalidade jurídica. *RT,* 762:81.

TALAVERA, Glauber M. *Comentários ao Código Civil* (coord. Camillo, Talavera, Fujita e Scavone Jr.). São Paulo, Revista dos Tribunais, 2006.

TAMBURUS, Michelli. Concepção jurídica do valor no estabelecimento empresarial. *Revista IASP, 18*:193.

TAVARES PAES, P. R. Contrato de abertura de crédito. *Enciclopédia Saraiva do Direito.* v. 19, p. 207-9.

_____. Contrato de abertura de conta-corrente. *Enciclopédia Saraiva do Direito.* v. 1, p. 343-7.

_____. *Leasing.* São Paulo, Revista dos Tribunais, 1994.

TEIXEIRA, Egberto Lacerda. *Das sociedades por quotas de responsabilidade limitada.* São Paulo, Max Limonad, 1956.

TEPEDINO, Gustavo. Questões controvertidas sobre o contrato de corretagem. *Temas atuais de direito civil.* Rio de Janeiro, Renovar, 1999.

TESTON e MELLE BAROUDY. *Nouvelles techniques contractuelles.* Montpellier, Libr. Téchniques, 1970.

THEODORO JÚNIOR, Humberto. Do contrato de agência e distribuição no novo Código Civil. *RT, 812:22.*

_____. Do transporte de pessoas no novo Código Civil. *RT, 807*:12.

TZIRULNIK, Luiz. *Empresas & empresários.* São Paulo, Revista dos Tribunais, 2003.

VALVERDE, Trajano de Miranda. *Força probante dos livros mercantis.* Rio de Janeiro, 1960.

_____. *Sociedade por ações.* Rio de Janeiro, Forense, 1953.

VIEIRA BARBI, Otávio. Pode a sociedade limitada ter capital autorizado? *Revista de Direito Mercantil, 129*:92-4.

VIEIRA, Paulo A. W. e REIS, Ana Paula de C. As sociedades limitadas no novo Código Civil — a limitação do direito de contratar. *Revista de Direito Mercantil,* 127:37.

VILLAÇA AZEVEDO, Álvaro. Ação de apuração de haveres proposta por sócio excluído. *RT,* 526:46.

VILLEMOR DO AMARAL, Hermano de. *Das sociedades limitadas.* Rio de Janeiro, Briguet & Cia., 1938.

VITA NETO, José Virgílio. A sociedade limitada no novo Código Civil. *Revista de Direito Mercantil,* 130:207-29.

VIVANTE, Cesare. *Trattato di diritto commerciale.* Milano, Vallardi, 1922. v. I e II.

WALD, Arnoldo. O empresário, a empresa e o Código Civil. *O novo Código Civil* — estudos em homenagem ao Prof. Miguel Reale. São Paulo, LTr, 2003.

_____. A remuneração do corretor. *Digesto Econômico,* 1981, n. 286.

_____. Direito comercial I. *Enciclopédia Saraiva do Direito,* v. 25.

_____. "Leasing", I — *Enciclopédia Saraiva do Direito,* v. 48.

_____. Divulgação de informações sobre valores mobiliários. *Digesto Econômico,* n. 281, 1981.

_____. *Comentários ao novo Código Civil,* Livro II do Direito de empresa (coord. Sálvio de Figueiredo Teixeira). Rio de Janeiro, Forense, 2005. v. XIV.

_____. Os acordos de comercialização no direito brasileiro. *Digesto Econômico,* 1982, 297:41-62.

_____. Considerações sobre "lease back". *Digesto Econômico,* 1982, n. 296.

ZAITS, Daniela. Responsabilidade dos administradores de sociedades anônimas e por quotas de responsabilidade limitada. *RT,* 740:11.

ZANINI, Carlos K. *A dissolução judicial da sociedade anônima.* Rio de Janeiro, Forense, 2005.